资助单位：广西现代规划设计有限公司

U0828234

经济管理学术文库 • 管理类

森林旅游开发理论与实践

——以广西为例

Theory and Practice of Forest Tourism Development
—A Case Study of Guangxi

文　军　冷光明／著

经济管理出版社
ECONOMY & MANAGEMENT PUBLISHING HOUSE

图书在版编目（CIP）数据

森林旅游开发理论与实践：以广西为例/文军，冷光明著．—北京：经济管理出版社，2020.1

ISBN 978-7-5096-7036-1

Ⅰ.①森… Ⅱ.①文… ②冷… Ⅲ.①森林旅游—旅游资源开发—研究—广西 Ⅳ.①F592.767

中国版本图书馆CIP数据核字(2020)第021994号

组稿编辑：曹　靖
责任编辑：曹　靖　郭　飞
责任印制：黄章平
责任校对：王淑卿

出版发行：经济管理出版社
（北京市海淀区北蜂窝8号中雅大厦A座11层　100038）
网　　址：www.E-mp.com.cn
电　　话：(010) 51915602
印　　刷：三河市延风印装有限公司
经　　销：新华书店
开　　本：720mm×1000mm/16
印　　张：19.25
字　　数：345千字
版　　次：2020年2月第1版　　2020年2月第1次印刷
书　　号：ISBN 978-7-5096-7036-1
定　　价：88.00元

联系地址：北京阜外月坛北小街2号
电话：(010) 68022974　　邮编：100836

目 录

第一章　森林旅游起源与发展

第一节　旅游与森林旅游的兴起和发展

一、旅游的兴起

旅游作为一种社会行为，古代即已存在，旅游的先驱是商人，最早旅游的人是海上民族腓尼基人。中国是世界文明古国之一，旅游活动的兴起同样居世界前列，中国早在公元前22世纪就有旅游活动。在中国，新石器时代晚期，随着人类社会的发展，经过劳动的社会大分工之后，社会分工的范围扩大了，生产技术和生产效率得到进一步提高，产品的剩余数量迅速增加，出现了产品的交换。从家族的成员之间的简单产品交换开始，之后出现了家族之间的物品交换活动，然后开始出现专门从事商品交换的商人阶级，因为商品交易，开始旅行。随着奴隶社会的到来，商品经济取得了长足的发展，船舶、车辆、马匹、畜牧、交通工具广泛应用于交通运输、商人阶级。人类此时虽然有意识地进行旅游活动经营，但这并不是休闲度假活动的目的，恰恰是通过产品或商品的交流而促成了一种经济活动，是人们对旅游的需要。虽然这一时期的人出行主要是产品交换和商业交易，但有小部分人以游乐来旅行，这是拥有剩余奴隶的奴隶主创造的，他们除了祭祀活动外，将其剩余价值用于奴隶主享受家庭生活，外出旅游是家庭生活的一部分。

进入封建社会后，经济的发展达到了前所未有的繁荣程度。唐代前后，是辉煌的封建经济时期，经济发达、工商业繁荣。这一时期从事旅游的人和组织逐渐增加，并达到一定的规模，促进了道路和其他交通设施的发展。到隋唐时代，路上驿道已经有了很大的发展，唐时的交通设施已经很完备，由于经济的发展，宋代陆上交通也很发达，交通的极大便利，催生了具有游乐性的出游活动，并引发了一大部分志向于名山大川的“有闲”之人出游的兴趣，另外还有政治探险活动和宗教性质的朝觐祈福出行活动（如郑和七下西洋）。

在欧洲社会经济和旅游体验与中国完全不同。欧洲旅游在中世纪渐渐发展起来，与工业革命复苏所创造精彩的世界和丰富的物质环境密不可分。这一切都为旅游的出现提供了必要的物质基础和精神支撑。但是，经过市场经济的发展而产生的旅游现象，是社会发展的产物，是从历史上的游乐性旅行中划分出来的旅游现象，是由社会需求开发的、社会发展形成的休闲度假经济。

自进入21世纪以来，居民收入水平不断提高，2016年中国有2.25亿中产阶级人口，国家统计局把年收入6万~50万元的人划为中产阶级，保守估计2018年已有超过3亿人为中产阶级，按照中国财富的强劲增长来看，专家预测未来15~20年中国中产阶级数量至少翻番，随着中产阶级人数比例的不断上升，旅游消费将成为中国消费中重要的一部分，中国旅游业的发展速度稳步提升。

目前，中国已经成为全球重要的旅游目的地，3亿多中产阶级消费力极高。每年约有1.3亿中国游客在全球旅游、各地扫货，使中国成为全球重要的游客来源国。全世界2/3的奢侈品被中国人买走，如此强烈的消费意愿和消费能力，让中国人被称为“行走的钱包”。随着我国经济进入新常态，中国将在未来成为世界上最大的消费市场，旅游业迎来新的发展时机。近年来，我国重点推出旅游、绿色、养老等六大消费领域，再加上近5年消费对GDP的贡献率节节攀升，2018年上半年更创下78.5%的历史新高。要在以上的背景下，梳理我国旅游业改革开放40年以来的发展历程，总结过去的经验，根据现在及未来消费者的需求，探索新的发展道路，推动我国旅游业持续快速的发展。

二、改革开放40年来我国旅游业的发展历程

自改革开放以来，我国的旅游业发展经历了四个时期。第一时期是从1978年到1991年，我国的旅游业的初步时期历经了13年，在起步期，中国旅游业还没有形成行业，基本是由于政府接待内外宾而存在。在计划经济时期，资源的配置主要是由政府调控，老百姓的流动比较小，旅游意识还比较薄弱。1987年改革开放时期，旅游业具有接待外宾的功能，在改革开放中作为前沿的行业进行改革，改革的契机是学习外国企业管理模式的饭店，从饭店入手带动整个行业的改

革发展。在起步期对行业发展影响最大的两个主要因素是旅游业承担着创汇的任务和政府率先在旅游行业实行企业化管理，在这两个影响因素下，政府制定了饭店星级评定标准和旅行社管理暂行条例，使旅游业摆脱了部分行政束缚，为旅游业的发展提供了良好的发展环境。

第二时期是从 1992 年到 2001 年，是我国旅游业内外同步发展时期，在这一时期，国内旅游业发展迅速。自邓小平在南方谈话之后，各行业的改革水平有了更大的提高。在旅游业起步初期侧重国外游客的接待，自 1992 年后国内旅游开始受到重视，此时旅游业的入境旅游与国内旅游并重发展，旅游业从政府调控转向市场调控，在旅游市场的主导下，旅游业充满活力。在管理上，旅游业行业标准逐步执行，政府加大对旅游业的政策支持，开始实行双休日与黄金周，激发民众的旅游热情。在内外同步发展期，旅游创收翻倍增长。

第三时期是从 2002 年到 2012 年，我国旅游业打响品牌时期，在这个时期内我国加入了世界贸易组织，加入世界贸易组织后，中国提高了对外的开放水平，旅游业迎来了改革开放以来的新时期。随着国内人民收入的提高，旅游消费能力和需求有了很大的改变。在这种背景下，我国旅游业进一步树立了旅游国际品牌，提高了旅游业的品牌知名度。自加入世界贸易组织之后，我国的经济以两位数增长，中国的 GDP 在世界各国中排名靠前，在 2010 年成为全世界第二大经济体。中国制造的产品遍布全球，对外出口的产品数量不断增加，随着综合国力的提高和政府的宏观调控力度加大，提高了中国旅游在国际中的知名度。

第四时期是从 2013 年至今，目前是我国旅游业的新一轮开放和改革时期，自十八届三中全会制定全面深化改革的若干决定之后，旅游业进入了新一轮深化改革开放阶段。受到金融危机的影响，中国进出口贸易行业不景气，需要依靠消费拉动经济增长。为了促进消费，满足广大消费者的需求，国家出台了一系列的政策，刺激居民的消费。2013 ~ 2015 年政府先后出台了《国民旅游休闲纲要（2013—2020 年）》、《国务院关于促进旅游业改革发展的若干意见》（国发〔2014〕31 号）、《国务院关于进一步促进旅游投资和消费的若干意见》（国发办〔2015〕62 号）等相关文件。与此同时，为了提高消费体验，我国政府部门与企业积极投入到 5A 级景区建设工作中，创建了大量的 5A 级景区，在交通设施、接待服务能力、酒店住宿、特色餐饮等方面都有所改善，提高了供给的水平，满足更高端消费者的需求。2018 年国务院办公厅印发《关于促进全域旅游发展的指导意见》，将各行各业各部门共同参与，为游客提供全方位的服务，提升游客的体验水平。

三、森林旅游发展的历史沿革

随着旅游业的发展以及旅游业在经济中地位的提高，旅游业中的休闲旅游不断地渗入到森林中。我国森林资源总面积达 1.95 亿公顷，由于我国地域辽阔，南北跨度大，纵跨热带至亚寒带地区，森林资源丰富，为我国发展森林旅游奠定了基本的条件。森林旅游作为休闲旅游发展的重要领域越来越受到旅游者的青睐，在一些经济发达国家，森林旅游业已成为最大的产业之一。1872 年，美国建立了世界上第一个国家公园——黄石国家公园，成为较早开发森林旅游的国家。森林旅游是美国人生活的一部分，每年森林旅游游客量高达 20 亿人次，人均收入的 1/8 用于旅游。法国的枫丹白露森林公园每年的游客量高达 1000 万人次，其中 70% 以上的游客是在周末或者节假日出行，法国全年外出森林旅游的游客有 6 亿人次，大部分的城市家庭每年至少到森林旅游一次。1992 年，德国有 50% 的人口到森林旅游、意大利有 46% 的人口到森林旅游、英国有 39% 的人口到森林旅游、西班牙有 38% 的人口到森林旅游。根据预测，全球森林旅游人数将持续增长，将来会有更多的人走进森林，了解森林的奥秘。

1982 年 9 月 25 日，张家界国家森林公园成立，也是中国第一个国家森林公园。经过 30 多年的发展，中国森林旅游取得了重大成就，国内研究者将森林旅游发展划分为不同的阶段。

李世东、陈鑫峰（2007）通过对森林公园数量、面积、游客量、旅游收入等指标化的研究，将中国森林公园发展分为四个阶段，即起步阶段（1982 ~ 1990 年）、急速发展阶段（1991 ~ 1993 年）、平稳发展阶段（1994 ~ 2000 年）和快速成长阶段（2001 年至今）。俞晖（2005）、王兴国（1998）从森林公园制度建设、旅游业发展水平等方面将我国森林旅游划分为五个阶段：森林旅游的萌芽阶段(1979 ~ 1981 年)、起步阶段（1982 ~ 1990 年）、快速发展阶段（1991 ~ 1993 年）、稳步发展阶段（1994 ~ 2000 年）和提高阶段（2001 年至今）。兰思仁等（2014）在回顾中国森林公园、森林旅游的发展历程基础上，分析了中国森林公园、森林旅游在过去的 30 年发展所取得的巨大成就，将中国森林公园与森林旅游划分为 4 个阶段，分别为起步阶段（1982 ~ 1990 年）、探索阶段（1991 ~ 2000 年）快速发展阶段（2001 ~ 2010 年）和提升阶段（2011 年至今）。

尽管不同研究者在森林公园与森林旅游发展阶段的时间划分上略有差异，但划分依据基本相近，即以森林公园数量变化和森林旅游参与度为主要标准。对国内森林公园旅游发展的统计数据分析表明：国内森林公园数量的增加与森林旅游效率存在差异，不同地区发展不均衡，不同景区森林旅游发展迥异、旅游收入来源单一、旅游产品技术和策划创意水平不高。综合国内森林旅游发展的理论与实践，本文将森林公园与森林旅游发展划分为5个阶段。

（一）第一阶段：森林资源景观价值认知与森林旅游自身发展阶段（1979～1981年）

1979年，邓小平同志发表著名的“黄山讲话”，为中国旅游业的发展指明了方向，中国现代旅游业发展大幕由此拉开。随着旅游业的兴起，到林区旅游的人逐渐增多，林区丰富多样的森林旅游资源的开发价值、发展前景逐步被了解。1981年7月，林业部召开了森林旅游试点工作座谈会，提出“以林为主，多种经营”方针。同年12月，林业部发布通知，将北京松山、南岳林场、广东流溪河、云蒙山林场、山东泰山林场、南昆山、湖南张家界、大岭山林场8家林场作为全国首批森林公园试点。

（二）第二阶段：森林公园的建立与森林旅游的起步阶段（1982～1990年）

1982年9月，中国第一个国家森林公园——张家界国家森林公园正式宣告建立。张家界国家森林公园是国家级森林公园发展史上的一座里程碑，自此森林旅游正式纳入了旅游建设和林业综合开发的轨道。随后，林业部又先后建立了安徽黄山、千岛湖、浙江天童、陕西楼观台、福州国家森林公园、琅琊山等森林公园。到1990年底，全国增加了6处国家森林公园。该阶段国家又批准建立昌黎黄金海岸自然保护区、合浦县山口红树林生态自然保护区、三亚珊瑚礁自然保护区、大洲岛海洋生态自然保护区等53个国家级自然保护区。当时学者们对森林公园展开的科学研究处于孕育与起步阶段。

（三）第三阶段：森林公园快速发展与森林旅游的探索阶段（1991～2000年）

原林业部下发《关于加快森林公园建设的决定》的通知，要求凡是森林环境优美、生物资源丰富、自然景观和人文景观比较集中的国营林场应该建立森林公园，发展森林旅游。之后，中国森林公园的建设步伐明显加快，2000年，已形成国家级、省级、市级三级森林公园体系，全国共建立森林公园344处，经营面积983.78万公顷。随着行业的兴起，1994年，原林业部成立了中央一类旅行社——森林国际旅行社，北京、安徽、浙江等25个省（区、市）也先后成立了森林旅游公司或森林旅行社，标志着森林旅游管理和开发体系初步完善。

1999年11月，由国家技术监督局正式颁布《中国森林公园风景资源质量等级评定》（GB/T 1805—1999）国家标准，制定了森林公园管理的标准，此阶段森林旅游发展的特征之一是规范化管理。此时，学者们也更加重视森林旅游的研究，森林旅游研究逐渐成为社会经济研究的热点。

（四）第四阶段：森林公园数量增加与森林旅游的快速发展阶段（2001～2010年）

2001～2010年10年期间是中国森林旅游发展的黄金十年，经济持续快速增长、个性化的旅游消费、便捷的旅游交通以及完善的森林旅游发展政策，为森林旅游发展提供了良好的外部宏观环境条件。在该阶段，森林公园的数量不断增加，分布在全国各地。至2010年底，全国林业系统建立国家级森林公园747处，浙江、广东、河南等9个省（区、市）的各级森林公园数量均超过100处，全国森林公园的游客量高达3.96亿人次，海外游客人数超过1000万人次；全国森林公园的主要收入是以门票为主，门票收入高达56亿元，森林公园总的收入额为294.94亿元，其中浙江、江西、四川、重庆等9个省（市、自治区）的森林公园中有的收入总额已经超10亿元，创造643812个就业岗位，这一时期，许多省（区、市）免费向社会公众开放森林公园，受到了广大市民游客的热烈欢迎，成为游客周末、假日休闲和游憩的首选之处。中国森林旅游业的功能不断扩大，从单一的经济功能向经济和社会的双重功能转化，成为提高国民生活质量的重要途径。该阶段人们生态保护意识不断增强，森林旅游逐渐成为旅游发展重要组成部分，全国各级各类国家森林公园、湿地和自然保护区成为开展生态文明宣传教育，增强社会大众生态意识的重要载体。

（五）第五阶段：森林公园规范管理与森林旅游服务提升阶段（2011年以后）

2011年制定了《林业发展“十二五”规划》，规划中森林旅游工作重点是充分利用林业旅游资源，逐步培育和形成以国家级森林公园为主，自然保护区、湿地公园为辅的森林旅游分布和发展格局。与全国主体功能区规划衔接，以自然保护区、森林公园、湿地公园、植物园、学校、博物馆等生态景观或教育资源丰富的单位为基础，创建一批重点生态文明、生态文化教育基地。进入中国森林公园与森林旅游发展提升阶段，林业与旅游合作紧密，中国林业局与中国旅游局召开多次会议，制定合作发展战略和统筹规划整体推进的规则。采取生态优先、市场引导、规范管理、优化服务等措施，推进森林旅游健康持续的发展。2014年进一步加大弘扬生态文化、建设生态文明的引导，17个城市获得“国家森林城市”的称号。生态文化基础设施稳步推进，类型不断丰富、特色更加鲜明，北京修建了第一个森林体验中心，青岛举办世界园艺博览会。随着生态文化基础设施的建设，对森林旅游的发展产生了积极的影响。2017年全国森林旅游人数达

13.9 亿人次，占全国旅游人数比例的 28%，旅游直接收入 11500 亿元。从 2012 年起，森林旅游直接收入年增长率保持在两位数以上。森林公园、湿地公园、沙漠公园等森林旅游目的地数量逐年递增，森林公园是森林旅游的重中之重，年接待量超过森林旅游总游客量的 70%，年接待量超过 100 万人次，有上百家森林公园的年收入超过 1 亿元。

四、森林旅游发展的新阶段

近年来，森林旅游快速发展进入了新的阶段，成为旅游产业、林业产业转型的重要途径和旅游产业发展的热点。尤其是十八大以来，生态文明建设受到进一步的重视，森林旅游是森林生态价值的重要体现和生态文明建设的重要内容。

（一）生态文明建设提升了森林旅游内涵与品质

党的十八大将生态文明建设列入“五位一体”总体布局，提出“给自然留下更多修复空间”，这是基于我国环境问题日益突出、资源环境保护压力不断加大的形势提出的战略决策，也预示着我国生态文明建设将进一步推进，这既给旅游业发展指明了路径，也为森林旅游可持续发展提出了更高要求。2015 年新年伊始，习近平总书记在云南考察工作时强调，要把生态环境保护放在更加突出的位置，像保护眼睛一样保护生态环境，像对待生命一样对待生态环境，在生态环境保护上一定要算大账，算长远账，算整体账，算综合账，不能因小失大，顾此失彼，寅吃卯粮，急功近利。

森林旅游与生态文明建设密切相关，生态文明建设是森林旅游可持续发展的前提条件，也是森林旅游业发展的基石。人类追求发展的需求和地球资源的有限供给是永恒的矛盾，必须解决好“天育物有时，地生财有限，而人之欲无极”的矛盾，达到“一松一竹真朋友，山鸟山花好兄弟”的意境。然而，人类对大自然进行了前所未有的改造，在生产力空前发展的同时，自然生态系统发生巨大变化，出现森林消失、湿地退化、水土流失、干旱缺水、洪涝灾害频发、全球气候变暖等严重生态危机。大力建设生态文明体验，彰显了习近平总书记对人类文明发展经验教训的历史总结，对人类发展意义的深刻思考。建设生态文明，是关系人民福祉、关乎民族未来的长远大计。面对资源、环境、生态等存在的问题，必须树立尊重自然、顺应自然、保护自然的生态文明理念，把生态文明建设放在首要的位置，融入经济、政治、文化、社会四个大方向的建设全过程，努力建设美丽中国，实现中华民族永续发展。因此，森林旅游必须转变观念，才能让生态文明理念贯穿森林旅游开发全过程，重新认识森林旅游的各项内容，不断创新森林旅游模式，实现生态文明和森林旅游生态可持续发展。

（二）生态资源保护对森林旅游产业发展提出了更高的要求

2011 年 11 月，国家林业局与国家旅游局联合公布了 10 处“全国森林旅游示范区”试点单位。各试点在森林旅游发展模式、组织保障、经营管理机制、项目建设等方面进行探索和创新，为我国森林旅游发展积累了宝贵的经验。

2013 年 9 月，国家林业局发布了《推进生态文明建设规划纲要（2013—2020 年）》明确了对森林、湿地、物种、城市林业以及美丽乡村等的保护与建设行动。2015 年 1 月，国家林业局局长张建龙在《深化集体林权制度改革，全面提升集体林业经营发展水平》中直接指出发展集体林业目的是国家得生态、农民得实惠，要实现这个目标，必须大力发展绿色富民产业。其中重要途径之一就是大力发展森林旅游业、特色林果业、林下经济等绿色富民产业。尤其是近年来，社会对非木质林产品和生态服务的需求快速上升，林下经济发展潜力巨大。要看到这一重大需求变化，大力发展林药、林菌、养生休闲、景观利用等绿色产业，实现生态和经济“双赢”。2016 年 2 月，国家林业局局长张建龙在《经济日报》发表文章强调要加快林业现代化建设，指出必须始终坚持保护优先、生态优先，严守生态红线，让森林、湿地、荒漠生态系统和野生动植物充分休养生息，全面增强并充分发挥林业生态功能，这直接为森林保护与旅游产业可持续发展提出了要求。

（三）森林旅游产业发展是休闲经济与旅游供给侧改革的重要内容

2015 年 3 月 6 日习近平总书记参加十二届全国人大三次会议江西代表团审议时说，环境就是民生，青山就是美丽，蓝天也是幸福。要像保护眼睛一样保护生态环境，像对待生命一样对待生态环境。对破坏生态环境的行为，不能手软，不能下不为例。既要绿水青山，也要金山银山。科学规划与合理开发森林旅游，促进森林旅游将绿水青山融入经济发展、文化建设和资源保护。

2016 年 3 月，十二届全国人大四次会议发布了《“十三五”规划纲要（2016—2020 年）》，纲要明确提出扩大森林生态产品供给，加大森林公园、湿地公园、沙漠公园保护力度，加强林区道路建设，加快城乡绿道、郊野公园等城乡生态基础设施建设，打造生态体验精品线路。建设森林城市和美丽乡村，提高城市绿地和森林面积，建设一批示范性森林城市，建设森林小镇。发展特色经济林和林下经济，发展生态旅游、休闲旅游、山地旅游。“十三五”纲要为森林旅游经济的发展明确了方向。

（四）森林旅游产业是发展资源保护与林业产业升级的重要途径

2016年5月23日，习近平总书记到了黑龙江伊春考察调研，十分关心林区产业转型发展和职工就业安置、天然林保护、接续产业发展等情况。强调生态就是资源、生态就是生产力。我国生态资源总体不占优势，对现有生态资源保护具有战略意义。如果仅仅靠山吃山，很快就会坐吃山空了。尤其是东北林区的生态遭到破坏，对国家全局会产生影响。国有重点林区全面停止商业性采伐，要按照"绿水青山就是金山银山"的思路，摸索产业发展路子。国有林区产业转型升级的重要途径之一即发展森林生态旅游，这为我国进一步保护森林，并促进林区可持续发展奠定了重要的政策基石。

第二节 森林旅游的概念、基本要素及特征

一、森林旅游的概念

森林旅游是依托地文景观、水域风光、气候与天象景观、宗教文化资源、饮食购物、湿地环境、野生动植物资源、森林人文资源、外部物质环境，开展科考、探险、科普、环境教育、度假、康体养生、观光、休闲娱乐等旅游活动。我国林业资源丰富，具有发展森林旅游的资源条件，森林旅游作为绿色产业的重要组成部分，是林业产业中的重中之重。学者们从不同的角度对森林旅游有着不同的理解。

王兴国、王建军（1998）认为，森林旅游依托森林资源，多种形式的旅游活动在生态旅游范畴内。张华海（2002）等认为，森林旅游是区别于森林游憩和生态旅游的，森林旅游是以森林为依托的野外长途旅行或远足，在远足中的活动都是森林旅游的一部分。

国外对森林旅游的研究主要是从森林资源价值入手。1791年，英国学者出版了《森林风景论》，书中重点论述了森林风景的构成和美的特征。1830年德国学者发表了《森林美论》，文中强调森林经济与社会效益是一致的，着重讨论了用森林的美满足日益增长的物质文化需要。角度不同，学者们对森林旅游的定义

也不同，但本质相差不大。

首先，森林旅游是基于森林资源而发展的旅游活动。截止到2013年底，我国森林公园有2948处，森林公园面积有1758万公顷，其中有881处国家级森林公园，国家级森林公园规划面积为1278.62万公顷。我国拥有31259万公顷林地面积，森林面积有20768.73万公顷，森林覆盖率为21.63%。森林公园的面积在森林面积中的占比不到10%，目前尚有大量的森林旅游景观资源未被利用与开发。我国森林旅游产业具有广阔的发展前景。丰富的森林资源不仅创造了经济效益，同时有着改善生态环境、提高空气质量的重要使命。

其次，森林旅游活动类型丰富，随着森林资源、环境而变化，有些森林公园适合爬山、观光、摄影，有些则有些适合骑行、垂钓、漂流。

再次，森林旅游需要与森林周边的社区相结合，注重社区的合作，吸引群众参与到森林旅游景区建设、旅游商品生产等活动中去，带动森林周边的群众致富。

最后，森林旅游还应该与森林周边的社区文化相结合，森林旅游既有外在的景观体验，也有内在的文化熏陶，达到观物修身的双重效果。中国历来有文人墨客寄情于山水之间，表达内心的凌云壮志，构成了丰富的文化遗产，经过代代相传，成为了我国旅游文化的一部分。因此，森林旅游不仅为游客提供生物资源，还应传递生态文明理念和特色文化，展现人与自然的和谐关系，体现森林在经济、社会发展方面的重要价值。

二、森林旅游构成要素与特征

（一）森林旅游构成要素

1. 具有休闲时间的旅游者

旅游是休闲的方式之一，对于休闲从哲学、社会学、心理学、文学等角度开展的研究比较普遍。所以，森林旅游的构成要素涉及休闲价值的评价与认同。森林旅游精神与文化要素需要将思维与价值外化，建立相应的评价标准与指标体系。休闲时间是主要的评价参考要素，在有限的时间里，休闲时间越多，则思维、文化、心理和价值的外化层次就越高。我国城镇居民假期时间在不断增加，许多企事业单位实行双休制度，除此之外，在元旦调休放假3天，春节调休放假7天，清明节调休放假3天，五一劳动节调休放假3天，端午节调休放假3天，十一国庆节调休放假7天，部分地区结合当地的实际可增加放假时间，比如广西三月三调休放假3天。在国家法定节假日之外，部分公司还有带薪年假，有充足的出游时间，促进了我国假日经济的发展。

休闲时间的增加为森林旅游的发展提供了前提条件，促进了休闲旅游的发展。森林旅游是休闲旅游中比较受欢迎的方式，森林旅游因其推崇休闲养生、生态环保、回归自然等理念，对休闲时间的要求比较高。森林旅游方式的活动项目多，从静到动有观鸟、赏花、漫步、登山等，在森林景区需要相对长的时间才能完成多样的活动。

2. 森林旅游资源要素

按照国家标准《中国森林公园风景资源质量等级评定》（GB/T 18005—1999）中对风景资源的分类，主要有地文资源、水文资源、生物资源、人文资源、天象资源等。地文资源主要是溶洞、山岳、沙滩等与岩石进化有关的地质现象和地貌等；水文资源主要是水的流动、储蓄、喷涌所形成的河流、湖泊、瀑布等景观；生物资源主要是在森林公园范围内具有生命的动植物资源，包括一些奇花异草、飞禽走兽等；人文资源主要是在森林公园附近从古至今遗留下来的传统文化与习俗、古建筑、特色产品等；天象资源是由于气候、气象而形成的雪景、云海、极光、日出等景观。

3. 旅游基础设施

森林旅游除了具备景观资源、游客之外，在旅游活动中还应具备一定的接待游客的基础设施。在景点开发游客服务中心、游乐设施建设、旅游厕所建设、饭店与购物中心建设、酒店建设、旅游交通建设、文化娱乐设施建设、游览步道建设等相关的设施时，结合当地实际，以保护生态环境为前提，建设排水、排污、供水、供电、道路、通信等基础设施，以完善的硬件设施接待游客，在建设的过程中，进行可行性研究，充分考虑景区的生态容量与设施的便利性、特色，并结合地方特色，与当地的景观相辉映。

4. 景区经营管理主体

旅游业是综合性强的经济行业，开发经营涉及多个部门，需要得到相关部门的支持。同样，森林旅游也需要政府和社会资本、群众力量的共同参与。森林旅游的经营主体需要加强管理技能培训以及人才的培养，管理层应有保护环境的意识和与景区相关的管理、经营、市场开发的知识。

经营主体应对景区的从业人员进行定期的服务技能培训，包括售票处服务、就餐服务、讲解服务等相关接待游客的技能，建立专业的服务人才队伍，提高游客对森林旅游的满意度。经营主体主要是为游客服务的，随着大众对旅游需求的不断改变，经营主体还应该组织员工学习森林旅游的相关知识，提高森林旅游的管理水平和综合素质。

（二）森林旅游特征

森林旅游是一种特殊的旅游方式，不是大众化的旅游，景区的载客量需要结合景区的生态容量。森林旅游与绿色旅游的区别主要体现在森林旅游在各个环节不全是按照绿色环保的原则进行。森林旅游与自然旅游区别在于森林旅游以保护生态环境为前提，而自然旅游是完全回归自然的，森林旅游对可持续发展具有促进的作用。

森林旅游的特征：①森林旅游坚持生态优先，协调发展，重在保护生物的多样性，使森林资源可持续发展。②森林旅游因地制宜，根据地方的资源特色，开发森林康养、森林科考、森林观光旅游，重视保护地方资源特色。③森林旅游注重生态知识的科普教育，借助森林现有的资源科普保护环境的知识，提高国民生态环境保护意识。总而言之，森林旅游主要的特征是景观资源的保存和保护、资源环境的观察与研究、旅游观光业的可持续发展。

三、森林旅游分类与区划

森林旅游的分类，从不同的科学背景出发，形成多种的分类方法，从旅游促进经济发展和环境保护角度出发，同时强调经济作用与环境保护作用的重要性，将森林旅游分为科考型、探险型、科普与环境教育型、度假与康体养生型、观光与休闲娱乐型五大类型。分类主要是强调森林旅游促进自然环境保护和改善，在保护环境的同时带动地方经济和社区的发展，并且传承中国博大精深的文化。

第三节　森林旅游与传统旅游比较

森林旅游与传统旅游在追求目标、受益者、管理方式和影响方式等方面具有不同的特征。森林旅游是在合理保护生态环境的同时，追求利益最大化，促进社会、经济的发展。森林旅游者的目的是走进自然、认识自然、享受自然。通过旅游者、开发商双方相互约束，分担维护景观资源的成本，带动周边经济的发展，提高当地居民的收入。森林旅游的发展需要综合各个方面的因素，制定详细的发展规划，不能触及生态红线和减少基本农田的面积，合理规划，持续发展。

对于森林旅游旨在实现经济、社会和美学价值的同时，寻求适宜的利润和环境资源价值的维护。森林旅游者的目的是享受自然赐予的景观和文化。通过约束旅游者和开发商的行为，使之共同分担维护景观资源价值的成本，从而使当地居民也成为生态旅游的直接受益者。森林旅游的发展需要在详细分析旅游点环境资源与文化特色以及地区发展目标的前提下，制定详尽的可持续发展规划。

森林旅游和传统旅游在追求目标、受益者、管理方式、影响方式等方面具有不同的特征，具体的表现为：

（1）追求目标。

传统旅游开发商追求利润最大化，而游客的目标是享乐。价格是市场供需的主要影响因素，是游客和景区联系的纽带，其最大的受益者是开发商和游客，这种旅游不可能持续发展。森林旅游的追求目标是以适当的利润和持续环境资源的价值为导向，以自然的发展为基础，实现旅游加环境资源和文化完整性展示与自然资源的保育的目标。

（2）受益者。

传统旅游是以价值为导向的发展方式，最大的受益者是开发商和游客。而森林旅游中的开发商、游客、当地社区、居民共同分享旅游带来的利益，可以实现共赢。

（3）管理方式。

传统旅游以渲染性的广告吸引游客，在管理中游客第一，根据游客的需求设计产品；传统旅游在对景区环境管理的要求上比较宽松，不对交通进行限制；噪声管理要求相对较低。而森林旅游的管理主要是自然景观第一，根据环境的条件有选择地考虑游客需求，景区的游客管理要求相对严格，某些重要的自然保护区域对交通方式有较严格的要求，在景区的规划设计中，会结合景区地方的特色适当地开发，不因游客的需求而忽略自然规律，并且开发是功能导向的景观生态调控。

（4）影响方式。

传统旅游与森林旅游的正面影响大致相同，但因其管理方式、受益者、追求的目标不同，因而负面影响存在较大的差异。主要表现为：传统旅游高密度的基础设施建设与土地利用问题较为严重，在一些传统的旅游景区为了满足市场的需求，在农用地上开展活动项目建设，改变了土地的使用性质。传统旅游景区不限制车辆通行，旅游中交通拥堵，停车场占用空间较多，因而在旅游中产生较多的废气，环境质量欠佳。传统旅游因游客数量较多，在旅游活动中产生较多的垃圾以及污水，对环境、周边居民、动植物的影响较大。森林旅游的管理要求严格，对环境、动植物、自然景观影响较大的行为在旅游中皆被禁止，因而森林旅游的负面影响主要是对游客的影响，对环境的影响在可控的范围内。

森林旅游以保护生态和自然资源为主，而传统旅游以旅游为主。具体表现有以下三个方面：

第一，对象不同。森林旅游的对象主要是森林景观和周边的社区文化，因地域和气候的差异，每个地方的地理环境外貌和生态系统类型、文化、建筑风格等都会有所差别。森林旅游区自然环境优良，人口稀少，远离城镇、工业区，环境相对原始。

第二，游客的态度、兴趣不同。传统旅游的目的在于消遣和娱乐，而森林旅游通过自然资源和景观吸引游客，森林旅游讲究生态，注重对森林资源的利用。

第三，森林旅游坚持保护优先，在进行森林资源、景观开发时，遵循自然规律和人与自然的和谐统一。对森林开发商来说，森林旅游是生态经济，发展过程中坚持可持续的投资。对管理者而言，管理过程中，充分利用森林资源，控制景区的生态容量，杜绝追求眼前利益而弃环境、资源于不顾。对游客来说，森林旅游是生态的旅游，应具备保护环境的意识和对自然认知的基本常识，重视自然界中的物种。

第四节　森林旅游发展的条件

森林旅游的方向是实现经济、生态、社会和教育目标的兼容，涉及资源、环境、各相关利益者、社会经济发展、国家政策和技术发展等方面，其中资源是基础，管理是关键。管理就是建立一种多元主体共同参与开发和决策生态旅游的机制，这些主体包括政府、社区及公民、个体、企业、非政府组织等，主要通过合作、协商、伙伴关系确立认同和共同的目标等方式实施森林旅游的管理。另外，还应在市场原则、公共利益和认同的基础之上建立森林旅游的良性互动机制，形成良好的生态环境均衡制约机制。

一、资源条件

独特的地理位置所产生的特色旅游资源，具有给顾客提供独特期望的价值，能满足游客的需求，是森林旅游发展的资源条件，包括基础性的自然资源或人文资源。本书中讲的森林旅游资源森林中是指可供森林旅游者感知享受体验自然生态功能与价值的资源，其与自然旅游资源的区别在于森林旅游资源更强调资源的康体、疗养和治病等特殊价值，其价值的大小和美誉度主要受资源的独特性、原始性和生物多样性等方面的影响，是森林旅游开发的基础。特色的、具有知名度的旅游资源具有激发或满足旅游者需求的特质。森林旅游资源越独特，原始性保存越完整越能引起游客的好奇心，在一定区域内生物多样性越丰富，资源的开发价值就越大。在广西境内，广西具有典型的喀斯特地貌、溶洞，处于亚热带地区，生物多样性丰富，存在很大的开发价值，可供发展森林旅游的资源十分丰富。

第一，森林旅游中优越的生态环境是人们追求的目标，良好环境是森林旅游最基本的保障。主要包括含负离子较高的空气、无污染的土壤、高覆盖率的植被、细菌含量少的空气、没有噪声污染和放射性辐射水平低等条件。适合开发森林旅游，主要具备以上一些基本的保障。

第二，森林旅游资源依赖于当地特有的地理环境条件和独特的历史文化背景，具有明显的地域优势和丰富度或复合多样性、垄断性的特点，可以满足人们多样化的需求。例如，广西的喀斯特地貌的山峰、溶洞、山水等景色对于北方的游客具有很大的吸引力。

第三，森林旅游资源的外在价值，对旅游生产力建设与生态环境保护以及市场消费者具有独特价值。森林旅游资源在当地居民看来没有什么价值，但是对于来自城市、其他地区的游客来讲，却是最具吸引力的资源。

二、社会经济条件

社会经济条件对森林旅游发展具有多重影响。一方面，社会经济条件较好的区域，对自然资源与环境的破坏相对较为严重，不利于森林旅游的发展，但其有发展森林旅游的经济条件；另一方面，社会经济条件相对较差的地区，生产发展水平不高，大多处在原始状态，森林旅游资源的品位和价值较高，具有较强的吸引力。具体来讲，社会经济条件对森林旅游发展的影响表现为：

森林旅游是相对落后地区第三产业发展的有效途径。《国家林业和草原局关于促进林草产业高质量发展的指导意见（林改发〔2019〕14 号）》中提出拓展融资渠道，扩大林权抵押贷款规模，推广林权按揭贷款，推动林草业经营收益权质押贷款和生态补偿收益权质押贷款。积极协调金融机构拓宽支持林业产业的金融产品，鼓励各地建立林权收储担保服务制度，支持林业规模经营主体创办（领办）林权收储机构，支持其以自有林权抵押折资作为保证资金。鼓励金融机构开展林产品抵押、质押融资。争取保险机构扩大保险覆盖范围。完善林草资源资产评估制度和标准。党的十九大报告中提出：推进绿色发展。加快建立绿色生产和消费的法律制度和政策导向，建立健全绿色低碳循环发展的经济体系。构建市场导向的绿色技术创新体系，发展绿色金融，壮大节能环保产业、清洁生产产业、清洁能源产业。推进能源生产和消费革命，构建清洁低碳、安全高效的能源体系。推进资源全面节约和循环利用，实施国家节水行动，降低能耗、物耗，实现生产系统和生活系统循环链接。倡导简约适度、绿色低碳的生活方式，反对奢侈浪费和不合理消费，开展创建节约型机关、绿色家庭、绿色学校、绿色社区和绿色出行等行动。响应党十九大任务目标以及在国家林业和草原局的政策指导下，森林旅游的发展需要地方有相应的林业金融政策，扶持具有潜力的企业开发森林资源，挖掘森林旅游的潜力，通过森林旅游促进一二三产业的融合发展。

旅游的需求和消费能力、旅游开发能力受经济水平的影响，一些景区的客源主要是本地游客，因此，区域经济的发展水平影响着客源市场的规模。区域经济发展水平高，旅游开发经济效益也相对较好，在经济发达地区进行森林旅游开发比较容易成功。特别是交通等基础条件往往成为制约森林旅游发展的关键因素，常常使具有较高品位的森林旅游资源得不到开发利用。经济发展水平不高影响了资源的保护，如对资源价值的认识不清，盲目地、粗放地进行开发，结果旅游没搞好，资源却遭到了破坏，特别是对环境的破坏比较严重，造成无法恢复的后果。

三、国家和区域政策条件

国家和区域政策是森林旅游发展的重要支撑条件，对森林旅游发展的方向、采取的对策、发展步骤、相关利益者的协调等问题给予明确的规定。包括国家或区域的相关法律、法规或政策措施、税收和信贷政策，政府的指导性开发总体规划、土地利用和发展控制政策等。

国家颁布实施的与生态旅游发展相关的法律主要有《中华人民共和国森林

法》《中华人民共和国水法》《中华人民共和国环境保护法》《中华人民共和国土地管理法》《中华人民共和国野生动物保护法》《中华人民共和国水污染防治法》和《中华人民共和国文物保护法》等环境保护法律法规，为我们进行森林旅游开发提供了指导和约束原则，政府制定了支持森林旅游发展的相关政策，涉及税收、信贷和土地等方面，主要体现在政策规定生态旅游开发的选址、基础设施配套和税收优惠等；为了鼓励森林旅游开发，政府在开发主体的运作过程中提供优惠性的贷款或者鼓励性的税收政策来吸引相关投资主体；通过向森林旅游目的地、森林旅游开发企业提供技术、财政、教育、基础建设及建立适当的预算机制和立法支持，保障森林旅游发展；政府出台对森林旅游经营者的激励措施，并利用国家制定质量等级评定标准与相关的政策文件等政府的指导性开发总体规划和土地利用与发展控制政策，明确了森林旅游开发区内的发展现状和前景总体部署，提出了森林旅游开发要做好旅游开发规划和贯彻资源和环境保护的思想。不仅要确保开发取得成功，也要预防资源和环境遭到破坏，对森林旅游开发过程要进行全程监督，对生态环境质量进行监测。并通过文件等形式，在一些森林旅游开发区建立生态旅游的决策管理机构，协调处理森林旅游开发管理问题。决策管理机构由主管旅游的部门牵头，包括发展改革委、交通、国土、林业、环保、工商、文化等部门参加，决策管理机构负责规范森林旅游市场和投资、开发行为、经营行为、规划的编制实施，建立和创新符合实际的森林旅游管理新体制政府政策以规范社区居民、生态保护团体、企业主体、研究学者等相关利益者的关系。

四、技术与管理条件

技术与管理条件是生态旅游可持续发展的重要技术保障条件，包括人力资源、技术水平、管理水平、营销与信息管理水平、监测技术等内容。森林旅游的根本目标之一是保护生态环境，森林旅游本身不能够维持生态系统的延续，需要运用科技手段建立生态系统相对稳定的经营方式。森林旅游技术能力需要通过科学研究来不断提高：一是通过研究生物间的拮抗、互促、富集、同化等作用，构建起完善的生物调节体系；二是通过非生物因子的研究，讨论影响生态系统的稳定发展的要素，制定出缜密的防止自然灾害的措施；三是充分利用新技术、新材料，尽量减少游客及旅游经营者对生态环境的影响。

森林旅游综合性比较强，集自然、保护、科教、休闲、创收于一体，具有实现经济效益、保护生态环境两个重任，管理水平实现其价值的重要手段之一。结合地方森林旅游的实际，学习借鉴国内外先进的管理经验和体制，完善区域内森林旅游管理技术和方法。在管理机制、科普教育、基础设施建设、数据监测、游客行为引导、生态容量控制、旅游垃圾等各个方面加强管理，逐步建立一套完善的森林旅游管理机制。同时，在森林旅游管理内容上要从环境容量、旅游资源、旅游设施、环境保护、旅游市场、旅游者、经营者、导游、社区居民等多方面考虑，制定一套全面、科学、合理的管理对策和措施。用专业技术对废弃物做最小化处理、对水资源节约利用，以达到加强森林旅游区管理的目的。

森林旅游人才培养与管理是森林旅游可持续发展的技术保障条件。森林旅游是一种新兴的特殊旅游方式，需要高素质的专业管理人才和服务人才。可通过举办培训班、专题讲座、学术会议等培养大批的森林旅游专业人才。同时，进行森林旅游开发规划的科学研究，为区域旅游可持续发展提供人才保障。

第二章　森林旅游研究进展与趋势

第一节　森林旅游研究方法

一、调查研究法

（一）定性与定量研究

1. 定性研究

定性研究指是利用定性资料开展定性分析的研究方法。定性研究通过案例分析、实地访谈等方法开展研究，研究过程和结果以文字形式表达，适合概念性、方向性、全局分析，人的主观性作用影响偏大。

针对森林旅游开发研究，定性研究侧重于开发中的战略研究方向，适合用于分析森林旅游开发现状和总体发展研究方向，属于宏观研究。在进行调查研究后，综合分析森林旅游开发条件，得出森林旅游开发的科学结论。

针对森林旅游的定性研究，可从高校、政府、社会与市场各方面入手搜集森林旅游的发展动态。具体从期刊、书籍、政策文件、行业标准、景点动态等方面具体入手，可了解森林旅游开发的古今模式。

2. 定量研究

定量研究指利用定量资料进行定量分析的研究方法。定量研究通常含有数据分析，因此更具科学性，分析结果以数据反映客观现象，人的主观作用偏小。

在森林旅游开发研究中，定量研究适用于森林旅游开发的相关数据研究，作为森林旅游市场调查、森林旅游区数量增长等的调查研究手段，属于微观量化研究。定量研究需要搜集相关数据，进行整理、辨别矫正、筛选剔除，应用统计工具，以可视化的直观结果，分析得出相应的结论。

3. 数据来源

可靠的数据来源是保证结论科学准确的前提。在国际上，将与森林旅游相关的组织作为数据获取来源，比如通过联合国统计司（UNSD）、联合国教科文组织（UNESCO）、美洲国家统计大会（SCA）、欧洲统计大会（CES）、经济合作与发展组织（OECD）、国际自然和国家资源保护联盟（IUCN）、可持续旅游观察站（INSTO）、联合国统计司（UNSD）、联合国粮农组织（FAO）、世界卫生组织（WHO）、经济合作发展组织（OECD）、联合国开发计划署（UNDP）、世界银行（WB）、欧盟统计局（EUROSTAT）、联合国亚太经社会（ESCAP）、世界贸易组织（WTO）、联合国环境署（UNEP）、世界自然保护联盟（IUCN）、世界旅游联盟（WTA）、世界旅游组织（UNWTO）、太平洋亚洲旅游协会（PATA）、葡萄牙语国家共同体（CPLP）和金砖国家等权威的官方网站获取。

在国内，可通过国家、科研机构、高校建立的官网、数据库等渠道获取相关数据，如中国森林旅游网、森林旅游网（国家林业和草原局宣传中心）、中国林业网（国家林业和草原局官网、国家公园管理局）、生态中国网国家统计局、国家旅游局数据中心、中国政府网、中华人民共和国文化和旅游部、中国林业数据库、林业科学数据中心、林业标准数据库、政策法规数据库、历年统计数据库、林业资源数据库、林业基础知识数据库、林业科研机构数据库、汉拉英木本植物树形库、名人专家数据库、万方数据知识服务平台、林业规划数据库、规范性文件数据库、森林资源监测等网站。从中可获取相关报告，如《中国林业统计年鉴》（2003～2013 年）、《中国林业年鉴》、《中国林业发展报告》、《中国统计年鉴》、《森林公园建设与经营情况统计表》（中国林业网）、中国林业发展报告、林业重大问题调研报告、林业重点工程与社会经济效益报告、中国林业信息化发展报告、中国林业年鉴数据库、历年统计分析报告。

4. 定性研究与定量研究的综合应用

在实际的森林旅游开发调查研究中，需要定性研究与定量研究的综合应用，尤其在森林旅游整体开发环境中的应用，两者不可剥离。定量研究为森林旅游开发研究提供科学的数据分析，属于客观分析，可量化掌控森林旅游开发环境。定性研究结论提供了森林旅游开发的战略方向，但鉴于存在主观因素，往往需要以定量研究的科学数据为基础分析，来弥补定性研究的不足。定性研究与定量研究两者相辅相成，协同作用，可科学把控森林旅游开发方向，合理制定开发路线。

层次分析法（Analytic Hierarchy Process，AHP）可将定性与定量相结合，多

层次多因子衡量研究对象。在旅游研究中，常用于景观资源量化指标评价，将旅游资源分为不同层次的类型，继而细化资源类型，界定标准系数，通过评分汇总，进而得出旅游资源总体评价。

（二）问卷调查法

1. 问卷调查法定义

问卷调查法是针对想要获取的信息，确定调查人群范围，制定相应的问题，发布问卷并收集结果，进而分析的调查研究方法。在问题制定中，适宜选用勾选项，不宜选择填答方式，问题数量设置不宜超过两页。问卷调查法适用于森林旅游中的市场调查、游客满意度调查。

2. 纸质问卷调查

纸质调查问卷适用于现场问卷调查。问卷可在森林旅游景区、住宿集中区、进餐区、人群集中处等区域发布。相比于流动中的人群，人们在短暂停歇处更乐意参与调查问卷。纸质问卷调查的优势在于可针对性地选择调查群体，但存在地域局限性，且问卷的发布、收集、数据处理效率过低，成本较高，信息收集数量有限的弊端明显，不利于批量化数据收集。

3. 网络问卷调查

网络问卷调查虽然能弥补纸质调查问卷的不足，但问卷的发布和数据的辨别颇具技巧。网络问卷调查通常以沟通软件为发布平台，如何开拓发布渠道显得尤为重要。广泛应用的发布平台是问卷星，发布方式通常有平行发布、任务发布和奖励发布。

平行发布是指在发布人的交际范围内进行问卷发布，此发布方式流转次数有限。此时可通过奖励发布、任务发布增加流转次数，从而获得更多的数据。奖励发布指人们在发布问卷的同时附加答卷谢礼的方式，诱导调查群体广泛参与，增加问卷的发布次数，增加样本数据量。任务发布通常以任务的方式由上往下发布，如公司对员工、学校对学生的任务安排式，依托企业、学校、政府等管理平台进行任务式填答，调查群体分明，数据样本量充足，但在任务安排超量的情况下，存在数据造假风险。

后期需对数据进行甄别处理，网络问卷调查往往存在群体数量过于单一的问题，需把控调查对象的年龄层、职业、偏好等大体情况，规避数据造假，结合纸质调查问卷丰富调查群体。

（三）行业调查研究

针对森林旅游行业的调查研究，可通过政府导向、高校研究、行业动态三个方向开展调查研究。

政府方面，以各机构部门发布的与森林旅游相关的法律法规、管理条例、政策导向等政策方针为准，同时可获取年鉴、行业年度报告、森林旅游、标准（国家标准、地方标准）等相关资料；高校研究通常会以期刊、书籍的形式发布；行业领域可从行业技术规范、推介会、相关活动、开发经营现状等方面，掌握森林旅游在社会及市场的整体动态。

1. 法律法规

《中华人民共和国森林法》《中华人民共和国旅游法》《中华人民共和国环境保护法》《中华人民共和国城乡规划法》《中华人民共和国土地管理法》《中华人民共和国水法》《中华人民共和国野生动物保护法》《中华人民共和国森林法》《中华人民共和国森林法实施条例》《中华人民共和国野生植物保护条例》《中华人民共和国自然保护区条例》《国家级森林公园管理办法》《广西壮族自治区旅游管理条例》《广西壮族自治区森林和野生动物类型自然保护区管理条例》《广西壮族自治区森林管理办法》《风景名胜区条例》。

2. 有关技术规范、标准

（1）国家标准。

《风景名胜区规划规范》（GB 50298—1999）、中华人民共和国国家标准《旅游规划通则》（GB/T 18971—2003）、《中国森林公园风景资源质量等级评定》（GB/T 18005—1999）、《自然保护区生态旅游规划技术规程》）（GB/T 20416—2006）、《景区（点）质量等级的划分和评定》（GB/T 17775—2003）、《旅游资源分类、调查与评价》（GB/T 18972—2017）、《国家生态旅游示范区建设与运营规范评分实施细则》（GB/T 26362—2010）、《国家绿色旅游示范基地标准》（LB/T 048—2016）、《国家康养旅游示范基地标准》（LB/T 049—2016）、《国家级森林公园总体规划规范》（LY /T 2005—2012）、《中国森林公园风景资源质量等级评定》（GB/T 18005—1999）、《旅游资源分类、调查与评价》（GB/T 18972—2003）、《旅游景区质量等级的划分与评定》（GB/T 17775—2003）、《旅游规划通则》（GB/T 18971—2003）、《国家生态旅游示范区建设与运营规范》（GB/T 26362—2010）、《环境空气质量标准》（GB 3095—2012）、《地表水环境质量标准》（GB 3838—2002）、《声环境质量标准》（GB 3096—2008）。

（2）行业标准。

《国家级森林公园总体规划规范》（LY/T 2005—2012）、《中华人民共和国林业行业标准——森林康养基地质量评定》（LY/T 2934—2018）、《森林公园总体设计规范》（LY/T 5132—1995）、《风景名胜区规划规范》（GB 50298—1999）、《旅游规划通则》（GB/T 18971—2003）、《全国生态环境建设规划（2013—2030）》、《国家森林步道建设规范》（LY/T 2790—2017）、《生态露营地建设与管理规范》（LY/T 2791—2017）、《森林体验基地质量评定》（LY/T 2788—2017）、《森林养生基地质量评定》（LY/T 2789—2017）、《国家公园功能分区规范》（LY/T 2933—2018）、《全国生态公益林建设标准》、《土壤侵蚀分类分级标准》。2018 年 5 月，国家林业局森林旅游管理办公室完成“森林旅游标准框架体系”，启动《森林旅游术语》《林业自然教育导则》《森林小镇建设导则》等多项林业行业标准的起草工作。2018 年 6 月，国家林业局发布《森林体验基地质量评定》《森林养生基地质量评定》《国家森林步道建设规范》和《生态露营地建设与管理规范》4 项林业行业标准。

二、访谈调研法

访谈调研法指通过语言交流的形式，掌握森林旅游的全面信息，方式可分为当面访谈、视频访谈、电话访谈、书面访谈，形式上分为交谈、会议、汇报。森林旅游访谈调研时，访谈对象可分为专家、经营者、游客、政府、一般人群。研究机构在国内有诸如中南林业科技大学森林旅游研究中心。

（一）实地访谈

实地访谈属于当面访谈，访谈效率高，交谈效果好，能更精确地把控调研信息的来源背景。

实地访谈可深入森林旅游地，与经营管理者、游客进行交谈。与经营者、工作人员面对面交谈，了解森林旅游发展历程、开发管理现状，从而掌控森林旅游行业的相关信息。通过与游客访谈，能直接了解森林旅游适用对象的直观感受，客观掌握森林旅游开发的实施效果。通过游客访谈，可以了解到森林旅游中的游客市场需求、开发管理的不足、游客需求与开发管理的矛盾。通常政府机构在森林旅游地的管理过程中，结合会议、汇报等方式，针对森林旅游开发管理中的问题，进行情况汇报、会议讨论。

（二）视频访谈

相对于实地访谈来说，视频访谈节省了舟车劳顿的时间和成本，但缺乏实地访谈的真实感，存在不了解实地真实情况、认知偏差的风险。

（三）电话访谈

电话访谈方便快捷，无须时间预约成本，可避开时间、地点的选择，具有访谈开展的便捷性，利于多次反复沟通了解情况，但无法掌控全局，了解信息有限，存在信息不实的风险。

三、文献研究法

（一）书籍研究

书籍研究分为纸质图书和电子图书，纸质图书可选择购置或者图书馆借阅，电子图书有诸如亚马逊等社会商业性电子图书平台，高校常用电子书平台如超星移动图书馆、博看移动图书馆。

1. 书籍类别

按照研究内容，书籍可选择森林旅游类、林业类、旅游类、开发管理类、市场分析类及其他相关领域的书籍。具体形式除了出版社常规出版的书籍，还包括可行性研究报告、评估报告、公报、年鉴、规划书等。诸如道格拉斯（R. W. Donglass）著、张建列译，1986 年由东北林业大学出版社出版的《森林旅游》，另外还有《中国旅游统计年鉴》《2017 中国土地矿产海洋资源统计公报》《2017 全国林业发展统计公报》《中国林业发展报告 2015》《全国林地保护利用规划纲要（2010—2020 年）》《全国生态环境建设规划》《全国主体功能区规划》《全国野生动植物保护及自然保护区建设工程总体规划》《全国防沙治沙规划》《中国湿地保护行动计划》等行业相关书籍。

2. 书籍研究举例

（1）《2016 中国森林等自然资源旅游发展报告》。

《2016 中国森林等自然资源旅游发展报告》全面反映了 2016 年中国森林等自然资源旅游发展的动态和主要热点，内容包括：组织管理与工作部署、政策与法制建设、规划与标准化建设、目的地建设、目的地保护与管理、产业发展、示范建设、人才培训、宣传推介、国（境）内外交流与合作等方面的内容。

（2）以规划类书籍《保护区国家系统规划（中文版）》（1998）为例。

IUCN 世界保护区委员会（WCPA）与英国卡迪夫大学城市与区域规划系所属的环境规划研究室联合出版，由英国菲利普斯（Phillips A.）主编，澳大利亚堪培拉大学的 Adrian Davey 在 1998 年编制了第一卷《保护区国家系统规划（中文版）》，对系统计划有了详细介绍，保护区国家系统是设计一个涵盖特定国家所有生态系统和社区的总储备系统，确定保护区的目的范围和系统组成部分之间的关系（即个别区域、保护区和其他土地），以及不同的部门和社会层面之间的协助关系。它强调经济发展等其他方面的关键联系，说明各利益相关方如何进行互动和合作，以支持保护区的有效、可持续管理，并确定优先发展事项，为参与国家系统规划的所有人提供可靠的依据。

（二）期刊研究

森林旅游文献筛查范围有一般期刊、博硕士论文、标准、专利、年鉴、大数据等，期刊可通过知网、万方、维普等平台进行获取。从森林旅游研究专题的分布期刊来看，以旅游、生态、林业、农业、环境领域研究居多，具体有 *Forest Ecosystems*、《森林与人类》、《生态学报》、《林业经济问题》、《林业经济》、《北京林业大学学报》、《世界林业研究》、《林业调查规划》、《防护林科技》、《甘肃农业大学学报》、《旅游科学》、《旅游学刊》、《资源开发与市场》、《资源科学》、《经济地理》、《林业资源管理》、《四川林勘设计》、《绿色中国》、《中国水土保持》、《国土绿化》、《自然资源》等。

2015 年《森林与人类》杂志发起“寻找中国森林氧吧”活动，刊登“2015 国家森林公园风光摄影大赛”获奖作品，2017 年出版了以“中国森林美地”为主题的专刊。

四、案例研究法——研究角度分析

案例研究法指针对森林旅游开发案例进行学习研究，根据研究目的的不同，研究角度也不尽相同。

（一）战略角度分析

森林旅游战略研究往往从森林旅游发展战略性角度出发，根据总体目标，确定森林旅游发展的最终目标。国际范围内的森林旅游战略研究往往更侧重森林可持续发展的保护研究；国家层面的森林旅游战略研究，则需要兼顾森林可持续发展与当地经济发展；地方森林旅游发展战略研究则需要衡量当地森林旅游实际情况，切合国家森林旅游发展战略，确定地区森林旅游战略性发展方向，制定实施计划并进行开发建设。

（二）研究角度分析

针对森林旅游案例研究，不同的人群所侧重的研究角度不同，相对应的研究方法也不尽相同，有针对性地开展研究，方能博众之所长。政府单位人员、高校研究人员、企业经营者、森林旅游从业人员等不同的群体侧重的研究角度均有所不同，无论侧重于生态发展、研究方法，还是开发与建设、经营与管理，目标都是森林旅游资源价值利用最大化，多方协作可保证森林旅游高效可持续发展。

（三）规划角度分析

从森林旅游规划角度分析可全方位、系统地把握森林旅游发展走向。规划融合地方政府战略发展方向与经营者的利益需求，既保证森林旅游资源利用最大化，又能保证森林旅游可持续发展。规划需要根据森林旅游发展类型不同，侧重不同的发展方向，如森林公园、湿地公园、地质公园、自然保护区等，但均需做到合法合规，保证科学性、合理性、全面性、系统化。

（四）经营角度分析

经营角度分析主要以森林旅游景区经营研究为主，具体在人才引进、团队管理、景区宣传、景点打造、成本与收益、资源维护等方面开展经营研究。由于中国乃至国际范围内的森林旅游经营，鲜有走向私有化的情况，森林旅游经营管理也绝大多数是国有制经营，虽然可以很好地保障森林的生态效益，但同时也限制了森林旅游发展的市场活力。

五、数理统计法

（一）数理统计分析

1. 游客容量估算方法

参照《旅游规划通则》（GB/T 18971—2003），可采用面积法、卡口法、完全游道法，对景区每天的游客承载量进行计算，具体方法如下：

（1）面积法。

$C = A \times D/a$

其中，C 为景区日旅客总量（人/天）；A 为游客涉足的游览区域面积（平方米）；a 为每位游客占据的游览区域面积（平方米/人）；D 为游客周转率，D = 景点日开放时长/游客游览景区耗时（小时/天）。

（2）卡口法。

$C = M \times N$

其中，C 为景区日游客总量（人次/天）；M 为日游客批次（批/天）；N 为每批次游客数量（人次/批）。

(3) 完全游道法。

完全游道法可针对不同的游览步道，分别进行游客容量计算。

$C = L/l \times D$

其中，C 为景区日游客总量（人次/天）；L 为游道总长（米）；l 为人均占用游道长度（米）；D 为游客周转率，D = 景点日开放时长/游客游览景区耗时（小时/天）。

2. 模式、模型分析

(1) VAR 模型。

VAR 模型在计量经济学中得到广泛使用，通过 Eviews 软件，结合数理统计方法，可开展森林旅游相关调查研究的对比分析。具体可结合回归分析法，针对森林旅游景区收入、客流量、相关增长率、效益与预期对比等进行分析。

(2) RMP 模式。

昂普分析模式（RMP 模式），从资源（Resource）、市场（Market）和产品（Product）三个方面进行程式性论证研究，是 1999 年吴必虎针对当时旅游开发中面临的问题提出的区域旅游开发研究方法，最终可得出以旅游产品为中心的规划框架，详见图 2.1。

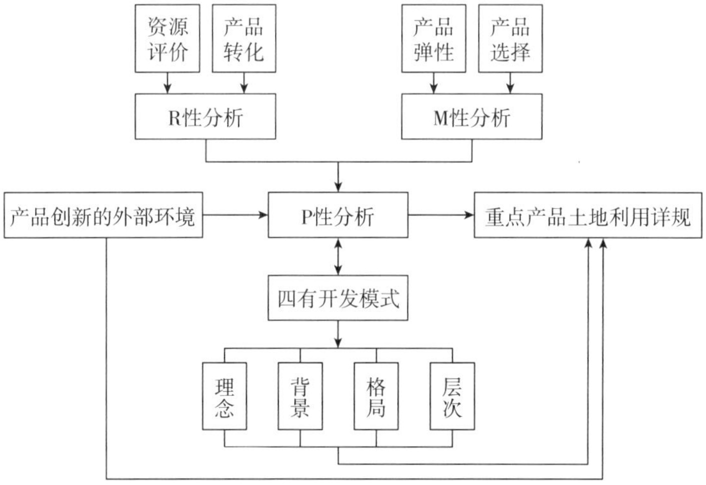

图 2.1 RMP 模式

图片来源：(https://zhidao.baidu.com/question/279226271.html)

2001 年陈昌沉等基于 RMP 模式，对西双版纳孔明山景区的原始雨林景区旅游开发展开分析，合理分析市场竞争合作态势。探索以保护为前提，在休闲旅游趋势下，风景区旅游资源开发利用的创新理念和策略。

（二）统计分析工具应用

统计分析工具多种多样，可用于数据分析，表现结构网络层次。除了日常使用的数理统计如 Excel，还有 SPSS 软件、Stata 数据管理统计绘图软件、Clementine 软件、XLstat 软件、Ucinet 社会网络分析软件、AMOS 软件、Lisrel 软件、HLM 软件等。

“统计产品与服务解决软件”（Statistical Product and Service Solutions，SPSS）是旅游研究中应用较为成熟的数理统计工具，和 SAS、BMDP 并称为国际三大统计软件。SPSS 统计软件，通过配对样本 T 检验、描述性统计分析和 IPA 分析等统计方法分析得到数据。杨志新将 SPSS 软件用于智慧森林旅游景区研究，对样本进行 T 检验和 IPA 分析，结合数据描述性分析等方法对游客基本特征、游客期望值和评价进行解析，了解森林景区智慧旅游建设现状，进而分析得出开发建设的提升改进方法。

第二节　国际森林旅游研究进展

一、国外森林旅游相关概念研究

国际森林旅游（Forest Tourism）中主要分类为国家公园、自然保护区、世界地质公园、世界自然遗产等类型，归类于生态旅游（Eco - tourism）进行整体研究。

（一）国家公园

国家公园是指国家为保护典型自然生态系统而划定的特殊保护区域，同时可适度地利用其旅游资源，开展生态性教育、科学研究和旅游的自然区域。国家公园概念由美国在 19 世纪 70 年代提出，最初以维护黄石国家公园优良资源的自然状态为出发点而建立，继而 80 年代加拿大建立了国家公园——班夫国家公园，直到 20 世纪 70 年代德国也建立第一个国家公园——巴伐利亚森林国家公园，到如今 21 世纪，国家公园已成为世界范围内普遍认可的自然风光保护与旅游开发类型。

（二）自然保护区

根据1994年世界自然保护联盟（IUCN）的《保护区管理类型指南》确立的保护区分类系统，将世界自然保护区分为六大类型：Ⅰ型为严格自然、荒野地保护区（Ⅰa为严格自然保护区，Ⅰb为荒野地保护区），Ⅱ型为国家公园，Ⅲ型为自然纪念物保护区，Ⅳ型为生境和物种管理保护区，Ⅴ型为陆地和海洋景观保护区，Ⅵ型为资源管理保护区。

（三）世界地质公园

地质公园是具备见证地球地质演化的科学意义，具有一定规模和美学价值的地质遗迹景观，且融合其他自然景观与人文景观构成的自然地带。

地质公园的概念于20世纪90年代提出，一可作为地质遗迹及环境保护的重点区域，建立地质科学研究及科普基地，二可以持续发展方式开发观光旅游、度假休闲、保健疗养、文化娱乐等旅游项目。

国际范围内较为权威的世界地质国家公园研究组织有：中国国家地质公园网络（CGN，http：//www. geopark. cn/）、联合国教科文组织（UNESCO，https：//en. unesco. org/）、世界地质公园网络协会（GGNA，http：//globalgeoparksnet-work. org/）、亚太地质公园网络（APGN，http：//asiapacificgeoparks. org/）、欧洲地质公园网络（EGN，http：//www. europeangeoparks. org/）、世界自然保护联盟（IUCN，https：//www. iucn. org/）、国际地质科学联合会（IUGS，http：//www. iugs. org/）。截止到2019年初，联合国教科文组织世界地质公园网络（GGN）共有123个成员，分布在全球38个国家和地区。其中，亚洲48处，欧洲68处，美洲6处，非洲1处，详见图2.2部分地质公园名单如表2.1所示。

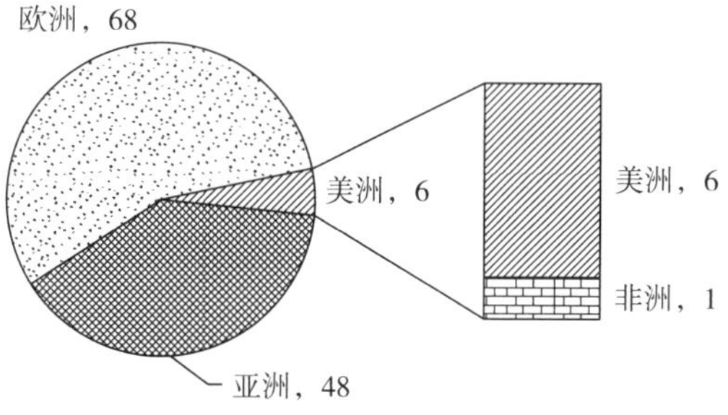

图2.2　全球世界地质公园分布

表 2.1 世界地质公园名单

国家	世界地质公园名单
西班牙（11）	拉斯洛拉斯、兰萨罗特及奇尼霍群岛、耶罗岛（加那利群岛自治区）、莫利纳和阿尔托塔霍、加泰罗尼亚中部、安达卢西亚塞维利亚北部山脉、维约尔卡斯—伊博尔—哈拉、巴斯克海岸、索夫拉韦、苏伯提卡斯、卡沃—德加塔西班牙
法国（5）	沙布莱、考斯杜凯尔西、阿德榭山博日、普罗旺斯高地、吕贝龙
韩国（2）	青松、济州岛
墨西哥（2）	科马卡、密斯特克阿尔塔
伊朗（1）	克什姆岛
中国（33）	阿尔山、可可托海、敦煌、昆仑山、神农架、延庆、三清山、天柱山、香港、乐业—凤山、宁德、阿拉善、终南山、龙虎山、自贡、泰山、王屋山—黛眉山、伏牛山、雷琼、房山、镜泊湖、克什克腾、雁荡山、泰宁、兴文、黄山、五大连池、庐山、云台山、嵩山、张家界砂岩峰林、丹霞山、石林
日本（8）	阿珀依山、阿苏、隐岐群岛、室户、山阴海岸、洞爷火山口和有珠火山、云仙火山区、系鱼川
意大利（10）	波里诺、塞西亚—瓦尔格兰德、阿普安阿尔卑斯山、奇伦托、图斯卡采矿公园、阿达梅洛布伦塔、罗卡迪切雷拉、撒丁岛地质与采矿公园、贝瓜帕尔科、马东尼
印度尼西亚（1）	色乌山
冰岛（2）	雷克雅内斯半岛、卡特拉
塞浦路斯（1）	特罗多斯山
葡萄牙（5）	姆古恩、骑士领地、亚速尔群岛、阿洛卡、纳图特乔
丹麦（1）	奥舍德
加拿大（2）	滕布勒岭、石锤
英国（6）	里维耶拉威尔士乔蒙、设得兰、苏格兰西北高地、威尔士大森林、北奔宁山、大理石拱形洞—奎拉山脉
德国（5）	布朗斯韦尔、斯瓦卞阿尔比、特拉维塔、贝尔吉施—奥登瓦尔德山、埃菲尔山脉
希腊（5）	约阿尼纳、柴尔莫斯—武拉伊科斯、莱斯沃斯石化森林、普西罗芮特、锡蒂亚
奥地利（4）	卡拉万克斯洛文尼亚、艾森武尔瑾、阿尔卑斯矿石、卡尔尼克阿尔卑斯
摩洛哥（1）	姆吉恩

续表

国家	世界地质公园名单
匈牙利/斯洛文尼亚（1）	拉瓦卡—诺格拉德
罗马尼亚（1）	哈采格恐龙
捷克（1）	波西米亚天堂
巴西（1）	阿拉里皮
克罗地亚（1）	帕普克
马来西亚（1）	浮罗交怡岛
德国/波兰（1）	马斯喀拱形
乌拉圭（1）	格鲁塔德尔帕拉西奥世界
土耳其（1）	库拉火山
斯洛文尼亚（1）	伊德里亚世界
芬兰（1）	洛夸
挪威（1）	岩浆、赫阿
越南（1）	董凡喀斯特高原
爱尔兰（2）	巴伦和莫赫悬崖、科佩海岸
匈牙利（1）	包科尼—巴拉顿
印度尼西亚（1）	巴图尔
荷兰（1）	洪兹吕赫

资料来源：世界地质公园网络办公室，http：//cn. globalgeopark. org/parkintroduction/index. htm。

（四）世界自然遗产

世界遗产名录分为世界自然遗产、世界文化遗产、世界自然文化遗产三种类型。自然遗产绝大多数分布在森林、山地等自然区域内，属于森林旅游范畴。《保护世界文化和自然遗产公约》（*Convention Concerning the Protection of the World Cultural and Natural Heritage*）中指出，自然遗产为具备审美或科学价值的物质、生物结构及其组成的自然面貌、地质、地理结构，或划为濒危动植物生境区，或具有突出科学、保护、美学价值的天然名胜、自然区域。

目前，世界范围内已建立世界自然遗产多处（详见表 2.2）以及世界自然文化遗产多处，部分区域属于跨国合作，并建立相关保护单位联合国教科文组织（http：//www. unesco. org）、联合国教科文组织世界遗产中心（http：//whc. unesco. org）、世界自然保护联盟（http：//www. iucn. org）。中国地区世界自然遗产 13 处，另有世界自然文化遗产 4 处，分别是武夷山、峨眉山—乐山大佛、黄山、泰山，并建立中国世界遗产网（http：//www. whcn. org）。

表 2.2　国际范围内世界自然遗产（截止到 2018 年）

国家	世界自然遗产	数量
阿尔巴尼亚	喀尔巴阡山脉和欧洲其他地区的古老和原始山毛榉森林	1
阿根廷	洛斯格拉希亚雷斯国家公园、伊瓜苏国家公园、瓦尔斯德半岛、伊斯哥瓜拉斯托/塔拉姆佩雅自然公园、洛杉矶阿勒塞斯国家公园	5
澳大利亚	大堡礁、豪勋爵岛集团、澳大利亚冈瓦纳雨林、昆士兰湿热带、西澳大利亚鲨鱼湾、弗雷泽岛、澳大利亚化石哺乳动物遗址、赫德和麦克唐纳群岛、麦格理岛、大蓝山地区、波奴鲁鲁（班古鲁班古鲁）国家公园、宁格鲁海岸	12
奥地利	喀尔巴阡山脉和欧洲其他地区的古老和原始山毛榉森林	1
孟加拉国	孙德尔本斯	1
白俄罗斯	比亚沃维扎森林	1
比利时	喀尔巴阡山脉和欧洲其他地区的古老和原始山毛榉森林	1
伯利兹	伯利兹堡礁储备系统	1
贝宁	W—阿尔利—彭贾里保护区	1
玻利维亚	诺埃尔肯普夫梅尔卡多国家公园、博茨瓦纳、奥卡万戈三角洲	3
巴西	伊瓜苏国家公园、大西洋森林东南储备、探索海岸大西洋森林保护区、亚马逊中部保护区、潘塔纳尔保护区、巴西大西洋群岛：费尔南多迪诺罗尼亚群岛和罗卡斯环形礁保护区、塞拉多保护区：艾玛斯国家公园	7
保加利亚	皮林国家公园、斯雷巴尔纳自然保护区、喀尔巴阡山脉和欧洲其他地区的古老和原始山毛榉森林	3
布基纳法索	W—阿尔利—彭贾里保护区	1
喀麦隆	德贾动物保护区、僧伽国际	2
加拿大	纳汉尼国家公园、恐龙省立公园、克卢恩和兰格尔—圣伊莱亚斯诸公园、木水牛城国家公园、加拿大落基山公园、格罗莫讷国家公园、沃特顿冰川国际和平公园、米瓜沙国家公园、乔金斯化石崖壁、误区	10
中非共和国	马诺沃贡达圣绅里斯国家公园、僧伽国际	2
乍得	乌尼昂加湖	1
中国	黄龙风景名胜区、九寨沟风景名胜区、武陵源风景名胜区、云南三江并流保护区、四川大熊猫栖息地、华南喀斯特、三清山国家公园、中国丹霞、澄江化石遗址、新疆天山、湖北神农架、青海可可西里、梵净山	13

续表

国家	世界自然遗产	数量
哥伦比亚	洛杉矶卡蒂奥斯国家公园 Malpelo 动植物保护区	1
刚果	僧伽国际	1
哥斯达黎加	塔拉曼卡山脉—阿米斯塔德保护区/阿米斯塔德国家公园、科科斯岛国家公园、瓜纳卡斯特自然保护区	3
科特迪瓦	宁巴山严格自然保护区、塔伊国家公园、科莫国家公园	3
克罗地亚	十六湖国家公园、喀尔巴阡山脉和欧洲其他地区的古老和原始山毛榉森林	2
古巴	德桑巴尔科国家公园、亚历杭德罗德洪堡国家公园	2
刚果民主共和国	维龙加国家公园、卡胡兹·别加国家公园、加兰巴国家公园、萨隆加国家公园、霍加皮野生动物保护区	5
丹麦	伊卢利萨特冰峡湾、瓦登海、史蒂文斯克林特	3
多米尼加	毛恩特鲁瓦皮顿山国家公园	1
厄瓜多尔	加拉帕戈斯群岛、桑盖国家公园	2
埃及	鲸鱼谷	1
埃塞俄比亚	西米恩国家公园	1
芬兰	高海岸/瓦尔肯群岛	1
法国	波尔图湾：皮亚纳—卡兰切斯，基罗拉塔湾，斯康多拉保护区、新喀里多尼亚潟湖：珊瑚礁多样性和相关生态系统、留尼汪岛的岩钉、利马涅断层构造竞技场	4
德国	麦塞尔化石遗址、喀尔巴阡山脉和欧洲其他地区的古老和原始山毛榉森林、瓦登海	3
几内亚	宁巴山严格自然保护区	1
洪都拉斯	雷奥普拉塔诺生物圈保护区	1
匈牙利	阿格泰莱克喀斯特和斯洛伐克喀斯特洞穴	1
冰岛	叙尔特塞岛	1
印度	卡齐兰加国家公园、凯奥拉德奥国家公园、玛纳斯野生动物保护区、孙德尔本斯国家公园、南达德维和花谷国家公园、西高止山脉、大喜马拉雅国家公园保护区	7
印度尼西亚	科莫多国家公园、马戎格库龙国家公园、洛伦兹国家公园、苏门答腊的热带雨林遗产	4
伊朗	卢特沙漠	1
意大利	伊奥利亚群岛、圣乔治山、喀尔巴阡山脉和欧洲其他地区的古老和原始山毛榉森林白云岩、埃特纳火山	4

续表

国家	世界自然遗产	数量
日本	白神山地、屋久岛、知床、小笠原群岛	4
哈萨克斯坦	萨利亚喀—哈萨克斯坦北部的草原和湖泊、西天山	2
肯尼亚	图尔卡纳湖国家公园、肯尼亚山国家公园/天然森林、肯尼亚大裂谷的湖泊系统	3
基里巴斯	凤凰岛保护区	1
吉尔吉斯斯坦	西天山	1
马达加斯加	青贝马拉哈严格自然保护区、阿钦安阿纳的雨林	2
马拉维	马拉维湖国家公园	1
马来西亚	古农姆鲁国家公园、京那巴鲁公园	2
毛里塔尼亚	阿尔金岩石礁国家公园	1
墨西哥	西安卡安、埃尔维采诺鲸鱼保护区、加利福尼亚湾的岛屿和保护区、帝王蝶生物圈保护区、厄尔比那喀提和德阿尔塔大沙漠生物圈保护区、雷维利亚希赫多群岛	6
蒙古	乌布苏湖盆地、达斡尔的风景	2
黑山	杜米托尔国家公园	1
纳米比亚	纳米布沙海	1
尼泊尔	萨加玛塔国家公园、奇旺国家公园	2
荷兰	瓦登海	1
新西兰	蒂瓦希普纳默—新西兰西南部、新西兰亚南极群岛	2
尼日尔	阿德尔和泰内雷自然保护区、W—阿尔利—彭贾里保护区	2
挪威	西挪威峡湾—盖朗厄尔峡湾和纳柔依峡湾	1
阿曼	阿拉伯羚羊保护区于 2007 年退市	1
巴拿马	达连国家公园、塔拉曼卡山脉—阿米斯塔德保护区/阿米斯塔德国家公园、科伊巴国家公园及其海洋保护特区	3
秘鲁	华斯卡兰国家公园、Manú 国家公园	2
菲律宾	图巴塔哈珊瑚礁自然公园、普林塞萨地下河国家公园、哈米吉坦山野生动物保护区	3
波兰	比亚沃维扎森林	1
葡萄牙	马德拉岛的月桂森林	1
韩国	济州火山岛和熔岩管	1
罗马尼亚	多瑙河三角洲、喀尔巴阡山脉和欧洲其他地区的古老和原始山毛榉森林	2

续表

国家	世界自然遗产	数量
俄罗斯	维尔京科米森林、贝加尔湖、堪察加火山、阿尔泰金山、西高加索地区、中斯霍特特阿兰山脉、乌布苏湖盆地、弗兰格尔岛自然保护区、普托拉纳高原、莉娜支柱自然公园、达斡尔的风景	11
圣卢西亚	岩钉管理区	1
塞内加尔	尼奥科罗—科巴国家公园、朱贾国家鸟类保护区	2
塞舌尔	阿尔达布拉环礁、马埃谷地自然保护区	2
斯洛伐克	阿格泰莱克喀斯特和斯洛伐克喀斯特洞穴、喀尔巴阡山脉和欧洲其他地区的古老和原始山毛榉森林	2
斯洛文尼亚	斯科契扬溶洞、喀尔巴阡山脉和欧洲其他地区的古老和原始山毛榉森林	2
所罗门群岛	东伦内尔	1
南非	圣卢西亚湿地公园、开普花卉保护区、弗里德堡圆顶、巴伯顿玛空瓦山脉	4
西班牙	加拉霍埃国家公园、多纳纳国家公园、喀尔巴阡山脉和欧洲其他地区的古老和原始山毛榉森林、泰德国家公园	4
斯里兰卡	辛哈拉加森林保护区、斯里兰卡中部高地	2
苏丹	苏丹桑加奈卜国家海洋公园和敦戈奈卜海湾—Mukkawar 海岛国家公园	1
苏里南	苏里南中部自然保护区	1
瑞典	高海岸/瓦尔肯群岛	1
瑞士	瑞士阿尔卑斯山少女峰—阿莱奇、圣乔尔乔山、瑞士构造竞技场（萨多纳）	3
塔吉克斯坦	塔吉克国家公园（帕米尔高原山脉）	1
泰国	通艾—会卡肯野生动物保护区、东巴耶延山森林中心	2
突尼斯	伊其克乌尔国家公园	1
乌干达	布恩迪难以穿越的国家公园、鲁文佐里山国家公园	2
乌克兰	喀尔巴阡山脉和欧洲其他地区的古老和原始山毛榉森林	1
英国	巨人堤道和堤道海岸、亨德森岛、高夫和无法进入的岛屿、多塞特郡和东德文郡海岸	4
坦桑尼亚	塞伦盖蒂国家公园、塞卢斯禁猎区、乞力马扎罗山国家公园	3
美国	黄石国家公园、大沼泽地国家公园、大峡谷国家公园、红木国家公园和州立公园、猛犸洞国家公园、奥林匹克国家公园、大烟山国家公园、沃特顿冰川国际和平公园、卡尔斯巴德洞穴国家公园、夏威夷火山国家公园、优胜美地国家公园	11

续表

国家	世界自然遗产	数量
乌兹别克斯坦	西天山	1
委内瑞拉	卡奈玛国家公园	1
越南	下龙湾、格邦国家公园	2
也门	索科特拉群岛	1
赞比亚	莫西奥图尼亚维多利亚瀑布	1
津巴布韦	马纳波尔斯国家公园，萨皮自然保护区和切沃雷自然保护区、维多利亚瀑布	2

数据来源：联合国教科文组织世界遗产中心官网，http：//whc. unesco. org/。

二、国际森林旅游研究

（一）规划研究——以黄石国家公园为例

1. 规划体系与规范

美国针对国家公园规划制定了《公园规划方案标准》（*Park Planning Program Standard*），并规定针对规划要配套环境影响报告书（*Environment Impact Statement*），或者进行环境评估报告（*Environment Assessment*）。

2. 规划分析

黄石国家公园采用 NPS 国家公园服务体系百年计划（*National Park Service System Plan One Hundred Years*）进行管理，NPS（https：//parkplanning. nps. gov/）制订了许多不同类型的计划，其中包括一般管理计划（GMP）、野生和风景河流计划、游客使用管理计划、荒野计划、商业服务计划、实施计划、发展概念计划等。

黄石国家公园内部交通四通八达，以两个环形路线居中，外围延伸至 5 个出入口。美国黄石国家公园功能分区为生态保护区、景观区、文化区、游憩区、一般控制区。游览景点 14 处，为各种间歇泉、老忠实喷泉、猛犸温泉、班瑞克步道、黄石大峡谷、格兰特村等。公园整体管理体系、官网建设较为完善。旅游设施以绿色环保型材料不断更替，降低内部一次性用品使用率，村庄推广普及绿色堆肥技术。内部分布有野餐区、住宿区、露营地、徒步路线、骑马路线、饮食服务区、回收站、护林站、商店，其中野餐区的分布数量最多。

（二）国际旅游环境质量评估工作开展

人们逐渐认识到旅游行业对环境造成的危害，给脆弱的生态系统带来恶劣影响，给土地、水和空气带来污染，天然名胜和遗产因为休闲胜地或道路的修建而遭破坏，各种生产流程带来污染、残余物排放、水土流失、采伐破坏等。因此在评估计量工作中，得权衡考虑社会、经济和环境影响，而环境质量评估是重中之重。

通过建立指标，借助旅游卫星账户以及环境和经济账户体系（SEEA），协调官方开展统计质量提升、元数据发布、机构间合作、方案实施和政策更新。分析、监测或评价特定地区旅游发展对环境的影响，注重评估资料与数据的相关性、准确性、可信性、及时性、可获得性、可诠释性和一致性。结合科学信息，了解指标变化背后的驱动力，做好评估基础工作，以保证环境质量评估的科学性。

三、国际森林旅游开发与管理

（一）森林旅游地的开发与管理——以美国为例

1. 美国国家公园开发研究

（1）申请。

国家公园的确立程序为“申请方→国家公园管理局→国会→确立/驳回申请”。

申请方一般是公众、州政府、地方官员、印第安部落、议员或国家公园管理局。将提案报备给国家管理局后，国家管理局定期向国会报送候选成员名单，并提交有关提案的数据资料。国会根据资料进行甄选，确定是否符合确立条件，再进行实地考察。研究过程中，以非正式接触、会议、专题讨论等形式，征求与园区利益相关的联邦、州、地方机构、部落、民众的意见。最终以国会法案的形式宣布确立，或者驳回提案，同时给予建立其他类型保护区的建议。

（2）确立条件。

美国国家公园的确立条件有三：一是具有国内突出的自然、文化、游憩资源；二是具备确立的适合性、可行性；三是有划分为国家公园的必要性。

申请地是否具备国内突出的自然、文化、游憩资源，需要从自然、文化、游憩价值三个方面进行评估，根据资源比对标准是否达标。

适合性是指申请地区的旅游资源是否具有独特性，将其和类似的国家公园进行比对，在特征、质量、数量、资源组合度、游憩功能等方面分析是否具备独特性；可行性指规模与结构、土地所有权、获取成本（acquisition costs）、可进入性、对资源的威胁、管理机构、管理水平开发需求、开发潜力等方面满足要求。

申请地划分为国家公园的必要性，指划分为其他类型的旅游地，不足以满足园区内的保护需求，只能设立国家公园来进行保护的情况。

（3）管理部门。

从1872年至今天的约140年间，美国国家公园体系已确定了400多个成员。但不是所有的国家公园都由国家公园管理局管辖，国家公园管理局也并不只负责国家公园的管理，还负责协助管理其他一些关于自然、文化、休憩区的保护项目。

2. 美国保护区的管理模式

（1）保护类型的划分原则。

美国对保护性森林旅游地的划分，以资源维护的有效性为原则，如果划分为国家自然界标、国家历史里程碑（国家历史界标）、国家荒野、风景河流、国家小径、生物圈保护区、州立或地方公园或其他命名类型的保护区域，足以满足森林旅游地的保护要求，那么就算满足国家公园的建立标准，也不建议划分为国家公园。

（2）管理部门。

保护地区类型确立后，管理部门的确定有三种情形：一种是由原来的州或地方政府、印第安部落、个体部门或其他联邦机构管理；一种是由建设过程中的立项部门或提供专项资金、技术支持的部门管理；第三种是根据划分类型，由专门的联邦管理机构负责管理，如荒野地、关键环境敏感区、国家保护区（national conservation areas）、国家游憩区、海上或港湾禁猎区、国家野生动物避难地等专门的管辖机构。

（二）国际开发管理中的保护性举措

国际森林旅游开发管理中保护意识较强，在20世纪末已开始陆续公布各种保护性规划，颁布保护性公约，德国更是在每个地区都制定有独立的自然保护法案。

1.《保护区的可持续旅游业：规划和管理指南》

《保护区的可持续旅游业：规划和管理指南》（2002）指出保护区与旅游业开发之间的关系。虽然这种关系很复杂，有时甚至是对抗性的，但旅游业始终是保护区建立和管理中必须考虑的重要组成部分。这些准则旨在增强对保护区旅游业及其管理的理解，规划和管理指南为管理者提供系统的理论和实用指南，制定了对保护区保护性的旅游开发建设指南。

2. 保护公约

国际上针对自然资源有各式各样的保护公约，如《全球国际协议生物多样性公约》（生物多样性公约，1992）、《生物安全议定书》（卡塔赫纳议定书，2000）、《遗传资源获取名古屋议定书》（2010）、《濒危野生动植物种国际贸易公约》（华盛顿动物保护公约，CITES，1973）、《保护野生动物移栖物种公约》（波恩公约，CMS，1979）、《拉姆萨尔公约》、《保护非洲—欧亚移栖水禽协定》（AEWA公约，1995）、《保护世界文化和自然遗产公约》（世界遗产公约，1972）、《区域国际协定保护欧洲野生动植物及其自然栖息地公约》（伯尔尼公约，1979）、《保护波罗的海地区海洋环境公约》（赫尔辛基公约，1992）、《保护东北大西洋海洋环境公约》（OSPAR公约，1992）、《关于保护北部和波罗的海的小型鲸目动物的协定》（ASCOBANS，1992）、《保护南极海洋生物资源公约》（CCAMLR，1980）、《保护阿尔卑斯山公约》（阿尔卑斯公约，1991）。

（三）国际森林旅游开发的相关活动、团队

1. 森林节庆

联合国大会确立每年的3月21日为"国际森林日"，旨在增强人们对森林的保护意识，以"国际森林日"为代表的活动将为森林旅游资源保护做出重要贡献，相关类型的活动还有1985年和2011年的"国际森林年"；中国国际旅游交易会（China International Travel Mart，CITM）是目前亚洲地区最大规模的专业旅游展、全球城市旅游峰会，展示了旅游行业发展的最新成果，同时也是展示森林旅游发展的最佳舞台；2011年建立的联合国森林论坛（United Nations Forest Forum）旨在促进森林的管理、保护和可持续发展；2019年2月2日在日本武雄省的Boeung Prek Lapov保护区中庆祝世界湿地日。

2. 森林旅游与相关的研究机构

国际上有各种各样的保护性研究机构，涉及森林旅游资源保护的方方面面，各种研究机构在做好保护工作的同时，也一致肯定了旅游开发是最佳的资源利用方式，同时为保护工作注入了资本，形成长效保护与利用机制。相关的研究机构有国际林业研究中心（CIFOR）、世界旅游组织（UNWTO）、世界粮农组织（FAOUN）、国际自然保护联盟（IUCN）、生态系统管理（CEM）、世界环境法委员会（WCEL）、世界保护区委员会（WCPA）、联合国教科文组织（UNESCO）、德国联邦自然保护局（BFN）、生物多样性成果中心（CBO）、自然与人文科学合作组织（SNAPP）、大自然保护协会（TNC）、野生动物保护协会（WCS）、国家生态分析与合成中心（NCEAS）、世界资源研究所（WRI）。其中自然保护联盟致力于建设可持续景观、保护原始森林和建设森林社区。通过倡议，自然保护联盟帮助各国实施有效的森林和土地使用政策，保证了森林旅游地开发建设的有序进行。

3. 森林旅游经营公司

（1）非洲自然保护区旅游公司（Conservation Corporation Afica），是一家私营公司，遍布6个非洲国家，包括20个狩猎度假区和自然保护区，涉及上万个家庭。公司在保护土地、野生动物等方面颇有建树，在旅游开发与环境保护之间建立起一套量化指标，协调旅游业和自然保护之间的关系。在森林旅游开发过程中，也把社区纳入旅游管理经营范围，解决当地水电供应、污水处理、循环利用、建设残余等环境问题，和村民签订经营管理协议或买卖合同，进而退耕还林，扩大自然保护区面积，保障野生动物栖息地的安全，在火灾管控、野生动植物保护等方面的工作成效显著。

（2）德国国际旅游联盟（Touristik Union International，TUI），是欧洲最大的旅游经营公司，经营范围涉及全球60多个国家，接待游客达到100万人次。TUI由4家公司合并经营，在航空交通、餐饮住宿、旅游商品批发、旅游接待等方面满足游客需求，每年接待游客达2000万人次，占欧洲比例80%，在28个国家与多家旅行社、航空、旅馆等组织均有合作关系，航运在营业收入中占比50%。另有评估业务，对旅游目的地、环境质量、环境保护、餐饮住宿等旅游服务均可开展评估业务。

（3）美国加利福尼亚野生动物观测站，是较为成功的PPP合作项目，观测站由政府和民营企业合作，将诸如观鸟等专业科考项目发展成大众旅游项目，常年活跃游客达到8万人次。最初以狩猎和捕鱼为主要收益来源，如今在加州旅游处等各部门和民众旅游参与下，成功转型为集科普、教育、旅游于一体的观光地带。

（4）英国旅游咨询公司，是一家独立的旅游咨询公司，已在超过40个不同国家开展了900多个项目的咨询工作。包括战略发展与目的地制定项目评估、产品开发总体规划和再生、经济影响评估市场情报与游客经济研究战略投资咨询、经济评估和影响评估。曾在商业规划和战略方面帮助阿凡森林公园在威尔士国民议会上争取到540万英镑用于步道开发。

（5）HP森林开发公司（HP Forest Development Corporation），最初以森林砍伐、贸易、加工为主要经营业务，如今开发森林旅游业务，利用森林中的动植物资源、自然资源、人文遗产，建立旅游网站，吸引国内国际游客开展森林旅游。近期依托喜马拉雅山脉（Himachal Pradesh），设立西姆拉、马那里、达兰萨拉和达尔豪西四个主要山站，建设森林旅游项目，当地风俗淳朴，有多条河流经过，气候宜人，自开发森林旅游项目以来，游客数量持续上升，收入不断攀升。

第三节　国内森林旅游研究进展

一、森林旅游概念辨析

森林旅游并未有明确统一的定义，森林旅游的形式也随着时代变迁、国内管理政策变化而有所改变，森林旅游地的范围也从局限性的林地，扩大分布范围至湿地、山地、荒漠、稀树草原等区域。

狭义上，森林旅游以“森林”为载体，《森林法》将“森林资源”定义为可发挥“森林”蓄水保土、调节气候、改善环境和提供林产品的作用，具体分为五大类：防护林、用材林、经济林、薪炭林、特种用途林。

原国家林业部 1996 年 1 月 1 日颁发的中华人民共和国林业行业标准《森林公园总体设计规范》中，将森林旅游资源定义为：在以森林景观为主体，其他自然景观为依托，人文景观为陪衬的森林旅游环境中，具有游览价值和旅游功能，并能够吸引旅游者的自然与社会、有形与无形的一切因素。

邓立斌指出森林旅游为依托森林、湿地、荒漠和动植物资源及其外部环境，所开展的观光游憩、休闲度假、健身养生、文化教育等旅游活动。《国家森林步道建设规范》（LY/T 2790—2017）中关于森林旅游的概念，也采纳了该定义。

森林旅游概念研究目的在于和其他类型的旅游作出区分，有针对性地开展森林旅游相关工作和研究。森林旅游属于生态旅游范畴，和乡村旅游有交叉关系，城镇区域内的极少数的城市森林地带属于森林旅游。

森林旅游不等同也不局限于森林公园旅游，广义上受国内管理机构分类的影响，森林旅游的开展范围可分布在林地、草地、山地、湿地等区域。包括城镇区域以人工“城市森林”为背景或主题开展的旅游，其中包括森林覆盖率达到 40%，森林主题相关的旅游功能比例达 30% 以上的旅游地。更包括森林地带的“前世今生”，“前世”指地表裸露的沙漠、石漠、戈壁地区，以及冰川覆盖的高山地区，“今生”指退耕还林区、沙漠防护林、草原等。森林旅游不局限于森林公园，不同的森林旅游地可归属为森林公园、自然保护区、湿地公园、国家公园、地质公园、风景名胜区、森林康养基地、森林人家等类型，相互之间有交叉关系（见图 2.3），国家公园的出现有利于进一步整合各种旅游项目类型。

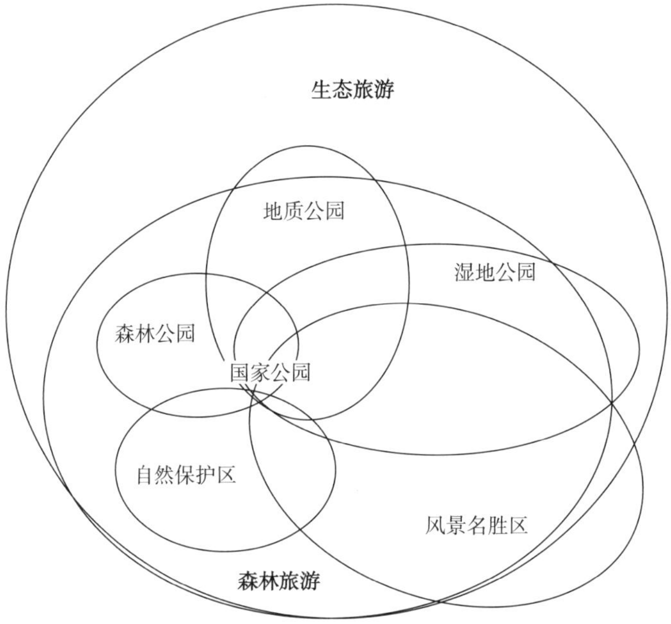

图 2.3　森林旅游地类型交叉关系图

二、森林旅游分类与区划研究

（一）森林旅游分类研究

1. 森林公园

按照《中国森林公园风景资源质量等级评定》，旅游资源分为地文资源（山体、奇峰、悬崖、怪石、峡谷、溶洞及其他）、水文资源（海湾、湖泊、河滩、溪流、滩涂、瀑布及其他）、生物资源（植物资源、动物资源）、人文资源（名胜古迹、民俗风情、宗教文化、历史纪念地人工构筑物，农林牧渔等典型的生产活动）、天象资源（云、雾、雾凇、雪凇、日出、日落及佛光等天象景观）。按照评分标准，划分为国家级森林公园、省级森林公园、市县级森林公园。其中省级森林公园的森林风景资源质量等级达到《中国森林公园风景资源质量等级评定》（GB/T 18005—1999）二级标准；市县级森林公园的森林风景资源质量等级达到《中国森林公园风景资源质量等级评定》（GB/T 18005—1999）三级标准。汪朝辉在《山岳型森林公园生态安全评价研究》文中将森林公园分类为山岳型、江湖型、海岸岛均型、沙漠型、火山型、冰川型、洞穴型、溶洞或岩洞型、草原型、瀑布型、温泉型、城郊园林型。

（1）国家森林公园。

《国家级森林公园总体规划规范》（LY/T 2005—2012）中提出，国家森林公园是以森林资源为依托，生态良好，拥有全国性意义或特殊保护价值的自然和人文资源，具备一定规模和旅游发展条件，由国务院林业行政主管部门批准的自然区域。

（2）国家森林公园规划与开发。

国家层面的森林公园战略研究需以相关法律法规为基准，契合满足国家发展政策，满足国家森林产品战略性需求，促进国家稳定长效发展。国家森林公园的开发研究角度有概念研究、开发研究、市场研究、发展历程研究、分析方法研究等，具体从森林旅游开发范围、发展目标、建设期限、功能分区、设施配套、生态环境影响、安保措施、森林维护、宣传推广、投资预算、效益分析等方面进行规划。

2. 森林步道

森林步道指以森林资源为主要依托，以徒步旅行为主，也可利用其他非机动方式通行的带状休闲空间。2017 年 11 月国家正式公布第一批国家森林步道名单，国家森林步道包括秦岭、太行山、大兴安岭、罗霄山、武夷山共 5 条国家森林步道，详见表 2.3。步道全程超过 10000 公里，最长的是大兴安岭国家森林步道，全程 3045 公里，最短的是武夷山国家森林步道，全程 1160 公里。5 条步道途经 12 个省市，穿越 100 多个县市区，连接几百个国家级森林旅游地。名单的公布引起了社会的强烈反响，从各地党委政府、行业部门、专家学者到徒步爱好者，从投资商、社团组织到各大媒体，纷纷聚焦国家森林步道。

表 2.3　国家森林步道名单

批次	国家森林步道名单
2017 年第一批	1. 秦岭；2. 太行山；3. 大兴安岭；4. 罗霄山；5. 武夷山
2018 年第二批	1. 天目山国家森林步道；2. 南岭国家森林步道；3. 苗岭国家森林步道；4. 横断山国家森林步道

3. 自然保护区

按照《中华人民共和国自然保护区条例》（2017年修订），自然保护区是指对有代表性的自然生态系统、珍稀濒危野生动植物物种的天然集中分布区、有特殊意义的自然遗迹等保护对象所在的陆地、陆地水体或者海域，依法划出一定面积予以特殊保护和管理的区域。自然保护区分为国家级自然保护区和地方级自然保护区。在国内外有典型意义、在科学上有重大国际影响或者有特殊科学研究价值的自然保护区，列为国家级自然保护区。

自然保护区和自然保护地有所区别，自然保护地包括自然保护区、国家公园、森林公园、湿地公园、矿山公园、地质公园、沙漠公园、风景名胜区等园区。

根据中国林业网（http：//www. forestry. gov. cn/）中国野生动物保护协会公布的《2017年林业和草原应对气候变化政策与行动白皮书》，截至2017年底，中国已建立各级各类林业系统自然保护区2249处，总面积12613万公顷，约占陆地国土面积的13.14%。其中，国家级自然保护区达463处，总面积为8198.3万公顷，2018年4月，又新增11处中国国家级自然保护区。

4. 地质公园

《2017中国土地矿产海洋资源统计公报》显示，截至2017年底，我国有经联合国教科文组织批准的世界地质公园35处，我国批准的国家地质公园207处，国家矿山公园33处。国土资源部地质环境司2016年发布的《国家地质公园规划编制技术要求》中的地质遗迹类型划分表，将地质公园景观划分为地质（体、层）剖面、地质构造、古生物、矿物与矿床、地貌景观、水体景观、环境地质遗迹景观七大类。

地质公园开发与管理应根据公园的基本情况，做好土地利用、旅游市场、环境容量、地质遗迹景观与其他景观的调查评价研究，从而确定发展战略和规划目标。在点（景点、居民点等）、线（景观线、游线、交通线等）、面（总体布局、功能分区）上层次渐进，合理布局空间结构。开发环境中，注重地质遗迹景观、其他景观和生态环境的保护，确立特级、一级、二级和三级保护分区并划定界线。在做好自然灾害防治工作的基础上，建设道路交通、水电通信、环卫等基本设施。建立公园博物馆、科普影视厅、景点（物）解说牌、公共信息标识牌等地质公园解说系统，并针对综合环境和旅游环境（如公园内的游客容量、交通疏导、旅游安全等）建立管理监测系统。并开展针对中小学生、大中专学生的科普和教学实践活动，同步开展科学研究，具体细分为地质遗迹形成演化规律、开发与资源环境保护、经营管理、旅游产品打造、研究成果转化、智慧地质公园建设等。做好专业技术人员、导游等人才队伍建设，把好开发预算与收益关，做好开发保障工作。

5. 湿地公园

按照《湿地公约》，湿地分为近海与海岸湿地、河流湿地、湖泊湿地、沼泽湿地、人工湿地五大类。针对湿地公园，国家制定了《国家湿地公园管理办法》《国家湿地公园评估评分表》《湿地公园总体规划导则》《申报国家湿地公园影像资料要求》《全国湿地保护工程规划》等规范性文件，出版了《国家湿地公园生态监测技术指南》《国家湿地公园湿地修复技术指南》《国家湿地公园宣教指南》等国家湿地公园建设指南。

2017 年，新批准建立国家湿地公园试点 64 处，新增国家湿地公园试点面积 9.83 万公顷，新增湿地保护面积 6.94 万公顷。举办国家湿地公园专项培训班 4 期，培训国家湿地公园管理人员 500 余人次，推进湿地公园信息系统平台的建设。第二次全国湿地资源调查结果（2009～2013 年）显示，我国拥有近海与海岸湿地 579.59 万公顷、河流湿地 1055.21 万公顷、湖泊湿地 859.38 万公顷、沼泽湿地 2173.29 万公顷、人工湿地 674.59 万公顷，详见图 2.4。

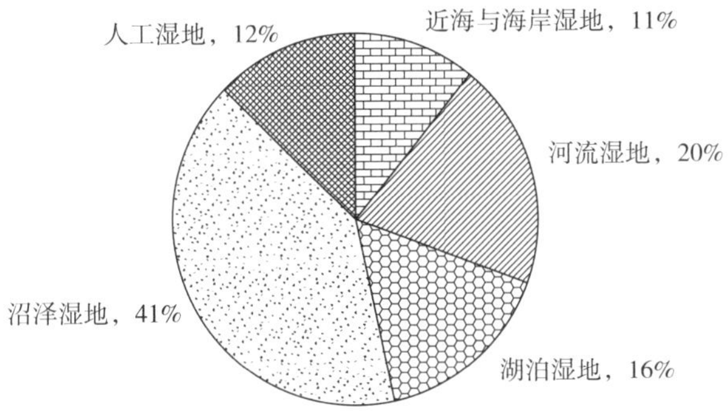

图 2.4　第二次全国湿地资源调查结果（2009～2013 年）

6. 沙漠公园

截至 2015 年底，国家沙漠公园 54 处，如表 2.4 所示。减少沙漠地区的比例、增加抗旱性植被，是提升森林旅游地覆盖面积，增强生态效益的必要措施。沙漠地区增加 50 多个科的抗旱树木品种，包括仙人掌科、番杏科及景天科、大戟科、百合科等，可提升沙漠地区的景观性，形成森林旅游地中的独特风景线。

表 2.4 国家沙漠公园一览（截至 2015 年底）

省区	名称
宁夏（2）	宁夏沙坡头、宁夏灵武白芨滩
新疆（19）	吉木萨尔、阜康梧桐沟、奇台硅化木、木垒鸣沙山、尉犁、且末、沙雅、鄯善、伊吾、洛浦玉龙湾、博湖阿克别勒库姆、精河木特塔尔、和布克赛尔江格尔、吐鲁番市艾丁湖、库车龟兹、麦盖提、莎车喀尔苏、岳普湖达瓦昆、生产建设兵团驼铃梦坡（兵团）
内蒙古（6）	库布其七星湖、磴口沙金套海、翁牛特勃隆克、奈曼宝古图、乌海金沙湾、乌审旗苏里格
甘肃（9）	阿克塞、敦煌阳关、临泽小泉子、凉州头墩营、高台骆驼驿、金昌、金塔拦河湾、民勤沙井子、玉门青山
青海（8）	贵南黄沙头、乌兰金子海、都兰铁奎、茫崖千佛崖、海晏克土、曲麻莱通天河、乌兰泉水湾、泽库和日
云南（1）	云南陆良彩色沙林
陕西（2）	陕西大荔、陕西定边马莲滩
辽宁（2）	辽宁康平金沙滩、辽宁彰武大清沟
山西（6）	大同西坪、天镇边城、左云管家堡、怀仁金沙滩、朔城区麻家梁、右玉黄沙洼

资料来源：中国森林旅游网。

7. 风景名胜区

风景名胜区是指具有观赏、文化或者科学价值的自然景观、人文景观比较集中，环境优美，可供人们游览或者进行科学、文化活动的区域。风景名胜包括具有观赏、文化或科学价值的山河、湖海、地貌、森林、动植物、化石、特殊地质、天文气象等自然景物和文物古迹，革命纪念地、历史遗址、园林、建筑、工程设施等人文景物和它们所处的环境以及风土人情等。根据《风景名胜区规划规范》（GB 50298—1999），国家级风景名胜区相当于海外的国家公园，风景资源集中，环境优美，具有一定规模和游览条件，可供人们游览欣赏、休憩娱乐或进行科学文化活动。

国务院于 2006 年颁布《风景名胜区条例》，由国务院批准公布国家级风景名胜区。国家级风景名胜区在自然和人文景观方面具有国家代表性，可反映自然和历史变迁，保持自然和历史原貌。1982 ~ 2018 年，国务院总共公布了 9 批合计 244 处国家级风景名胜区，前 6 批称为国家重点风景名胜区，2007 年起称为中国国家级风景名胜区。

8. 森林旅游示范性项目

（1）森林体验基地、森林养生基地、森林康养基地、森林人家。

2016年国家发布《关于第一批全国森林体验基地和全国森林养生基地试点建设单位试点工作方案审核意见的函》（林旅函〔2016〕6号），2017年《中华人民共和国林业行业标准——森林体验基地质量评定》（LY/T 2788—2017）评选标准公布，包括河北塞罕坝国家森林公园、福建龙栖山国家级自然保护区、湖北省黄石市七峰山林场等41家单位被评为“中国森林体验基地”。与此同时，内蒙古图牧吉国家级自然保护区、吉林红叶岭国家森林公园、江西阳明山国家森林公园等38家单位获评为2017“中国森林养生基地”。

2013年森林人家行业标准出炉，根据《中华人民共和国林业行业标准——森林人家等级划分与评定》（LY/T 2086—2013），各省份相继开展森林人家建设。另外针对森林康养基地项目，2018年颁布《中华人民共和国林业行业标准——森林康养基地质量评定》（LY/T 2934—2018），以此加快推进森林康养旅游。

（2）全国森林旅游示范市县、全国森林旅游示范区、森林特色小镇。

全国森林旅游示范市县命名工作于2015年启动，2015年命名全国森林旅游示范市县9家，2016年命名36家，2017年国家林业局出台《全国森林旅游示范市县申报命名管理办法》，新增全国森林旅游示范市10家、示范县33家。

森林特色小镇依据2017年政策《国家林业局办公室关于开展森林特色小镇建设试点工作的通知》（办场〔2017〕110号），以森林旅游推动乡镇经济建设。

全国森林旅游示范区建设项目从2011年启动至今，已建成黑龙江省伊春市、重庆市武隆县、福建省浦城县富岭镇双同村、江西省靖安县宝峰镇毗炉村等一批示范性森林旅游地。

9. 一般森林旅游地

一般森林旅游地是区别于保护性质的山林地带，除了已开发的一般森林旅游地带，还包括经济林和具备森林旅游功能开发潜力的山林地带，包含山林地带区域内的水域、村庄等，在产业融合方向上多见如花卉苗木观光基地。

（二）森林旅游区划研究

1. 功能分区与土地利用合法性

森林旅游分区应符合国家林地用地要求，国内将保护性林地分为4个级别，《全国林地保护利用规划纲要（2010—2020年）》指出各级保护林地的使用要求。

Ⅰ级保护林地包括流程1000公里以上江河干流及其一级支流的源头汇水区、自然保护区的核心区和缓冲区、世界自然遗产地、重要水源涵养地、森林分布上限与高山植被上限之间的林地。内部实施封禁保护，禁止生产性经营活动。

Ⅱ级保护林地包括国家级公益林地、军事禁区、自然保护区实验区、国家森林公园、沙化土地封禁保护区和沿海防护基干林带内的林地。保护地实施局部封禁，鼓励和引导抚育性管理，禁止商业性采伐和建设工程。

Ⅲ级保护林地包括地方公益林地，包括政府规划建设的丰产优质用材林、木本粮油林、生物质能源林培育基地。重点商品林地实行集约经营、定向培育，允许在公益林地进行适度经营和更新采伐。严格控制征、占用森林，适度保障能源、交通、水利等基础设施和城乡建设用地，从严控制商业性经营设施建设用地，限制勘查、开采矿藏和其他项目用地。

Ⅳ级保护林地包括未纳入Ⅰ、Ⅱ、Ⅲ级保护范围的各类林地。严格控制林地非法转用和逆转，限制采石取土等用地情况。推行集约经营、农林复合经营，在法律允许的范围内合理安排各类生产活动，最大限度地挖掘林地生产力。

2. 各森林旅游地的区划研究

（1）湿地公园分区。

按照《国家湿地公园管理办法》（林湿发〔2017〕150号），国家湿地公园可分为生态保育区、恢复重建区、科普宣教区、合理利用区和管理服务区等，实行分区管理。保育区、恢复重建区的面积之和大于湿地公园总面积，且两者湿地面积之和大于湿地总面积的60%。保育区不得开展任何与湿地生态系统保护和管理无关的活动，可开展保护、监测、科学研究等保护管理活动。恢复重建区应当开展培育和恢复湿地的相关活动。合理利用区可开展不损害湿地环境的生态体验及管理服务等活动，鼓励开展以生态展示、科普教育为主的宣教活动。

湿地公园内不得设立工业开发区、度假区，不得从事房地产开发，严禁举办与湿地公园保护方向不一致的各种活动。湿地公园内禁止围垦湿地、开荒取土、砍伐、采药、开矿、采石、破坏泥炭层等改变地貌和破坏环境、景观的活动。

（2）国家公园分区。

按照《国家公园功能分区规范》（LY/T 2933—2018），国家公园大体划分为严格保护、生态保育、传统利用和科教游憩四大分区。

严格保护区（Strict Protect Zone）面积比例占50%以上，以保护珍稀动物的原始栖息地为主；生态保育区（Ecosystem Protect Zone）以自然资源修复为主；传统利用区（Native Community Zone）面积比例低于15%，为原始居民居住点，农林牧渔生活生产区；科教游憩区（Education and Recreation Zone）原则上不高于5%，作为科研、教育、观光、游玩时游客的涉足地带。

（3）国家地质公园分区。

根据2005年国土资源部关于发布《国家地质公园规划编制技术要求》，可将地质公园细分为以下分区：门区、游客服务区、科普教育区、地质遗迹保护区、自然生态区、游览区（包括地质、人文、生态、特别景观游览区）、公园管理区、居民点保留区等。

地质遗迹景观区以地质遗迹景观为主；人文景观区为历史古迹、古典园林、宗教文化、民俗风情等游览观光区域；综合服务区主要包括公园门区、地质广场、博物馆、影视厅和提供游客服务与公园管理的区域；居民点保留区为原居民点用地；自然生态区指前面四大分区以外的自然环境区域。

其中地质遗迹保护区可划分为特级保护区、一级保护区、二级保护区和三级保护区。特级保护区不允许观光游客进入，科研、管理人员经批准后方可进入开展保护和科研活动，禁止设施建筑；一级保护区可安置必要的游赏步道和相关设施，严禁机动交通进入；二级、三级保护区属一般保护区，允许设立少量旅游服务设施。所有地质遗迹保护区内不得进行矿产资源勘查、开发、开山、开荒；不得设立宾馆、招待所、培训中心、疗养院等大型服务设施。在园区范围内的工程规划建设项目，需补充地质遗迹保护可行性论证报告，并经有关部门批准后方可动工。

（4）自然保护区分区保护。

按照《中华人民共和国自然保护区条例》2017年第687号修订，自然保护区分为核心区、缓冲区和实验区三个功能区。

核心区禁止任何单位和个人进入，内部有保存完好的天然生态系统以及珍稀、濒危动植物的集中分布地。因科学研究的需要，如果必须进入核心区从事科学研究观测、调查活动的，应当事先向自然保护区管理机构提交申请和活动计划，并经自然保护区管理机构批准；如果进入国家级自然保护区核心区的，应当经省、自治区、直辖市人民政府有关自然保护区行政主管部门批准。核心区外围可以划定一定面积的缓冲区，只允许进入从事科学研究观测活动；缓冲区外围划为实验区，可以进入从事科学试验、教学实习、参观考察、旅游以及驯化、繁殖珍稀、濒危野生动植物等活动。

原批准建立自然保护区的人民政府认为必要时，可以在自然保护区的外围划定一定面积的外围保护地带。在不影响自然环境和自然资源的前提下，组织开展参观、旅游等活动。禁止在自然保护区内进行砍伐、放牧、狩猎、捕捞、采药、开垦、烧荒、开矿、采石、挖沙等活动。

（5）国家级森林公园分区。

《国家级森林公园总体规划规范》（LY/T 2005—2012）中规定的“建设用地总量原则上不应超过森林公园陆地面积的3%”。科学划定核心景观区、生态保育区、一般游憩区、管理服务区，按照不同功能分区的要求进行项目布局和建设国家级森林公园与自然保护区交叉重叠的区域，应将二者规划相协调，并按自然保护区有关规定进行管理。索道、滑雪场、宗教建筑、水库等建设项目，要组织有关部门和专家进行必要性、可行性和合法性论证。基础设施、公共事业、民生项目，确需使用国家级森林公园林地的，应当避让核心景观区和生态保育区，除了《国家级森林公园管理办法》（国家林业局令第27号）规定的禁止性行为以外，国家级森林公园内原则上禁止建设高尔夫球场、垃圾处理场、房地产、私人会所、工业园区、开发区、工厂、光伏发电、风力发电、抽水蓄能电站、非森林公园自用的水力发电项目，禁止开展开矿、开垦、挖沙、采石、取土以及商业性探矿勘查活动，禁止从事其他污染环境、破坏自然资源或自然景观的活动，禁止在开发建设中使用未经检疫的木材、木制品包装材料和木制电（光）缆盘。

（6）风景名胜区分区。

根据《风景名胜区规划规范》（GB 50298—1999），功能分区可分为生态保护区、自然景观保护区、史迹保护区、风景恢复区、风景游览区和发展控制区等。在风景资源分级保护方面划分为特级保护区、一级保护区、二级保护区和三级保护区。特级保护区不得搞任何建筑设施，一级保护区可安置必需的步行游赏道路和相关设施，不得安排旅宿床位、机动交通工具，二级保护区内可安排少量旅宿设施，三级保护区需有序控制各项建设设施并与风景环境相协调。

（7）国家森林步道分区。

根据《国家森林步道建设规范》（LY/T 2790—2017），根据人口密度和人类干扰成分，国家森林步道穿越区域分为荒野区域、近自然区域、城镇区域三种类型。森林步道要设置补给点（Supplement Site）、庇护所（Shelter）、露营地（Campsite）、无痕山林（Leave No Trace），规划中要计算步道负荷，并布置步道说明牌、方向指示牌、步道服务设施标识牌、步道外服务设施指示牌、警示牌等步道标识牌。

三、森林旅游发展的利弊分析

（一）森林旅游发展优势分析

整体而言，森林旅游是唯一的绿色可持续发展方式，可直接利用保护地区森林旅游资源，但又不以损耗资源为手段，同时可带来经济、社会、生态效益。

在社会效益方面通过森林旅游的发展，提升森林旅游地区的形象，通过科考、科普旅游推动相关学科的发展，具有让人们修养身心、科普教育的公益性；经济效益指森林旅游区别于其他产业，作为第三产业，以保护性方式依托森林资源，获得直接的经济效益，是唯一生态与经济价值并存的发展方式，同时可带动其他产业的发展，带来综合效益；生态效益指在森林旅游发展过程中，同时也为森林旅游地资源的维护注入了修复资本，进而开展维护性科学研究，反过来进一步提升了森林资源的管护力度、保护方法，规避了资源损耗开发现象。

（二）森林旅游发展弊端分析

森林旅游是国民经济行业中对环境损害性最小的，但若开发管控不当，同样会给森林旅游资源带去威胁。主要体现在两个方面：一是森林资源受损风险系数增大；二是开发建设合理性把控偏差。

森林旅游资源受损风险系数增大，指游客在开展森林旅游过程中，不可避免地因客容量超载、洞穴空气指标恶化等情况，导致森林旅游地资源受损。

开发建设合理性把控偏差，指森林旅游地实施项目，在土地利用合法、建设项目程序完备的情况下，还是存在不可估量的资源受损风险。资源评估的作用并非全面，只在一定时期和社会条件背景下相对合理，并不是绝对的真理。另外，在项目建设过程中，大型修建设备对旅游地水土的破坏和痕迹遗留，存在一定的复原难度。

四、森林旅游规划研究

（一）规划开展过程

森林旅游规划过程整体分为两步：一是前期针对森林旅游地进行背景考察，了解实际情况；二是根据因地制宜，因势利导，反复斟酌，完成规划编制。

1. 背景考察

为了解森林旅游地的相关背景，具体可进行实地考察、市场调查、政策研究。

深入森林旅游地实地考察，充分了解森林旅游资源、开发团队、管理模式、当地交通、区位、社会经济等情况，实地考察中使用地图等相关软件，以纸笔、(无人机) 摄像、录音、摄影等方式记录资料。

市场调查根据区域范围分为当地市场、周边城镇市场、省内市场、经济片区市场、国内市场、海外市场等类型，另外根据年龄或职业可分为不同的游客市场研究，针对不同游客市场，制定相应的森林旅游产品，且做到有所侧重，在争取游客市场方面，以效益最大化为目标。

政策研究分为国家政策、省级政策、市级政策、县级政策等不同的政策实施主体，具体分为法律法规、管理条例、实施性政策等，在土地、建设、资源保护等方面，和政策高度契合，做到合理合法合规。

2. 规划编制

规划编制过程中通过规划编制的技术要求，同时结合建设需求，因地制宜系统全面地确定规划编制大纲，完善资料，进行整理、分析、编写，反复比较不同的规划思路，从而确定最佳方案。编制过程应图文并茂，图例可形象地表达区位、交通、景点分布、功能分区、建设效果图等规划信息，作图常用的软件有 Photoshop、CAD、AI、SU、lumion、CorelDRAW、Illustrator。文案编辑常用的软件有 Word、PPT、InDesign 等，注重规划体系的完整性。

(二) 规划体系——以广西博白马子嶂森林旅游开发大纲为例

广西博白马子嶂森林旅游地属于一般旅游地，属于尚未开发的处女地。2018 年当地博白林场组织森林旅游开发规划工作，根据现阶段典型的开发规划体系，以广西壮族自治区级森林公园为近期开发目标，进行开发建设，其规划大纲如表 2.5 所示。

表 2.5　广西博白马子嶂森林旅游开发规划大纲

排序	分章内容	分节内容
第一章	基本情况	自然地理条件、社会经济条件、历史沿革、森林公园建设与旅游现状
第二章	生态环境及森林风景资源	生态环境评价、森林风景资源调查与评价
第三章	森林公园发展条件分析	森林公园发展的优势与劣势、森林公园发展面临的机遇与挑战

续表

排序	分章内容	分节内容
第四章	总则	规划指导思想、规划原则、规划依据、规划分期
第五章	总体布局与发展战略	森林公园性质与范围、森林公园主题定位、森林公园功能分区、分区建设项目及景点规划、森林公园发展战略与营销策划
第六章	容量估算及客源市场分析与预测	容量估算、客源市场分析与预测
第七章	植被与森林景观规划	规划原则、植被规划、森林景观规划、风景林经营管理规划
第八章	资源与环境保护规划	规划原则、重点森林风景资源保护、森林植物和野生动物保护、环境保护
第九章	生态文化建设规划	规划原则、生态文化建设重点和布局、生态文化设施规划、解说系统规划
第十章	森林生态旅游与服务设施规划	森林生态旅游产品定位、游憩项目策划、旅游服务设施规划、游线组织规划
第十一章	基础工程规划	道路交通规划、给排水工程规划、供电规划、通信、网络、广播电视工程规划、旅游安全保障系统与设施规划
第十二章	防灾及应急管理规划	灾害历史、森林防火及有害生物防治规划、其他灾害防治、监测、应急预案
第十三章	土地利用规划	土地利用现状分析、土地利用规划原则、土地利用规划
第十四章	社区发展规划	周边社区人口及经济状况、人口发展趋势、社区发展措施
第十五章	环境影响评价	环境质量现状、建设项目对环境影响评估、采取对策措施、环境影响评价结论与建议
第十六章	投资估算	估算依据、投资估算、资金筹措
第十七章	效益评价	生态效益、社会效益、经济效益
第十八章	分期建设规划	近期建设目标及重点建设工程、中期建设目标及重点建设工程、远期建设目标及重点建设工程
第十九章	实施保障措施	政策支持、组织管理、多渠道筹集发展资金、人才队伍保障

五、森林旅游资产评估研究

森林旅游评估研究中从旅游资源价值、旅游资产价值、经济效益、发展潜力、生态价值、环境影响、安全评价等方面开展评估，其中完善森林旅游资产评估体系，对森林旅游开发走向市场化具有重要意义，可量化地进行招商引资。

（一）森林旅游资产评估方法

森林旅游资产评估中除了常规的土地资产、建设性设施资产评估，还有旅游资源资产评估。

森林旅游资产 = 土地资产 + 建设性设施资产 + 旅游资源资产

1. 土地资产评估

土地资产评估根据土地权限的不同，对应划分为所有权、承包权、使用经营权三大土地资产评估体系。进而根据森林旅游地内部土地性质的不同，如景点用地、设施用地、居民用地、工程用地、林地、耕地、草地、水域、滞留用地等，对应进行市值资产评估。

2. 建设性设施资产评估

建设性设施资产，包括开发中建成的有形固定资产，如管理设施、水电交通、观光设施、亭台楼阁等建设性资产，结合折旧率和使用价值进行资产评估。

3. 旅游资源资产评估

旅游资源资产根据福建省《森林旅游资源调查与评价技术规程》（DB35/T 1755—2018）计算资源总体评价值（N），再根据评价值折算成市场货币值，得到旅游资源资产评估值。

$$N = M + H + L \tag{2-1}$$

其中，资源总体评价值（N）满分 50 分；资源质量评分值（M）满分 30 分；环境质量评分值（H）满分 10 分；开发条件评分值（L）满分 10 分。

【环境质量（H）评分】环境质量评分值 H（10） = 大气质量（2） + 地表水质量（2） + 土壤质量（1.5） + 负氧离子含量（2.5） + 空气细菌含量（2）

【开发条件（L）评分】开发条件评分值 L（10） = 旅游区域面积（1） + 旅游适游区（1.5） + 区位条件（1.5） + 外部交通（4） + 内部交通（1） + 基础设施条件（1）

【资源质量（M）评分】

$$M = B + Z + T,\ B = \sum X_1F_1 \sum / F \tag{2-2}$$

其中，标准值评分值（X_1）；权数（F_1）；资源基本质量加权值（B）；资源质量评分值（M）满分30分；地文资源（X_1）、（F_1）满分20分；水文资源（X_2）、（F_2）满分20分；生物资源（X_3）、（F_3）满分40分；人文资源（X_4）、（F_4）满分15分；天象资源（X_5）、（F_5）满分5分；资源组合度（Z）满分1.5分；特色附加分（T）满分2分。

（二）其他的资产评估方法

1. 现行市价法

$$V = V_C \times S \times K_q \times K_b \tag{2-3}$$

其中，V为评估价格；V_C为参照物价格；S为有效面积；K_q为质量调整系数；K_b为消费水平调整系数。

2. 重置成本法

重置成本法指森林旅游地的总体构建费用与资产损耗值之间的差值，就是森林旅游地当下的资产值。

其计算公式为：

$$V = K\sum_{i=1}^{n} C_i(1+P)^{n-i+1} \tag{2-4}$$

其中，V为旅游资源资产的评估价；C_i为第i年的现今市值生产成本；i为现时年限；K为旅游质量系数；P为投资收益率；n为收益年限。

六、森林旅游开发管理研究

（一）政策性开发指导

2017年国家林业局森林旅游管理办公室出台《全国森林体验基地和全国森林养生基地试点建设工作指导意见》和《关于推介一批森林旅游典型单位的通知》（办场字〔2017〕112号），推介了第一批共15家全国冰雪旅游典型单位；10月，国家旅游局、国务院扶贫办、国家林业局联合下发了《关于开展旅游精准扶贫示范项目申报工作的通知》和《全国森林旅游示范市县申报命名管理办法》；7月19日确立《建立国家公园体制总体方案》，另有《中国森林旅游节管理办法》（林场发〔2018〕50号）。

1. 国家级公益林区划界定办法（林资发〔2009〕214号）

国家级公益林占据全国林地总面积的30%～40%，具体划分为一级、二级、三级国家公益林，包括重要的江河源头、江河两岸、森林和陆生野生动物类型的国家级自然保护区、列入世界自然遗产名录的林地、湿地和水库、国境线以内10公里的林地、荒漠化和水土流失严重地区、沿海防护林基干林带、红树林、台湾海峡西岸第一重山脊临海山体的林地、禁伐区等。区划界定和申报工作由省级林业主管部门会同财政部门统一组织。县级区划界定由具有乙级以上林业调查规划设计资质的单位承担，且同步进行森林资源规划设计调查，申报材料包括申报函、全省土地资源、森林资源、水利资源等情况详细说明、林地权属情况、认定成果报告、国家级公益林基础信息数据库及省级区划界定统计汇总图表资料等。涉及的政策有《中共中央　国务院关于加快林业发展的决定》（中发〔2003〕9号）、《中共中央　国务院关于全面推进集体林权制度改革的意见》（中发〔2008〕10号）、《全国重点地区天然林资源保护工程区森林分类区划技术规则》（林资发〔1999〕218号）等。

2.《建立国家公园体制总体方案》

2017年中共中央办公厅、国务院办公厅印发《建立国家公园体制总体方案》，界定国家公园内涵，改革分头设置自然保护区、风景名胜区、文化自然遗产、地质公园、森林公园等的体制，国家公园建立后，在相关区域内一律不再保留或设立其他自然保护地类型。在统一事权、分级管理方面，依法对区域内水流、森林、山岭、草原、荒地、滩涂等所有自然生态空间统一进行确权登记；资金保障方面，探索多渠道多元化的投融资模式；在社区协调发展制度方面，建立健全森林、草原、湿地、荒漠、海洋、水流、耕地等领域生态保护补偿机制；在实施保障方面，制定国家公园总体规划、功能分区、基础设施建设、社区协调、生态保护补偿、访客管理等相关标准规范和自然资源调查评估、巡护管理、生物多样性监测等技术规程。

（二）森林旅游持续性开发与管理

鉴于森林旅游在扶贫、生态、经济方面效果显著，国家持续推动森林旅游跨越式发展，工作力度与日俱增，在产权、森林旅游推介、资产管理等方面硕果累累。

1. 扶贫开发

根据初步统计，目前全国依托森林旅游实现增收的建档立卡贫困人口约35万户、110万人，每户年均增收3500元。通过摸底调查掌握了贫困人口，依托森林旅游实现增收，分别在就业增收、个体经营增收、种养殖增收、资源出租、入股经营等方面实现增收。

2016年8月24日，中央调研组在湖南张家界国家森林公园就森林旅游助推精准扶贫情况进行调研，强调发展森林旅游可在脱贫攻坚中发挥的作用。充分利用得天独厚的森林资源和生态环境，可推动森林旅游从观光旅游向休闲旅游和健康旅游转变。

2016 年 10 月 18 日，以“森林保护，旅游扶贫”为主题的 2016 中国湖南张家界国际森林保护节在张家界武陵源水举办，围绕森林旅游开展观光、度假、康养、旅游产品开发等行业建设，展现出了森林旅游带动脱贫致富的良好势头。湖南和广东省林业厅签署了《森林旅游发展战略合作协议》，湖南省扶贫开发办公室与张家界市人民政府签订了《旅游扶贫战略协议》，《武陵山片区森林旅游扶贫战略联盟合作协议》同日签订。在林地山区，森林旅游已成为助推精准扶贫、脱贫的重要途径。

2016 年 12 月，国务院印发《“十三五”扶贫攻坚规划》（以下简称《规划》），将“森林旅游扶贫工程”列入脱贫攻坚重要工程。《规划》明确，森林旅游扶贫工程要推出一批森林旅游扶贫示范市、示范县、示范景区，确定一批重点森林旅游地和特色旅游线路，鼓励发展“森林人家”，打造多元化旅游产品。

广西壮族自治区林业局办公室印发《关于认真做好乡村振兴战略林业行动方案中森林旅游相关工作的通知》，明确森林旅游在乡村振兴发展中的地位，提出建设一批乡村森林公园、森林人家、森林体验、森林康养基地、花卉苗木观光基地，让森林旅游助力乡村地区产业经济。旅游经济的发展，为农村带来实质的收益，2016 年全区森林旅游接待游客达到 1.5 亿人次以上，森林旅游总消费达 600 亿元。

2. 产权管理

森林旅游产权范围包括森林旅游资源、土地、设施等，具体可在占有权、经营权、管理权、承包权、收益权等方面进行产权明晰。截至 2017 年，全国明晰产权、承包到户的改革任务已经基本完成。全国确权集体林地面积 1.8 亿公顷，占纳入集体林改林地面积的 98.97%。发放林权证 1.01 亿本，发证面积 1.76 亿公顷，占已确权林地总面积的 97.65%，实现了“山定权、树定根、人定心”。通过集体林改，盘活了森林资产，集体林地流转面积达 0.19 亿公顷。林地租金由林改前的每公顷 15 ~30 元提高到每公顷约 300 元，林权抵押贷款累计 3000 多亿元，贷款余额 1300 多亿元，提高了集体林业经营效益，新型林业经营主体达 25 万多个，经营林地面积达 0.35 亿公顷。集体林地年产出率由林改前的每公顷 1260 元提高到了林改后每公顷约 4500 元，增加了农民收入。农民户均获得森林资源资产约10万元，林区农民纯收入20%以上来自林业，重点林区达50%以上，维护了农村社会稳定，集体林地承包经营纠纷调处率达95%以上。33个改革试验示范区完成阶段性任务，近100项改革试验成果转化为政策，总结了一批成功经验和典型做法，可进行推广普及。

3. 政府管理机构

2018年通过国家机构改革，设立自然资源部，管理国家林业和草原局（国家公园管理局）。国家林业和草原局（国家公园管理局）下设生态保护修复司（全国绿化委员会办公室）、森林资源管理司、草原管理司、湿地管理司（中华人民共和国国际湿地公约履约办公室）、荒漠化防治司、野生动植物保护司（中华人民共和国濒危物种进出口管理办公室）、自然保护地管理司、林业和草原改革发展司、国有林场和种苗管理司、森林公安局、规划财务司、科学技术司、国际合作司（港澳台办公室）等司局。

各司局分管国家公园、国有林区、国有林场、种苗基地、森林公园、湿地公园、沙漠公园、自然保护区、主要树种、珍稀动物、重点花卉、科研院所、龙头企业，整合森林旅游地管理部门，改善了之前多部门相互牵制各森林旅游地的局面。

4. 森林旅游相关工作

2017年10月，第四届亚太经合组织林业部长级会议在韩国举办，会议首次将森林旅游作为重要议题之一。2月18日，中共中央办公厅、国务院办公厅印发《关于健全国家自然资源资产管理体制试点的意见》。2018年中国森林旅游节在广州举办，主题为“绿水青山就是金山银山——粤森林，悦生活!”，指出全国森林旅游年游客量已经突破16亿人次，占国内旅游人数的30%，各类森林旅游地进驻上千家企业，社会投资超过2000亿元。中国森林旅游节由国家林业和草原局主办，2015年至今已成功举办4届，是森林旅游行业重要的展示、推介、宣传、交流、合作平台。

（三）开发管理案例研究——以神农架为例

神农架位于湖北省西北部，开发有神农顶景区、大九湖景区、神农坛景区、天生桥景区、天燕风景区、香溪源景区、巴桃园景区、红坪风景区，建有潮水河漂流、金丝猴基地、神农架滑雪场。神农架有珙桐、红豆杉等国家重点保护的野生植物36种，金丝猴、金雕等重点保护野生动物75种，被誉为北纬31°的绿色奇迹。2017年神农架共接待游客1316万人次，增长20.1%，总收入达到47亿元。神农架集国家级自然保护区、国家森林公园、国家地质公园、国家湿地公园、风景名胜区、“世界生物圈保护区”、“世界地质公园网络”、“国际重要湿地名录”、“世界自然遗产” 等多种头衔于一身。2017 年神农架通过建立国家公园，成立神农架国家公园管理局，制定《神农架公园管理制度》，进一步协调神农架保护与发展的关系。

2017 年近期，神农架新建溯溪和瀑降两个探险观光项目。溯溪全长约 400 米，在落水源瀑布下游设软梯、铁索桥、钢丝绳桥、高空栈道、绝壁栈道等。瀑降分为攀瀑和瀑降两个子项目，攀瀑从落水源瀑布底部，借助绳索和器械沿瀑布旁边的石壁攀登至瀑布顶端，瀑降从瀑布顶端沿绳滑降下至落差 30 多米的瀑布底端。交通方面设有神农架机场，在 2018 年之后的远期计划，规划建设多条轨道交通路线，加强外部交通网络的通达性，加强游客从四面八方通达景区的便利性。

七、森林旅游可持续发展研究

（一）可持续发展现状

1. 可持续发展取得的成就

（1）资源保护工作持续推进。

做好在珍稀动植物、天然林、景观性地貌等优质自然景观区域的保护工作，可保证森林旅游自然资源的可持续发展。从森林覆盖率来看，虽然我国已从 1973 年的 12.7% 提高到 2013 年的 21.63%，但整体而言，存在地区森林资源分布不均衡的情况，西北部沙漠化较严重地区和东部城区仍需提升森林覆盖率，做好森林资源强化保护的基础工作。2016 年，国家发布《国家沙化土地封禁保护区管理办法》（林沙发〔2015〕66 号），公布包括内蒙古、西藏、陕西、甘肃、青海、宁夏、新疆内部的 61 处沙化土地封禁保护区，区域内禁止砍伐、樵采、开垦、放牧、采药、狩猎、勘探、开矿、安置移民和滥用水资源等一切破坏植被的活动。

（2）公益林投入显著见效。

《2014 年广西公益林生态效益公报》数据显示，2014 年公益林 8170.52 万亩，公益林森林生态总效益 4714.6 亿元。其中，涵养水源效益 1968.4 亿元，生物多样性保护效益 975.9 亿元，固土保肥效益 283.5 亿元，固碳释氧效益 916.8 亿元，净化大气效益 358.4 亿元，积累营养效益 51.5 亿元，森林游憩效益 160.1 亿元。

2017 年组织国家森林公园保护利用设施项目实施，继续支持国家森林公园基础服务设施建设，中央投资 1.8 亿元，支持 21 处国家森林公园建设国家文化、自然遗产保护利用设施等项目。

2. 可持续发展面临的挑战

森林旅游是保证森林可持续发展的最佳第三产业，为实现森林旅游的可持续发展，需做到对森林旅游资源的全面保护，注重森林旅游产业提质提升。在做好森林旅游资源保护的基础上，方可保证森林旅游的可持续发展。森林旅游资源保护具体可分为自然性资源和人文性资源保护两种类型。

目前，森林旅游可持续发展进程中，常面临的威胁是森林旅游资源受到破坏，具体表现为珍稀动植物数量锐减、沙漠化石漠化、擅自更改林地使用性质、火灾虫害等自然灾害。在森林旅游活动开展中，常见情形有旅游地游客超载、游客的不文明行为破坏旅游景观。

2016 年中国石漠化地区面积合计 1007 万公顷（见图 2.5），其中贵州 247 万公顷，云南 235 万公顷，广西 153 万公顷，但总体而言，较 2011 年，面积数量总体减少。《2017 全国林业经济发展统计公报》数据显示，2017 年全国共发生森林火灾 3223 起，危及森林面积 24502.43 公顷，比 2016 年分别上升 58.46%。

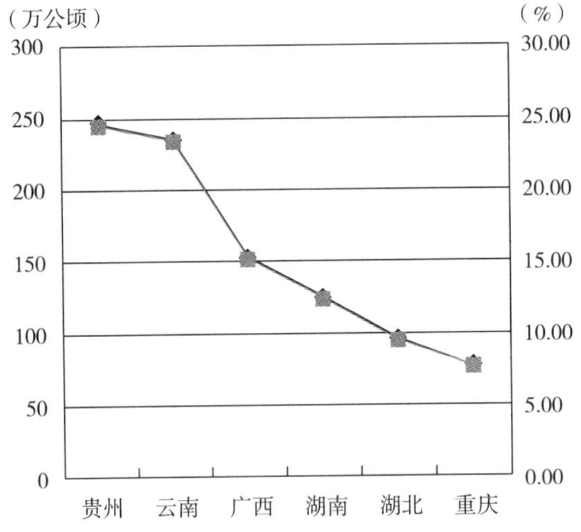

图 2.5　2016 年中国石漠化省份的分布面积和比例

数据来源：中国林业网。

（二）自然资源可持续发展保护

1. 动植物与地貌资源保护

珍稀动植物、景观地貌是森林旅游的一大亮点，做好保护工作是确保可持续发展的基础和前提。截至 2017 年底，中国已建立保护区 2750 个，总面积约 14733 万公顷，约占中国陆地面积的 14.88%。自然保护区范围内分布有天然林、天然湿地、陆地生态系统类型，保护 85%以上的野生动植物种类、65%高等植物群落、300 多种重点保护野生动物、130 多种重点保护野生植物。

同时，国家已公布《中华人民共和国植物新品种保护名录》（第六批）、《国家保护的有益的或者有重要经济、科学研究价值的陆生野生动物名录》、《国家重点保护植物名录》、《中国濒危植物物种名录》、《中国濒危珍稀动物名录》等名单，并参与《濒危野生动植物种国际贸易公约》《湿地公约》《生物多样性公约》等国际保护协议。

在各森林旅游地周边地区，广泛存在周边居民对重点保护动植物认知不足、保护性法规宣传不到位的情况，针对村民猎杀频率较高的野生动物的行为，在每个自然村应该加强公告宣知，让村民明确认知野生动植物种类，告知违反相关保护规定所要承担的严重后果。

2. 科学开展天然林保育经营

《全国森林经营规划（2016—2050 年）》中将森林划分为天然林和人工林两类。天然林又划分为原始林、天然过伐林、天然次生林和退化次生林；人工林又划分为近天然人工林、人工混交林、人工阔叶纯林和人工针叶纯林。凡是划分为严格保育的公益林，均采用保护经营作业法。

落实全面保护天然林政策，加大天然林封育管护力度。对于多功能兼用的天然林，坚持保育结合，在全面加强保护的基础上，根据天然林演替规律和发育阶段，科学实施抚育措施。对于稀疏、退化的天然林包括天然次生林，开展补植补造、人工促进天然更新等抚育经营，优化林分树种结构，加快森林正向演替，提高林地生产力，培育天然林后备资源。对于受害严重、枯死木比例高、林分健康状况差的天然林，要合理编制天然林枯死木、灾害木清理限额指标，及时清理，促进天然林生态系统健康稳定。从长远考虑，需要建立全面保护天然林与科学经营天然林有机结合的经营制度，针对不同生态区位和主导功能的天然林，研究制定科学合理的经营策略、对策措施和管理政策。

3. 提高应对森林灾害的能力

鉴于森林灾害多种多样，且造成的损失不可估量。2019 年 3 月底在短短 2 天内接连发生3起森林火灾：3月29日山西省长治市沁源县王陶乡发生森林火灾，波及6个乡镇；3月30日北京市密云区东邵渠镇太保庄地区，因人为因素引发森林火灾，过火面积达640亩；同日，四川省凉山州木里县雅砻江镇立尔村发生森林火灾，扑火期间30名组织参与扑火人员以身殉职。四川森林火灾发生地属于冶勒自然保护区，涉及凉山州冕宁县腊窝乡腊窝村区域，火灾起因为雷击，覆盖面积105公顷，扑灭耗时9天9夜。保护区内部的103种植物和246种动物的生存遭到了重创，其中包括大熊猫、牛羚、云豹、豹、绿尾虹雉等国家一级保护的野生动物，大灵猫、黑熊、白腹锦鸡等29种国家二级保护动物的生存也岌岌可危。

为提高森林火灾应对能力，主要从人为和自然两个引发森林火灾的因素入手。为规避人为因素引起森林火灾，应加强群众野外用火防控意识，提升全国森林火警电话12119的知晓度。森林旅游地区多数处于自然保护地，人烟稀少，自然因素引起的森林火灾难以监控。因此需要加强火灾管控工作，完善森林火灾风险排查、责任、反馈机制，落实基层单位，并完善和规范森林草原防火留痕、记录档案、县级防火物资储备和清单。在扑火队伍建设方面，提升灭火方法和推广普及力度，加强专业灭火设备的创新性研发，切实保障灭火人员的安全，提升森林扑火能力。

（三）人文资源可持续发展保护

森林旅游资源中，人文资源通常包括代表地区内的宗教、部落、村寨、民族、民俗、原始居民遗迹，各种代表性建筑、碑刻、书画艺术品、饮食、产业文化等。人文性旅游往往具有无可比拟的特色优势，在各级森林旅游地中是无法超越的一大亮点。但个别森林旅游地区存在对人文资源认知不深、保护力度不足的情况。

具有地方文化特色的森林旅游往往在国内外独具吸引力，如澳洲森林旅游地区的土著文化、俄罗斯贝加尔湖的萨满教风情。但商业冲击导致地方森林旅游丧失原始性、天然性，将造成森林旅游人文资源的莫大损失，对人文资源的可持续发展也将造成威胁。

著名森林旅游地往往也因游客蜂拥而至导致人文资源维护难度加大，如中国敦煌壁画，虽然每到游客高峰期采用了“限客令”，但人满为患造成二氧化碳、湿度等空气含量指标下降，加快了壁画的破坏速度。

（四）可持续发展措施

1. 提升游客保护意识

在森林旅游地的宣传推广工作中，譬如宣传片、宣传册、官网、公众号等方面，增加保护教育成分，增强游客的保护意识。在森林旅游地内部，可通过种种措施加强游客维护意识。在门票上，标注保护内容说明；在游览过程中，导游加强保护性资源的说明、管理；在珍稀类森林旅游资源点，增加标识牌介绍。

2. 开展森林旅游资源维护的动态评估

针对各自然保护地区，分别进行摸底调查，并公布重点保护对象。后期定期开展珍稀性森林旅游资源的动态评估，完善资源保护的监测体系。针对一般森林旅游地，开展森林旅游资源的提升标准，并通过动态评估来判定提升是否达标。

第四节　国内外森林旅游现状与趋势

一、世界旅游发展现状与趋势

（一）世界旅游发展的总体现状

1. 2017 年国际旅游相关活动的开展

2017 年，Trip Advisor 为期两年的消费者调查结果显示，针对丝绸之路上 15711 名受访者的旅行偏好、习惯和兴趣调查结果显示，游客沿着丝绸之路旅行，体验当地美食和参加当地的节日和活动。由此可见，在森林旅游地中，中国地区的世界自然遗产在全球旅游市场上，极具吸引海外客源的潜力。

2017 年 5 月 8 日，在西班牙圣塞瓦斯蒂安，举办了为期 2 天的“第三届世界旅游组织世界美食旅游论坛”，论坛主题为区域经验以及和美食旅游的文化性、社会性；9 月 29 日，在阿根廷门多萨举办历时 2 天的“第二届 UNWTO 全球葡萄酒旅游会议”，推动地方葡萄酒产业以非物质文化遗产的形式加强可持续发展；10 月 8 日，在西班牙马贝拉举办历时 3 天的“第二届全球旅游人才发展会议”，强调人才对旅游发展的决定性作用。

2. 世界森林旅游定量观察

拉丁美洲森林旅游收入在旅游行业占比高达 90%；德国森林旅游占旅游总体收入比例达到 67%，游客近 10 亿人次；美国在森林旅游方面的花费占人均收入的 1/8，3.2 亿人口的美国每年接待游客高达 20 多亿人次；在 1.2 亿人口的日本，森林旅游接待游客达到 8 亿人次。森林旅游在国际范围颇具盛名的国家，往往很重视森林旅游地的发展，并不只是一两个森林旅游地特别突出，而是片区式森林旅游项目发展势头强劲，以地区优异的森林旅游地进行引领带动，提升不同等级的森林旅游地建设。

3. 世界森林旅游开发模式

世界森林旅游的开发模式有观光、度假、运动康体、游客狂欢、狩猎、野生动物互动等类型，如表 2.6 所示，其中狩猎、野生动物互动、游乐狂欢是中国森林旅游所缺乏的项目。美国私人拥有的商业性林地，90% 以上作为户外娱乐的形式开放。美国林务局把森林游憩、放牧、木材生产、保护集水区、保护野生动物作为森林经营的五大目标，结束了以木材生产为主要发展途径的林业时代。

表 2.6　世界森林旅游案例列举

开发类型	相关案例
生态观光	美国黄石国家公园、美国红杉国家公园
休闲度假	日本箱根森林温泉、南非 Earth Lodge 森林度假营地
运动康体	南美罗赖马山、塔斯马尼亚的圣克莱尔河国家公园
游乐狂欢	西班牙萨鲁的冒险家乐园、德国鲁斯特的欧洲主题公园、英国国家森林迷宫
狩猎区	非洲部分森林公园开发有狩猎区，私人性质企业的案例并不少见，经济收益较高，也受到众多游客的追捧。国内可建设人工性狩猎区，饲养常规的林下肉禽类动物，如鸡、鸭、鹅等，开展捕捉项目
野生动物互动项目	非洲曾有过重新引入野生动物，游客率回升的情况，与动物互动对游客有极大的吸引力。国内与动物互动的案例几乎是空白，可饲养相对温顺的动物，增加与游客的互动，可增加森林旅游地的魅力值

相比之下，中国森林旅游开展范围过于狭小，除了国有性质的保护地区开展国营制森林旅游，农户承包制的山林地区普遍用于发展第一产业，也鲜有私营企业整合一般山林地区开展旅游项目，广泛缺乏市场主导机制。

（二）世界旅游发展的总体趋势

1. 森林旅游对世界旅游影响日趋明显

2017 年由联合国贸易和发展会议（贸发会议）出版的《非洲经济发展报告》，侧重于旅游业的改革和包容性增长，该报告详细说明了可持续旅游的巨大潜力。1995 ~ 1998 年和 2011 ~ 2014 年的汇编数据显示，非洲大陆国际旅游出口从 140 亿美元增加到 470 亿美元。2011 ~ 2014 年，它提供了约 46% 的服务出口和 2100 万个工作岗位。文中对非洲旅游业的经济影响进行了详细分析，其中包括一些政策建议，例如促进旅游业发展以弥合农村地区之间的差距，指出旅游在减少贫困方面的推动力量强劲。

越来越多的政府正在考虑将森林旅游作为促进可持续林业管理和支持当地社区的手段。尽管过去几年经济形势严峻，但根据世界旅游组织（UNWTO）的数据显示，国际旅游业整体健康增长，每年增长率近 10%，2017 年创下增长 50 多万人次的新纪录。UNWTO 预测未来二十年国际旅游业将持续增长。

森林旅游对可持续林业的影响巨大，据粮农组织称，生态旅游作为大型旅游业的一个利基市场，是全球旅游业增长最快的部分之一。因此，长期发展可保持经济持续增长，刺激林业资金参与森林生态旅游市场。此外，通过森林生态旅游，私营公司将有机会从社会责任投资中获利。生态旅游涉及的自然区域，旅游景点或原始资源保存得越多、越好，对潜在游客的吸引力就越大。由于森林及其野生动物是生态旅游活动的主体，因此，促进森林保护和投资生态旅游可吸引更多生态旅游者。

森林等生态旅游为当地人口带来的收入，高于主要依赖大众连锁旅游公司和大型旅游公司的商业传统旅游业。森林生态旅游可极大地促进发展中国家提升，但在促进可持续森林管理、林业基金投资等方面，发展中国家通常会遇到更多困难。考虑到一些土著社区在很大程度上依赖森林维持生计，还需进一步研究生态旅游在森林保护和当地经济中的拮抗作用。在发展中国家乌干达最著名的生态旅游地范围内，大猩猩对游客富有吸引力，围绕大猩猩的生态旅游活动明显促进了该国的经济，同时也增加了山地大猩猩的数量。坦桑尼亚自然资源和旅游部最近推出了坦桑尼亚森林基金，其目的之一是支持森林资源的可持续利用。

森林旅游利大于弊，这已成为促进森林保护的成功方式，通过获取森林旅游收入，反哺林业的可持续管理。联合国粮农组织一直在向老挝、菲律宾和突尼斯等国家提供技术援助，以发展促进森林可持续发展，太平洋岛屿实施一项 1800 万美元的计划（斐济、纽埃、萨摩亚和瓦努阿图）旨在发展旅游作为可持续森林管理的一个主要组成部分，这无疑是旅游森林潜在利益的明显标志。

2. FLR 景观森林修复

FLR 不仅仅是植树，更是提高生态生产力，恢复野生物种的遗传多样性，支持景观中的多样性生态系统和栖息地类型保护。世界自然保护联盟已完成整个分类群的红色名录评估，包括哺乳动物、鸟类、两栖动物和爬行动物，这项工作是评估景观中特定物种状况的重要手段，红色生态系统清单确定了对全世界生物多样性具有重要意义的区域。土地管理者或政策制定者将生物多样性纳入其 FLR 战略，好比生态学家与地理学家协作，将生物多样性或物种纳入政策、倡议、战略管理。

2019 年 2 月 13 日，12 个亚洲国家的代表在泰国曼谷举行会议，交流森林景观修复（FLR）和波恩挑战的经验。东盟在森林景观恢复方面支持波恩挑战和纽约森林宣言，开展的工作也得到了联邦环境、自然保护、建筑和核安全部（BMUB）的技术支持，相关的技术规程有《森林景观恢复机会评估的生物多样性准则》。

3. 世界森林旅游规划作用持续增强

世界森林旅游业发展中，规划的作用逐步显现，森林旅游规划从森林旅游地到国家层面的战略规划都不可或缺。继英国、法国之后，美国、澳大利亚、加拿大等国家均制定了国家级的旅游指导性规划，世界旅游组织甚至出版《旅游开发规划明细录》。美国通过法律和管理制度规定了规划中的计划、分区、资源保护、游憩研究、管理五大内容，确立了“美国户外游憩战略”；加拿大通过完善游憩评价体系，提升建设多个森林公园和自然保护区；新西兰在旅游政策中，明确规定森林旅游开发，应指明规划目标及开发内容。

二、国内森林旅游发展现状与趋势

（一）国内森林旅游发展总体现状

1. 森林旅游地总体发展的定量观察

（1）森林旅游总体情况。

《2017 全国林业经济发展统计公报》数据显示，2017 年国内森林旅游游客量达到 13.9 亿人次，占国内游客总量比例从 2014 年的 25% 上升至 2017 年的 28%。其间 2014 年的创造产值占国内旅游总收入的 20%，森林旅游区域范围内接待床位达到 160 万张，接待餐位数达到 330 万个。

2012 年森林旅游直接收入 618 亿元，以 18% 以上的速率保持增长，至 2017 年的五年间游客累计达到 46 亿人次，年增长率达到 15.5%。2017 年收入达到 1400 亿元，以此带动创造的社会综合产值达到 11500 亿元，是林业系统中继林业第一产业（种植）、第二产业（竹木加工制造）后的第三个支柱性产业。扶贫方面依托森林旅游，通过个体经营、种植养殖、租赁入股等方式，帮扶建档立卡 110 万人，平均每户年均增收 3500 元。

（2）各森林旅游地类型量化发展情况。

《2017 全国林业经济发展统计公报》信息发布，森林、湿地、沙漠公园等形式的森林旅游地，在5 年内由8000 余处增加至9000 多处（见图2.6），其中森林公园、湿地公园、自然保护区等类型有交叉关系。2017 年森林公园年接待量超过100 万人次，占全国年森林旅游游客量的70%，年森林旅游收入超过1 亿元的森林公园数量超110 家。

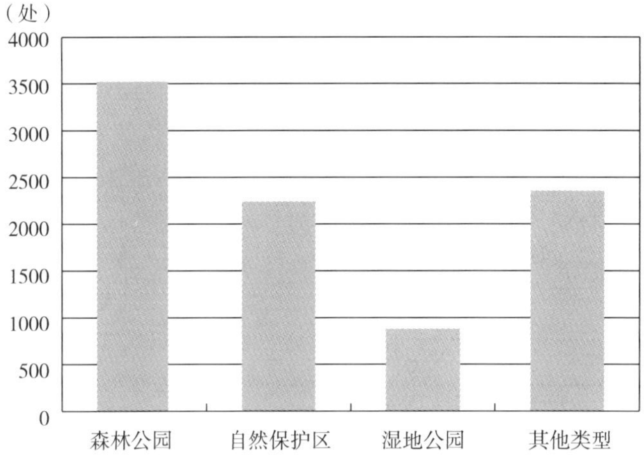

图 2.6 2017 年中国森林旅游地类型及分布数量

数据来源：中国林业网。

①森林公园。截至2017 年底，全国森林公园总数达3505 处，其中国家级森林公园881 处。森林公园的游步道总长度达8.77 万公里，接待床位105.68 万张。

②自然保护区。《2017 年中国国土绿化状况公报》显示我国林业系统已建立各种类型、不同级别的自然保护区2249 处，总面积1.3 亿公顷，占国土面积的13.1%。其中国家级自然保护区总数达375 处，面积50.3 万公顷。

③湿地公园。2 月2 日为“世界湿地日”，2017 年我国已指定国际重要湿地57 个，建成湿地自然保护区602 个、国家湿地公园试点898 个，湿地保护面积在过去5 年间增加了5.52 个百分点，达到49.03%。

全国森林旅游呈现良好的发展态势，2017 年国家林业局加强森林体验和森林养生（康养）的引导力度，印发《全国森林旅游示范市县申报命名管理办法》，新确立10 家全国森林旅游示范市、33 家全国森林旅游示范县。

2. 国内森林旅游地建设成果

（1）中国森林公园建设情况。

①森林公园建设定量分析——数据来源：中国林业网（国有林场和种苗管理司、中国森林公园）统计数据《森林公园建设经营情况统计表》。

2017 年底，国内各级森林公园建设数量 3505 处，国家森林公园面积一般较省级、县市级森林公园面积更大，详见图 2.7。面积合计 2.03 亿公顷，年度投入 57.4 亿元，植树造林、改造林相等生态建设投入 60.3 亿，接待旅游人数 9.6 亿人次，以国内游客居多，公园收入总额 1100 亿元，详见图 2.8 ~ 图 2.10。

森林公园接待游客数量逐年上升，收入也逐年上升，2017 年收入有所减少（见图 2.8），与国家针对老年、青少年群体的门票优惠政策有关，其中 2017 年有 1147 处森林公园免费接待公众。虽然短期收入稍有下降，但有利于培养国内森林旅游的消费习惯，促进森林旅游游客数量持续上升，开拓客源市场，让游客养成森林旅游的旅游偏好，有利于森林旅游的跨越式发展。

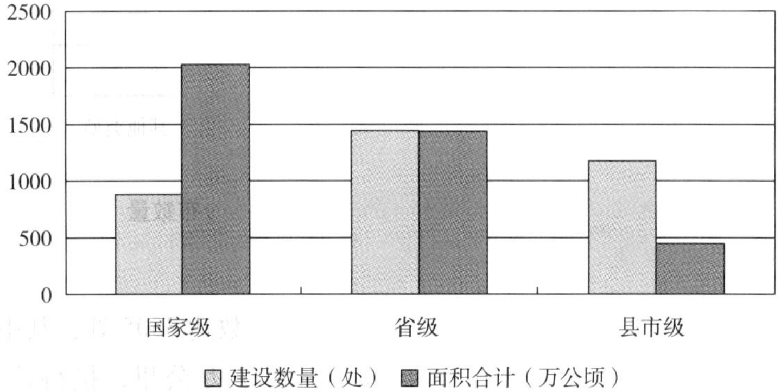

图 2.7 2017 年各级森林公园建设数量及面积

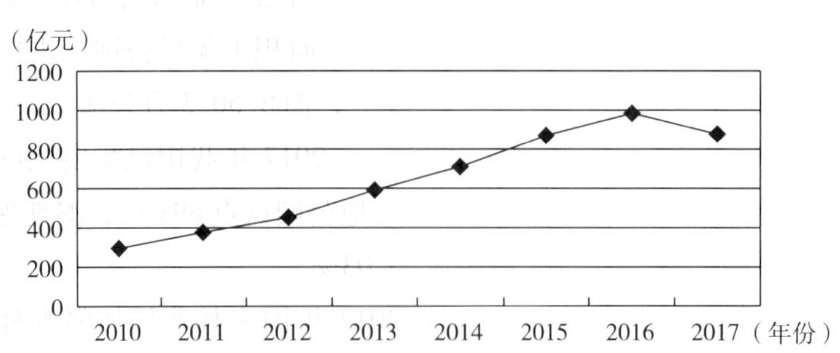

图 2.8 森林公园年度收入（2010 ~ 2017 年）

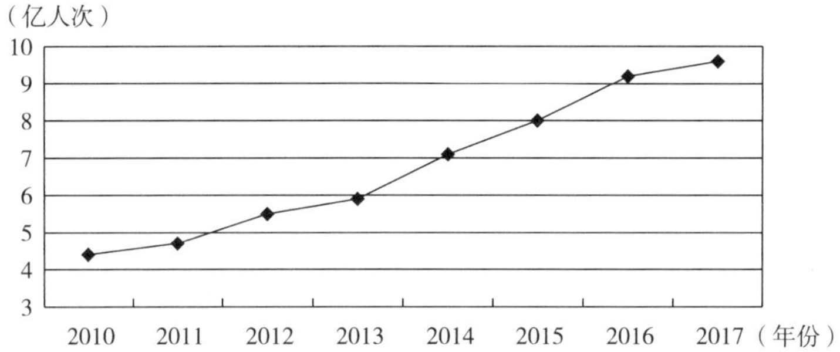

图 2.9　森林公园接待游客数量（2010～2017 年）

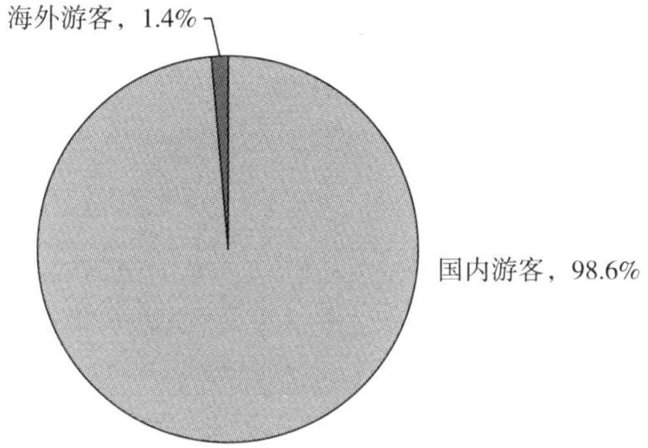

图 2.10　森林公园游客来源及其占比

森林公园在增加就业方面贡献突出，从业人员数量逐年上升（见图 2.11）。建设投资往往取得良好的收益，整体出现收益大于投资的情况。投资方面招商引资比例最高，达到 45.7%（见图 2.12），极大减少了政府公益性资金投入，同时也给社会市场增加了盈利机会，达到双赢局面。森林公园旅游成果丰厚，其中游步道 87.7 万公里，餐位布局达到 205.3 万个，在森林公园收入来源中，食宿占比最高，为 40.6%，详见图 2.13、图 2.14。

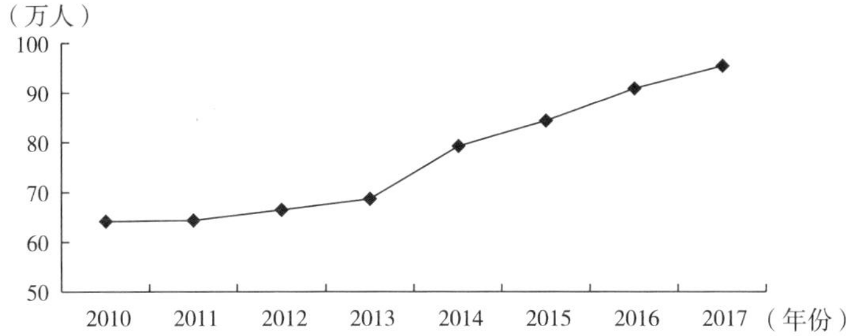

图 2.11　森林公园社会旅游从业人员数量（2010～2017 年）

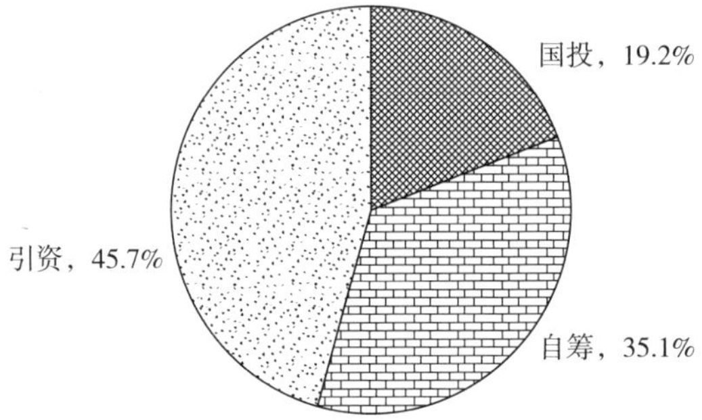

图 2.12　2017 年资金投入情况

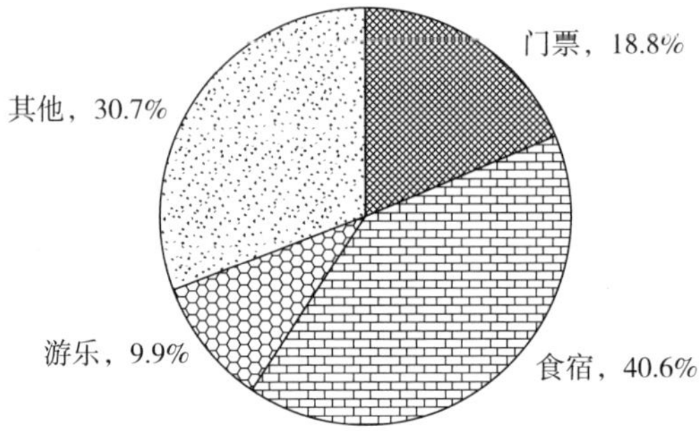

图 2.13　2017 年森林公园收入来源及其占比

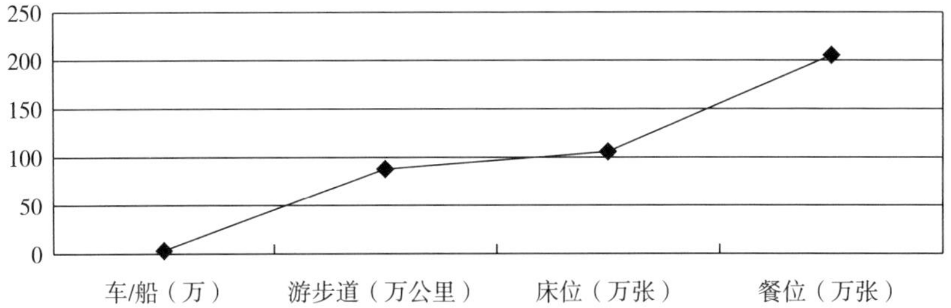

图 2.14　2017 年森林公园基础设施状况

②国家森林公园数量分布。长期以来，森林公园在森林旅游中有举足轻重的地位,2017 年森林公园游客量在森林旅游中占比达到 70%。在近 25 年间，国家森林公园已从 1992 年的 136 家增长到 2017 年的 881 家，详见图 2.15、表 2.7。

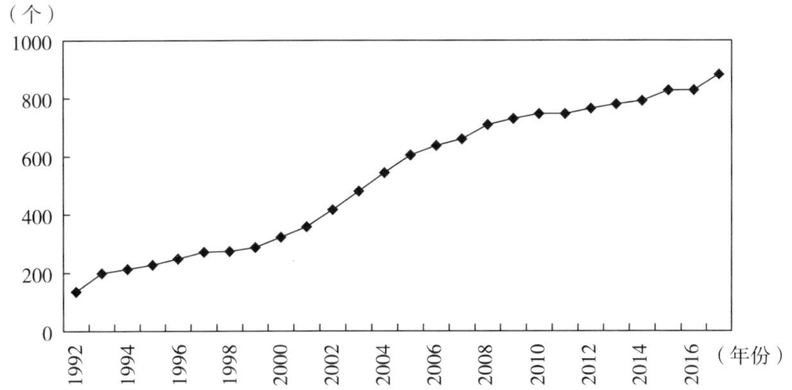

图 2.15　中国国家级森林公园的总体数量

表 2.7　中国国家级森林公园名单（截至 2017 年）

省份	公园名称
北京（15）	西山、上方山、蟒山、云蒙山、小龙门、鹫峰、大兴古桑、大杨山、八达岭、北宫、霞云岭、黄松峪、崎峰山、天门山、喇叭沟门
天津（1）	九龙山
河北（27）	海滨、塞罕坝、磬槌峰、翔云岛、清东陵、辽河源、山海关、五岳寨、白草洼、天生桥、黄羊山、茅荆坝、响堂山、野三坡、六里坪、白石山、易州、古北岳、武安、前南峪、驼梁山、木兰围场、蝎子沟、仙台山、丰宁、黑龙山、大青山
山西（21）	五台山、天龙山、关帝山、山西管涔山、恒山、云岗、龙泉、禹王洞、赵杲观、方山、交城山、太岳山、五老峰、老顶山、乌金山、中条山、太行峡谷、黄崖洞、棋子山、太行洪谷、安泽
内蒙古（26）	红山、哈达门、察尔森、海拉尔、乌拉山、乌素图、马鞍山、二龙什台、兴隆、黄岗梁、贺兰山、旺业甸、好森沟、额济纳胡杨、桦木沟、五当召、红花尔基樟子松、喇嘛山、滦河源、河套、宝格达乌拉、龙胜、敕勒川、成吉思汗、图博勒、神山
内蒙古森工（9）	莫尔道嘎、阿尔山、达尔滨湖、伊克萨玛、乌尔旗汉、兴安、绰源、阿里河、绰尔大峡谷
辽宁（31）	旅顺口、海棠山、大孤山、首山、凤凰山、桓仁、本溪、陨石山、盖县、元帅林、仙人洞、大连大赫山、长山群岛国家海岛森林公园、普兰店、大黑山、沈阳、猴石、本溪环城、冰砬山、金龙寺、千山仙人台、清原红河谷、大连天门山、三块石、章古台沙地、大连银石滩、大连西郊、医巫闾山、和睦、绥中长城、瓦房店
吉林（27）	净月潭、五女峰、龙湾群、白鸡峰国家级森林公园、帽儿山、半拉山、三仙夹、大安、长白、临江国家级森林公园、拉法山、图们江、朱雀山、图们江源、延边仙峰、官马莲花山、肇大鸡山、寒葱顶、满天星、吊水壶、通化石湖、江源、鸡冠山、兰家大峡谷、长白山北坡、红叶岭、龙山湖
吉林森工（8）	露水河、红石、泉阳泉、白石山、松江河、三岔子、临江瀑布群、湾沟

续表

省份	公园名称
黑龙江（39）	牡丹峰、火山口、大亮子河、乌龙、哈尔滨、街津山、齐齐哈尔、北极村、长寿、大庆、一面坡、龙凤、金泉、乌苏里江、驿马山、三道关、绥芬河、五顶山、茅兰沟、龙江三峡、鹤岗、勃利、丹清河、石龙山、望龙山、胜山要塞、五大连池、完达山、金龙山、呼兰、伊春兴安、长寿山、桦川、双子山、大青观、香炉山、华夏东极、神洞山、七星山
黑龙江森工（25）	威虎山、五营、亚布力、桃山、日月峡、八里湾、乌马河、凤凰山、兴隆、雪乡、青山、大沾河、廻龙湾、金山、小兴安岭石林、方正龙山、溪水、镜泊湖、六峰山、夹皮沟、珍宝岛、红松林、七星峰、仙翁山、小兴安岭红松林
大兴安岭（2）	黑龙江呼中、黑龙江加格达奇
上海（4）	佘山、东平、海湾、共青
江苏（21）	虞山、上方山、徐州环城、宜兴、惠山、东吴、云台山、盱眙第一山、南山、宝华山、西山、铁山寺、南京紫金山、大阳山、南京栖霞山、游子山、南京老山、天目湖、南京无想山、黄海海滨、三台山
浙江（41）	千岛湖、大奇山、兰亭、午潮山、富春江、竹乡、天童、雁荡山、溪口、九龙山、双龙洞、华顶、青山湖、玉苍山、钱江源、紫微山、铜铃山、花岩、龙湾潭、遂昌、五泄、石门洞、四明山、双峰、仙霞、大溪、松阳卯山、牛头山、三衢、径山（山沟沟）、南山湖、大竹海、仙居、桐庐瑶琳、诸暨香榧、杭州半山、庆元、杭州西山、梁希、括苍山、丽水白云
安徽（34）	黄山、琅琊山、天柱山、九华山、皇藏峪、徽州、大龙山、紫蓬山、皇甫山、天堂寨、鸡笼山、冶父山、太湖山、神山、妙道山、天井山、舜耕山、浮山、石莲洞、齐云山、韭山、横山、敬亭山、八公山、万佛山、水西、青龙湾、上窑、马仁山、合肥大蜀山、合肥滨湖、塔川、老嘉山、马家溪
福建（30）	福州、天柱山、平潭海岛、华安、猫儿山、三元、龙岩、旗山、灵石山、东山、德化石牛山、三明仙人谷、将乐天阶山、厦门莲花、上杭、武夷山、乌山、漳平天台、王寿山、九龙谷、支提山、天星山、闽江源、九龙竹海、长乐、匡山、南靖土楼、武夷天池、五虎山、杨梅洲峡谷
江西（49）	三爪仑、庐山山南、梅岭、三百山、马祖山、鄱阳湖口、灵岩洞、明月山、翠微峰、天柱峰、泰和、鹅湖山、龟峰、上清、梅关、永丰、阁皂山、三叠泉、武功山、铜钹山、阳明山、天花井、五指峰、柘林湖、陡水湖、万安、三湾、安源、景德镇、云碧峰、九连山、岩泉、瑶里、峰山、清凉山、九岭山、岑山、五府山、军峰山、碧湖潭、怀玉山、仰天岗、圣水堂、鄱阳莲花山、彭泽、金盆山、贵溪、会昌山、罗霄山大峡谷

续表

省份	公园名称
山东（49）	崂山、抱犊崮、黄河口、昆嵛山、罗山、长岛、沂山、尼山、泰山、徂徕山、日照海滨、鹤伴山、孟良崮、柳埠、刘公岛、槎山、药乡、原山、灵山湾、双岛、蒙山、腊山、仰天山、伟德山、珠山、牛山、鲁山、岠嵎山、五莲山、莱芜华山、艾山、龙口南山、新泰莲花山、牙山、招虎山、寿阳山、东阿黄河、峨庄古村落、峄山、滕州墨子、密州、留山古火山、泉林、章丘、峄城古石榴、棋山幽峡、夏津黄河故道、茌平、蟠龙山
河南（31）	嵩山、寺山、汝州、石漫滩、薄山、开封、亚武山、花果山、云台山、白云山、龙峪湾、五龙洞、南湾、甘山、淮河源、神灵寨、铜山湖、黄河故道、郁山、玉皇山、金兰山、嵖岈山、天池山、始祖山、黄柏山、燕子山、棠溪源、大鸿寨、天目山、大苏山、云梦山
湖北（37）	九峰、鹿门寺、玉泉寺、大老岭、大口、神农架、龙门河、薤山、清江、大别山、柴埠溪、潜山、八岭山、沧水、三角山、中华山、太子山、红安天台山、坪坝营、吴家山、千佛洞、双峰山、大洪山、虎爪山、五脑山、沧浪山、安陆古银杏、牛头山、诗经源、九女峰、偏头山、丹江口、崇阳、汉江瀑布群、西塞国、岘山、白竹园寺
湖南（63）	张家界、神农谷、莽山、大围山、云山、九嶷山、阳明山、南华山、黄山头、桃花源、天门山、天际岭、天鹅山、舜皇山、东台山、夹山、不二门、河洑、岣嵝峰、大云山、花岩溪、云阳、大熊山、中坡、幕阜山、金洞、百里龙山、千家峒、两江峡谷、雪峰山、五尖山、桃花江、湘江源、月岩、峰峦溪、柘溪、天堂山、宁乡香山、九龙江、嵩云山、天泉山、西瑶绿谷、青羊湖、熊峰山、罗溪、福音山、长沙黑麋峰、坐龙峡、攸州、矮寨、嘉山、永兴丹霞、齐云峰、四明山、北罗霄、靖州、嘉禾、沅陵、溆浦、汉寿竹海、萱洲、岐山、太白峰
广东（27）	梧桐山、小坑、南澳海岛、南岭、新丰江、韶关、流溪河、南昆山、西樵山、石门、圭峰山、英德、广宁竹海、北峰山、大王山、梁化、神光山、观音山、三岭山、雁鸣湖、天井山、大北山、镇山、南台山、康禾温泉、阴那山、中山
广西（22）	桂林、良凤江、三门江、龙潭、大桂山、元宝山、八角寨、十万大山、龙胜温泉、姑婆山、大瑶山、黄猄洞天坑、飞龙湖、太平狮山、大容山、九龙瀑布群、平天山、红茶沟、阳朔、龙滩大峡谷、狮子山、龙峡山
海南（9）	尖峰岭、蓝洋温泉、吊罗山、海口火山、七仙岭温泉、黎母山、海上、霸王岭、兴隆侨乡
重庆（26）	双桂山、小三峡、金佛山、黄水、仙女山、茂云山、武陵山、青龙湖、黔江、梁平东山、桥口坝、铁峰山、红池坝、雪宝山、歌乐山、玉龙山、茶山竹海、黑山、九重山、大圆洞、南山、观音峡、天池山、酉阳桃花源、巴尔盖、毓青山

续表

省份	公园名称
四川（44）	都江堰、剑门关、瓦屋山、高山、西岭、二滩、海螺沟、七曲山、九寨、天台山、福宝、黑竹沟、夹金山、龙苍沟、美女峰、白水河、华蓥山、五峰山、千佛山、措普、米仓山、天曌山、镇龙山、二郎山、雅克夏、天马山、空山、云湖、铁山、荷花海、凌云山、北川、阆中、宣汉、苍溪、沐川、鸡冠山、鲜水河大峡谷、金川、沙鲁里山、黄荆老林、蓬安、太蓬山、賨人谷
贵州（28）	百里杜鹃、竹海、九龙山、凤凰山、长坡岭、尧人山、燕子岩、玉舍、雷公山、习水、黎平、朱家山、紫林山、潕阳湖、赫章夜郎国家级森林公园、青云湖、大板水、毕节、仙鹤坪、龙架山、九道水、台江、甘溪、油杉河大峡谷、黄果树瀑布源、仰阿莎、福泉、金沙冷水河
云南（32）	巍宝山、天星、清华洞、东山、来凤山、花鱼洞、磨盘山、龙泉、太阳河、金殿、章凤、十八连山、鲁布革、珠江源、五峰山、钟灵山、棋盘山、灵宝山、铜锣坝、五老山、紫金山、飞来寺、圭山、新生桥、西双版纳、宝台山、双江古茶山、澜沧、永仁金沙江、博吉金、墨江、观音山
西藏（9）	巴松湖、色季拉、冈仁波齐国家森林公园、班公湖国家森林公园、然乌湖国家森林公园、热振国家森林公园、姐德秀国家森林公园、尼木、比日神山
陕西（37）	太白山、延安、楼观台、终南山、嘉陵江源、天华山、朱雀、南宫山、王顺山、五龙洞、骊山、汉中天台、黎坪、金丝大峡谷、通天河、木王、榆林沙漠、崂山、太平、鬼谷岭、蟒头山、玉华宫、千家坪、上坝河、黑河、洪庆山、牛背梁、天竺山、紫柏山、少华山、石门山、黄陵、青峰峡、黄龙山、汉阴凤凰山、子午岭、武帝山
甘肃（22）	吐鲁沟、石佛沟、松鸣岩、云崖寺、徐家山、贵清山、麦积、鸡峰山、渭河源、天祝三峡、冶力关、官鹅沟、沙滩、腊子口、大峪、小陇山、文县天池、莲花山、周祖陵、寿鹿山、大峡沟、子午岭
宁夏（4）	宁夏六盘山、宁夏贺兰山、花马寺、火石寨
青海（7）	坎布拉、北山、大通、群加、仙米、哈里哈图、麦秀
新疆（24）	天山大峡谷、天池、那拉提、巩乃斯、贾登峪白哈巴、江布拉克、唐布拉、科桑溶洞、金湖杨、巩留恰西、哈密天山、哈日图热格、乌苏佛山、哈巴河白桦、阿尔泰山温泉、夏塔古道、塔西河、巴楚胡杨林、乌鲁木齐天山、车师古道、白石峰、鹿角湾、果子沟

（2）自然保护区——根据中国林业网（http：//www. forestry. gov. cn/）中国野生动物保护协会公布的信息，截至 2018 年 4 月，中国国家级自然保护区数量达到 474 处，详见表 2. 8。

表 2.8　国家级自然保护区名单（截至 2018 年 4 月）

省份	国家级自然保护区
北京市（2）	百花山、北京松山
天津市（3）	古海岸与湿地、八仙山、蓟县中上元古界地层剖面
河北省（13）	青崖寨、驼梁、昌黎黄金海岸、柳江盆地地质遗迹、小五台山、泥河湾、大海陀、河北雾灵山、茅荆坝、滦河上游、塞罕坝、围场红松洼、衡水湖
山西省（8）	灵空山、黑茶山、阳城莽河猕猴、历山、芦芽山、五鹿山、庞泉沟、太宽河
内蒙古自治区（29）	毕拉河、乌兰坝、罕山、青山、古日格斯台、大青山、阿鲁科尔沁、高格斯台罕乌拉、赛罕乌拉、白音敖包、达里诺尔、黑里河、大黑山、大青沟、鄂尔多斯遗鸥、鄂托克恐龙遗迹化石、西鄂尔多斯、红花尔基樟子松林、辉河、达赉湖、额尔古纳、大兴安岭汗马、哈腾套海、乌拉特梭梭林—蒙古野驴、科尔沁、图牧吉、锡林郭勒草原、内蒙古贺兰山、额济纳胡杨林
辽宁省（19）	楼子山、葫芦岛虹螺山、青龙河、大黑山、章古台、大连斑海豹、蛇岛老铁山、成山头海滨地貌、辽宁仙人洞、恒仁老秃顶子、丹东鸭绿江口湿地、白石砬子、医巫闾山、海棠山、双台河口、努鲁儿虎山、北票鸟化石、白狼山、五花顶
吉林省（24）	通化石湖、集安、白山原麝、四平山门中生代火山、汪清、靖宇、黄泥河、波罗湖、松花江三湖、伊通火山群、龙湾、哈泥、鸭绿江上游、查干湖、大布苏、莫莫格、向海、雁鸣湖、珲春东北虎、天佛指山、吉林长白山、园池湿地、头道松花江上游、甑峰岭
黑龙江省（49）	北极村、公别拉河、碧水中华秋沙鸭、翠北湿地、太平沟、老爷岭东北虎、大峡谷、中央站黑嘴松鸡、茅兰沟、明水、三环泡、乌裕尔河、绰纳河、多布库尔、友好、小北湖、扎龙、黑龙江凤凰山、东方红湿地、珍宝岛湿地、兴凯湖、宝清七星河、饶河东北黑蜂、大沾河湿地、新青白头鹤、丰林、凉水、乌伊岭、红星湿地、三江、八岔岛、洪河、挠力河、牡丹峰、穆棱东北红豆杉、胜山、五大连池、呼中、南瓮河、黑龙江双河、盘中区、平顶山、乌马河紫貂、岭峰、黑瞎子岛、七星砬子东北虎、仙洞山梅花鹿、朗乡、细鳞河
上海市（2）	九段沙湿地、崇明东滩鸟类
江苏省（3）	盐城湿地珍禽、大丰麋鹿、泗洪洪泽湖湿地
浙江省（11）	临安清凉峰、浙江天目山、象山韭山列岛、南麂列岛、乌岩岭、长兴地质遗迹、大盘山、古田山、浙江九龙山、凤阳山—百山祖、安吉小鲵
安徽省（8）	古井园、铜陵淡水豚、鹞落坪、古牛绛、金寨天马、升金湖、安徽扬子鳄、安徽清凉峰
福建省（17）	峨嵋峰、闽江河口湿地、茫荡山、汀江源、雄江黄楮林、厦门珍稀海洋物种、君子峰、龙栖山、闽江源、天宝岩、戴云山、深沪湾海底古森林遗迹、漳江口红树林、虎伯寮、福建武夷山、梅花山、梁野山

续表

省份	国家级自然保护区
江西省（16）	婺源森林鸟类、铜钹山、赣江源、庐山、齐云山、阳际峰、鄱阳湖南矶湿地、鄱阳湖候鸟、桃红岭梅花鹿、九连山、井冈山、官山、江西九岭山、江西马头山、江西武夷山、南风面
山东省（7）	马山、黄河三角洲、昆嵛山、长岛、山旺古生物化石、荣成大天鹅、滨州贝壳堤岛与湿地
河南省（13）	高乐山、大别山、新乡黄河湿地鸟类、河南黄河湿地、小秦岭、南阳恐龙蛋化石群、伏牛山、宝天曼、丹江湿地、鸡公山、董寨、连康山、太行山猕猴
湖北省（22）	巴东金丝猴、洪湖、南河、大别山、十八里长峡、堵河源、木林子、咸丰忠建河大鲵、赛武当、青龙山恐龙蛋化石群、五峰后河、石首麋鹿、长江天鹅洲白鱀豚、长江新螺段白鱀豚、龙感湖、九宫山、星斗山、七姊妹山、神农架、长阳崩尖子、大老岭、五道峡
湖南省（23）	西洞庭湖、九嶷山、金童山、东安舜皇山、白云山、炎陵桃源洞、南岳衡山、黄桑、湖南舜皇山、东洞庭湖、乌云界、壶瓶山、张家界大鲵、八大公山、六步溪、莽山、八面山、阳明山、永州都庞岭、借母溪、鹰嘴界、高望界、小溪
广东省（15）	云开山、罗坑鳄蜥、石门台、南澎列岛、南岭、车八岭、丹霞山、内伶仃岛—福田、珠江口中华白海豚、湛江红树林、徐闻珊瑚礁、雷州珍稀海洋生物、鼎湖山、象头山、惠东港口海龟
广西壮族自治区（23）	银竹老山资源冷杉、七冲、邦亮长臂猿、恩城、元宝山、大桂山鳄蜥、崇左白头叶猴、大明山、千家洞、花坪、猫儿山、合浦营盘港—英罗港儒艮、山口红树林、北仑河口、防城金花茶、十万大山、雅长兰科植物、岑王老山、金钟山黑颈长尾雉、九万山、木论、大瑶山、弄岗
海南省（10）	鹦哥岭、东寨港、三亚珊瑚礁、铜鼓岭、大洲岛、大田、霸王岭、尖峰岭、吊罗山、五指山
重庆市（6）	五里坡、阴条岭、缙云山、金佛山、大巴山、雪宝山
四川省（32）	千佛山、栗子坪、小寨子沟、诺水河珍稀水生动物、黑竹沟、格西沟、长江上游珍稀特有鱼类、龙溪—虹口、白水河、攀枝花苏铁、画稿溪、王朗、雪宝顶、米仓山、唐家河、马边大风顶、长宁竹海、老君山、花萼山、蜂桶寨、卧龙、九寨沟、小金四姑娘山、若尔盖湿地、贡嘎山、察青松白唇鹿、长沙贡玛、海子山、亚丁、美姑大风顶、白河、南莫且湿地
甘肃省（21）	秦州珍稀水生野生动物、黄河首曲、漳县珍稀水生动物、太子山、连城、兴隆山、民勤连古城、张掖黑河湿地、太统—崆峒山、甘肃祁连山、安西极旱荒漠、盐池湾、安南坝野骆驼、敦煌西湖、敦煌阳关、白水江、小陇山、甘肃莲花山、洮河、尕海—则岔、多儿

续表

省份	国家级自然保护区
宁夏回族自治区（9）	南华山、火石寨丹霞地貌、云雾山、宁夏贺兰山、灵武白芨滩、哈巴湖、宁夏罗山、六盘山、沙坡头
云南省（20）	乌蒙山、云龙天池、元江、轿子山、会泽黑颈鹤、哀牢山、大山包黑颈鹤、药山、无量山、永德大雪山、南滚河、云南大围山、金平分水岭、黄连山、文山、西双版纳、纳板河流域、苍山洱海、高黎贡山、白马雪山
贵州省（10）	佛顶山、宽阔水、习水中亚热带常绿阔叶林、赤水桫椤、梵净山、麻阳河、威宁草海、雷公山、茂兰、大沙河
西藏自治区（11）	麦地卡湿地、拉鲁湿地、雅鲁藏布江中游河谷黑颈鹤、类乌齐马鹿、芒康滇金丝猴、珠穆朗玛峰、羌塘、色林错、雅鲁藏布大峡谷、察隅慈巴沟、玛旁雍错湿地
陕西省（26）	丹凤武关河珍稀水生动物、黑河珍稀水生野生动物、老县城、观音山、略阳珍稀水生动物、黄柏塬、平河梁、韩城黄龙山褐马鸡、太白湑水河珍稀水生生物、紫柏山、周至、陇县秦岭细鳞鲑、太白山、陕西子午岭、延安黄龙山褐马鸡、汉中朱鹮、长青、陕西米仓山、青木川、桑园、佛坪、天华山、化龙山、牛背梁、摩天岭、红碱淖
青海省（7）	大通北川河源区、柴达木梭梭林、循化孟达、青海湖、可可西里、三江源、隆宝
新疆维吾尔自治区（15）	霍城四爪陆龟、伊犁小叶白蜡、巴尔鲁克山、布尔根河狸、艾比湖湿地、罗布泊野骆驼、塔里木胡杨、阿尔金山、巴音布鲁克、托木尔峰、西天山、甘家湖梭梭林、哈纳斯、阿勒泰科克苏湿地、温泉新疆北鲵

资料来源：中国野生动物保护协会。

（3）地质公园——截至2019年1月21日，中国政府已陆续批准命名国家地质公园213处，详见表2.9，我国是全球地质公园数量最多、增长最快的国家。

表2.9　国家地质公园名单（截至2019年1月）

省份	国家地质公园	世界地质公园数量
北京市（5）	十渡（房山世界地质公园）、石花洞（房山世界地质公园）、延庆硅化木（延庆世界地质公园）、平谷黄松峪、密云云蒙山	2
天津市（1）	天津蓟县	/
河北省（10）	邢台峡谷群、承德丹霞地貌、临城、武安、涞源白石山（房山世界地质公园）、阜平天生桥、秦皇岛柳江赞皇嶂石岩、涞水野三坡（房山世界地质公园）、迁安、兴隆	2

续表

省份	国家地质公园	世界地质公园数量
山西省（8）	平顺天脊山、永和黄河蛇曲、壶关峡谷、宁武冰洞、五台山国家地质公园、陵川王莽岭、大同火山群、黄河壶口瀑布（山西/陕西）	/
内蒙古自治区（8）	巴彦淖尔、鄂尔多斯、清水河老牛湾、宁城、二连浩特地质公园、克什克腾（世界地质公园）、阿尔山、阿拉善沙漠（世界地质公园）	2
辽宁省（5）	锦州古生物化石和花岗岩、本溪、大连冰峪沟、大连滨海、朝阳鸟化石	/
吉林省（4）	抚松、长白山火山、乾安泥林、靖宇火山矿泉群	/
黑龙江省（7）	凤凰山、五大连池（世界地质公园）、伊春花岗岩石林、镜泊湖（世界地质公园）、兴凯湖、伊春小兴安岭、嘉荫恐龙	2
上海市（1）	上海崇明岛	/
江苏省（4）	连云港花果山、六合、苏州太湖西山、江宁汤山方山	/
浙江省（4）	常山、临海、雁荡山（世界地质公园）、新昌硅化木	1
安徽省（12）	灵璧磬云山、广德太极洞、丫山、黄山（世界地质公园）、齐云山、浮山、淮南八公山、祁门牯牛降、大别山（六安）地质公园、天柱山（世界地质公园）、池州九华山、凤阳韭山	2
福建省（11）	平和灵通山、漳州滨海火山、晋江深沪湾、德化石牛山、屏南白水洋（宁德世界地质公园）、永安、冠豸山、福鼎太姥山（宁德世界地质公园）、宁化天鹅洞群、白云山（宁德世界地质公园）、泰宁（世界地质公园）	2
江西省（5）	石城、庐山世界地质公园、龙虎山（世界地质公园）、三清山（世界地质公园）、武功山	2
山东省（11）	昌乐火山、沂源鲁山、莱阳白垩纪、东营黄河三角洲、长山列岛、沂蒙山、泰山（世界地质公园）、诸城恐龙、青州、山旺、枣庄熊耳山—抱犊崮	1
河南省（14）	汝阳恐龙、焦作云台山世界地质公园、内乡宝天幔地质公园（伏牛山世界地质公园）、王屋山（王屋山黛眉山世界地质公园）、西峡伏牛山（伏牛山世界地质公园）、嵖岈山、郑州黄河、洛宁神灵寨、黛眉山（王屋山黛眉山世界地质公园）、信阳金刚台、关山、小秦岭、红旗渠·林虑山、嵩山世界地质公园	2
湖北省（8）	长阳清江、五峰、木兰山、神农架（神农架世界地质公园）、郧县恐龙蛋化石群、黄冈大别山、武当山、长江三峡（湖北/重庆）	1

续表

省份	国家地质公园	世界地质公园数量
湖南省（11）	通道万佛山、平江石牛寨、浏阳大围山、张家界砂岩峰林（世界地质公园）、郴州飞天山、莨山、凤凰、古丈红石林、酒埠江、乌龙山、湄江	2
广东省（8）	恩平温泉、封开、深圳大鹏半岛、丹霞山（世界地质公园）、湛江湖光岩（雷琼世界地质公园）、佛山西樵山、阳春凌宵岩、阳山	2
广西壮族自治区（7）	浦北五皇山、桂平、大化七百弄、资源凤山（乐业凤山世界地质公园）、乐业大石围天坑群（乐业凤山世界地质公园）、北海涠洲岛火山、鹿寨香桥喀斯特	2
海南省（1）	海南海口石山火山群（雷琼世界地质公园）	1
重庆（6）	武隆岩溶、黔江小南海、云阳龙缸、万盛、綦江、长江三峡（湖北/重庆）	/
四川省（14）	自贡（世界地质公园）、龙门山、海螺沟、大渡河峡谷、安县生物礁、九寨沟、黄龙、兴文石海（世界地质公园）、华蓥山、江油、射洪硅化木、四姑娘山、光雾山—诺水河、大巴山	2
贵州省（9）	思南乌江喀斯特、黔东南苗岭、六盘水乌蒙山、平塘、关岭化石群、兴义、织金洞（织金洞世界地质公园）、绥阳双河洞、赤水丹霞	1
云南省（10）	罗平生物群、泸西阿庐、丽江玉龙雪山冰川、九乡峡谷洞穴、腾冲火山、禄丰恐龙、玉龙黎明—老君山、大理苍山（大理苍山世界地质公园）、石林（世界地质公园）、澄江动物化石群	2
西藏自治区（2）	西藏易贡、西藏札达土林	/
陕西省（7）	柞水溶洞、商南金丝峡、岚皋南宫山、翠华山山崩地质公园（秦岭终南山世界地质公园）、洛川黄土、延川黄河蛇曲、黄河壶口瀑布（山西/陕西）	1
甘肃省（7）	张掖、天水麦积山、和政古生物化石、敦煌雅丹（敦煌世界地质公园）、刘家峡恐龙、平凉崆峒山、景泰黄河石林	1
青海省（6）	阿尼玛卿山、贵德、尖扎坎布拉、互助嘉定、久治年宝玉则、格尔木昆仑山	/
宁夏回族自治区（1）	宁夏西吉火石寨	/

续表

省份	国家地质公园	世界地质公园数量
新疆维吾尔自治区（5）	天山天池、库车大峡谷、布尔津喀纳斯湖、奇台硅化木—恐龙、富蕴可可托海	/
香港（1）	香港世界地质公园（世界地质公园）	1

资料来源：世界地质公园网。

（4）湿地公园——截止到 2016 年 12 月，国家级湿地公园共计 836 处，详见表 2.10。中国成立有中国湿地保护协会，并建设网站：湿地中国网（http：//www. shidi. org/unit. html）。

表 2.10　全国国家湿地公园数据统计（截至 2016 年底）

省份	国家湿地公园
北京市（2）	北京野鸭湖、北京房山长沟泉水
天津市（4）	天津武清永定河故道、天津宝坻潮白河、天津蓟县州河、天津下营环秀湖
河北省（20）	坝上闪电河、北戴河、丰宁海留图、永年洼、康保康巴诺尔、尚义察汗淖尔、崇礼清水河源、木兰围场小滦河、香河潮白河大运河、怀来官厅水库、张北黄盖淖、涉县清漳河、承德双塔山滦河、内丘鹊山湖、峰峰滏阳河、隆化伊逊河、青龙湖、任县大陆泽、卢龙一渠百库、滦平潮河
山西省（17）	垣曲古城、千泉湖、昌源河、双龙湖、文峪河、介休汾河、神溪、沁河源、长子精卫湖、稷山汾河、孝义孝河、静乐汾河川、洪洞汾河、右玉苍头河、大同桑干河、怀仁口泉河、左权清漳河
内蒙古自治区（38）	白狼洮儿河、阿拉善黄河、巴美湖、纳林湖、包头黄河、额尔古纳、免渡河、索尔奇、锡林河、哈素海、萨拉乌苏、多伦滦河源、乌海龙游湾、临河黄河、乌兰浩特洮儿河、正蓝旗上都河、白狼奥伦布坎、扎兰屯秀水、莫和尔图、陈巴尔虎陶海、巴林雅鲁河、满洲里二卡、奈曼孟家段、包头昆都仑河、兴和察尔湖、磴口奈伦湖、达拉特旗乌兰淖尔、巴林左旗乌力吉沐沦河、科左后旗胡力斯台淖尔、扎赉特绰尔托欣河、柴河固里、乌奴耳长寿湖、莫力达瓦巴彦、南木雅克河、红花尔基伊敏河、呼伦贝尔银岭河、集宁霸王河、满洲里霍勒金布拉格
内蒙古森工（11）	大兴安岭根河源、大兴安岭图里河、牛耳河、绰源、伊图里河、大杨树奎勒河、甘河、阿尔山哈拉哈河、卡鲁奔、库都尔河、绰尔雅多罗

续表

省份	国家湿地公园
辽宁省（17）	铁岭莲花湖、大汤河、大伙房、桓龙湖、法库獾子洞、辽中蒲河、沈北七星、抚顺社河、葫芦岛龙兴、北镇新立湖、凤城草河、凌源青龙河、盘山绕阳湾、昌图辽河、康平辽河、义县大凌河、盘锦辽河
吉林省（22）	磨盘湖、扶余大金碑、大安嫩江湾、大石头亚光湖、牛心套保、镇赉环城、东辽鹭鹭湖、长春北湖、长白泥粒河、和龙泉水河、通化蝲蛄河、八家子古洞河、长白山碱水河、集安霸王潮、临江五道沟、辽源凤鸣湖、农安太平池、长春新立湖、白山珠宝河、汪清嘎呀河、四平架树台湖、敦化秋梨沟
黑龙江省（44）	太阳岛、白渔泡、富锦、安邦河、塔头湖河、齐齐哈尔明星岛、泰湖、同江三江口、肇岳山、黑瞎子岛、巴彦江湾、杜尔伯特天湖、蚂蜒河、肇源莲花湖、木兰松花江、白桦川、宾县二龙湖、通河二龙潭、嘉荫茅兰河口、鹤岗十里河、虎林、塔河固奇谷、安达古大湖、七台河桃山湖、哈尔滨松北、青冈靖河、饶河乌苏里江、东宁绥芬河、齐齐哈尔江心岛、哈尔滨阿勒锦岛、呼兰河口、尚志蚂蚁河、富裕龙安桥、绥滨月牙湖、北安乌裕尔河、牡丹江沿江、西安区海浪河、方正湖、哈尔滨阿什河、大庆黑鱼湖、碾子山雅鲁河、黑河坤河、兰西呼兰河、八五八小穆棱河
黑龙江森工（8）	新青、东方红南岔湖、红星霍吉河、兴隆白杨木河、亚布力红星河、绥阳、东京城镜泊湖源头、大海林二浪河
黑龙江大兴安岭林业集团公司（8）	大兴安岭阿木尔、大兴安岭古里河、大兴安岭九曲十八湾、大兴安岭双河源、大兴安岭砍都河、呼中呼玛河源、漠河大林河、十八站呼玛河
上海市（2）	上海崇明西沙、上海吴淞炮台湾
江苏省（26）	姜堰溱湖、扬州宝应湖、苏州太湖湖滨、无锡长广溪、沙家浜、苏州太湖、无锡梁鸿、南京长江新济洲、太湖三山岛、扬州凤凰岛、无锡蠡湖、溧阳天目湖、九里湖、淮安古淮河、句容赤山湖、昆山天福、吴江同里、徐州潘安湖、丰县黄河故道大沙河、溧阳长荡湖、沛县安国湖、建湖九龙口、淮安白马湖、东海西双湖、兴化里下河、金坛长荡湖
浙江省（11）	浙江杭州西溪、浙江德清下渚湖、浙江丽水九龙、浙江衢州乌溪江、浙江诸暨白塔湖、浙江长兴仙山湖、浙江玉环漩门湾、浙江杭州湾、浙江天台始丰溪、浙江云和梯田、浙江浦江浦阳江
安徽省（26）	太平湖、迪沟、泗县石龙湖、三汊河、淮南焦岗湖、太和沙颍河、太湖花亭湖、颍州西湖、秋浦河源、淠河、平天湖、道源、安庆菜子湖、桐城嬉子湖、界首两湾、阜南王家坝、利辛西淝河、肥西三河、休宁横江、庐阳董铺、肥东管湾、巢湖半岛、潜山潜水河、颍泉泉水湾、淮北中湖、蒙城北淝河

续表

省份	国家湿地公园
福建省（6）	福建长乐闽江河口、福建永安龙头、福建长汀汀江、福建漳平南洋、福建永春桃溪、福建武平中山河
江西省（33）	孔目江、东鄱阳湖、修河、东江源、丰城药湖、南丰傩湖、庐山西海、修河源、潋江、赣县大湖江、赣州章江、万年珠溪、上犹南湖、会昌湘江、南城洪门湖、婺源饶河源、景德镇玉田湖、宁都梅江、鹰潭信江、遂川五斗江、三清山信江源、庐陵赣江、芦溪山口岩、寻乌东江源、石城赣江源、高安锦江、横峰岑港河、资溪九龙湖、莲花莲江、崇义阳明湖、大余章水、全南桃江、万安湖
山东省（65）	滕州滨湖、台儿庄运河、济西、黄河玫瑰湖、马踏湖、蟠龙河、安丘拥翠湖、寿光滨海、峡山湖、武河、月亮湾、少海、微山湖、九龙湾、济南白云湖、沭河、黄河岛、东明黄河、潍坊白浪河、王屋湖、东阿洛神湖、曲阜孔子湖、莒南鸡龙河、莱州湾金仓、云蒙湖、沂南汶河、汤河、沂沭河、曹县黄河故道、青州弥河、潍坊禹王、昌邑滨海、博兴麻大湖、邹城太平、日照傅疃河口、牟平沁水河口、青岛唐岛湾、沂水、平邑浚河、梁山泊、诸城潍河、泗水泗河源、金乡金水湖、泰安汶河、肥城康王河、禹城徒骇河、齐河黄河水乡、单县浮龙湖、茌平金牛湖、夏津九龙口、垦利天宁湖、威海五垒岛湾、滨州秦皇河、东平滨湖、日照两城河口、钢城大汶河、莱芜雪野湖、聊城东昌湖、德州减河、成武东鱼河、日照西湖、博山五阳湖、高密胶河、兰陵会宝湖、乐陵跃马河
河南省（31）	郑州黄河、淮阳龙湖、平顶山白龟湖、漯河市沙河、鹤壁淇河、濮阳金堤河、汤阴汤河、平桥两河口、南阳白河、唐河、陆浑湖、项城汾泉河、台前金水、息县淮河、民权黄河故道、安阳漳河峡谷、林州淇溪河、长葛双洎河、淅川丹阳湖、邓州湍河、泌阳铜山湖、柘城容湖、睢县中原水城、虞城周商永运河、襄城北汝河、光山龙山湖、新县香山湖、伊川伊河、鹿邑惠济河、南乐马颊河、汝州汝河
湖北省（63）	神农架大九湖、武汉市东湖湿地公园、谷城汉江、蕲春赤龙湖、赤壁陆水湖、荆门漳河、黄冈市遗爱湖、麻城浮桥河、惠亭湖、莫愁湖、大冶保安湖、宜都天龙湾、金沙湖、天堂湖、长寿岛、返湾湖、武山湖、通城大溪、崇阳青山、沙洋潘集湖、江夏藏龙岛、竹山圣水湖、当阳青龙湖、竹溪龙湖、浠水策湖、仙桃沙湖、武汉安山、襄阳汉江、通山富水湖、房县古南河、蔡甸后官湖、孝感朱湖、远安沮河、松滋洈水、十堰黄龙滩、宣恩贡水河、荆门仙居河、随县封江口、宜城万洋洲、咸宁向阳湖、长阳清江、黄冈白莲河、武汉杜公湖、南漳清凉河、枝江金湖、汉川汈汊湖、环荆州古城、公安崇湖、安陆府河、五峰百溪河、孝感老观湖、英山张家咀、云梦涢水、夷陵圈椅淌、天门张家湖、荆州菱角湖、石首三菱湖、广水徐家河、十堰郧阳湖、阳新莲花湖、监利老江河故道、嘉鱼珍湖、十堰泗河

续表

省份	国家湿地公园
湖南省（69）	东江湖、攸县酒埠江湿地公园、千龙湖、水府庙、雪峰湖、湘阴洋沙湖—东湖、宁乡金洲湖、吉首峒河、汨罗江、五强溪、松雅湖、耒水、毛里湖、琼湖、新墙河、桃源沅水、黄家湖、书院洲、南洲、衡东洣水、城步白云湖、江华涔天河、会同渠水、隆回魏源湖、邵阳天子湖、澧州涔槐、桂阳春陵、溆浦思蒙、华容东湖、双牌日月湖、常宁天湖、绥宁花园阁、东安紫水、醴陵官庄湖、桃江羞女湖、平江黄金河、茶陵东阳湖、洪江清江湖、靖州五龙潭、鼎城鸟儿洲、泸溪武水、花垣古苗河、衡山萱洲、新邵筱溪、新化龙湾、洞口平溪江、衡南莲湖湾、石门仙阳湖、大通湖、安仁永乐江、赫山来仪湖、郴州西河、云溪白泥湖、新宁夫夷江、金洞猛江河、宁远九嶷湖、浏阳河、通道玉带河、涟源湄峰湖、保靖酉水、麻阳锦江、永顺猛洞河、零陵潇水、汉寿息风湖、长沙洋湖、中方㵲水、嘉禾钟水河、祁阳浯溪、临澧道水河
广东省（22）	星湖、雷州九龙山红树林、乳源南水湖、孔江、万绿湖、东江、海珠湖、怀集燕都、新丰鲁古河、郁南大河、海陵岛红树林、麻涌华阳湖、中山翠亨、罗定金银湖、翁源滃江源、花都湖、开平孔雀湖、阳东寿长河、新会小鸟天堂、四会绥江、连南瑶排梯田、深圳华侨城
广西壮族自治区（24）	北海滨海、会仙喀斯特、横县西津、富川龟石、都安澄江、靖西龙潭、百色福禄河、凌云浩坤湖、平果芦仙湖、大新黑水河、龙州左江、东兰坡豪湖、荔浦荔江、龙胜龙脊梯田、南丹拉希、梧州苍海、南宁大王滩、全州天湖、灌阳灌江、贺州合面狮湖、昭平桂江、怡城乐滩、合山洛灵湖、兴宾三利湖
海南省（3）	海南新盈、海南南丽湖、海南三亚东河
重庆市（22）	秀湖、酉水河、皇华岛、阿蓬江、迎风湖、濑溪河、彩云湖、涪江、汉丰湖、龙河、大昌湖、青山湖、迎龙湖、巴山湖、南川黎香湖、秀山大溪、石柱藤子沟、铜梁安居、梁平双桂湖、武隆石桥湖、合川三江、綦江通惠河
四川省（29）	南河、大瓦山、构溪河、柏林湖、若尔盖、桫椤湖、遂宁观音湖、西充青龙湖、南充升钟湖、邛海、营山清水湖、仁寿黑龙滩、新津白鹤滩、蓬安相如湖、隆昌古宇湖、阿坝多美林卡、红原嘎曲、松潘岷江源、平昌驷马河、广安白云湖、纳溪凤凰湖、雷波马湖、白玉拉龙措、绵阳三江湖、江油读让水河、沙湾大渡河、炉霍鲜水河、巴塘姊妹湖、渠县柏水湖

续表

省份	国家湿地公园
贵州省（45）	石阡鸳鸯湖、威宁锁黄仓、六盘水明湖、余庆飞龙湖、思南白鹭湖、纳雍大坪箐、沿河乌江、六盘水娘娘山、德江白果坨、兴义万峰、江口、安龙招堤、万山长寿湖、北盘江大峡谷、碧江、晴隆光照湖、安顺邢江河、贵阳阿哈湖、罗甸蒙江、都匀清水江、荔波黄江河、贵定摆龙河、遵义乐民河、凤冈龙潭河、汇川喇叭河、湄潭湄江湖、习水东风湖、黎平八舟河、六盘水牂牁江、黔西水西、从江加榜梯田、惠水鱼梁河、平塘平舟河源、福泉岔河、务川洪渡河、清镇红枫湖、望谟北盘江、册亨北盘江、贵阳百花湖、独山九十九滩、台江翁你河、修文岩鹰湖、玉屏舞阳河、黄果树、印江车家河
云南省（16）	红河哈尼梯田、洱源西湖、普者黑喀斯特、普洱五湖、盈江、鹤庆东草海、蒙自长桥海、石屏异龙湖、通海杞麓湖、晋宁南滇池、沾益西河、玉溪抚仙湖、保山青华海、泸西黄草洲、兰坪箐花甸、江川星云湖
西藏自治区（18）	多庆错、雅尼、嘎朗、当惹雍错、嘉乃玉错、白朗年楚河、拉姆拉错、朱拉河、阿里狮泉河、类乌齐紫曲河、琼结琼果河、比如娜若、曲松下洛、卓玛朗措、贡觉拉妥、那曲夯错、日喀则江萨、边坝炯拉错
陕西省（38）	西安浐灞、三原清峪河、淳化冶峪河、蒲城卤阳湖、千阳千湖、铜川赵氏河、丹凤丹江、宁强汉水源、宁陕旬河源头、凤县嘉陵江、太白石头河、旬邑马栏河、千渭之会、瀵水、丹江源、牧马河、朝邑、千层河、七星河、徐水河、落星湾、汤峪龙源、富平石川河、延安南泥湾、白水林皋湖、洛南洛河源、潼关黄河、宜君福地湖、临渭沋河、平利古仙湖、汉中葱滩、汉阴观音河、西安田峪河、凤翔雍城湖、耀州沮河、镇坪曙河源、礼泉甘河、石泉汉江莲花池古渡
甘肃省（12）	张掖、兰州秦王川、民勤石羊河、文县黄林沟、嘉峪关草湖、酒泉花城湖、康县梅园河、金塔北海子、金川金水湖、永昌北海子、临洮洮河、景泰白墩子盐沼
青海省（19）	贵德黄河清湿地公园、西宁湟水、洮河源、都兰阿拉克湖、德令哈尕海、玛多冬格措那湖、祁连黑河源、乌兰都兰湖、玉树巴塘河、天峻布哈河、互助南门峡、泽库泽曲、班玛玛可河、曲麻莱德曲源、乐都大地湾、刚察沙柳河、贵南茫曲、甘德班玛仁拓、达日黄河
宁夏回族自治区（13）	石嘴山星海湖、银川、吴忠黄河、黄沙古渡、青铜峡鸟岛、天湖、固原清水河、鹤泉湖、太阳山、简泉湖、镇朔湖、平罗天河湾、中卫香山湖

续表

省份	国家湿地公园
新疆维吾尔自治区（49）	赛里木湖、乌鲁木齐柴窝堡湖、乌齐里克河源、阿勒泰克兰河、阿克苏多浪河、玛纳斯河、和布克赛尔、博斯腾湖、乌伦古湖、尼雅、拉里昆、塔城五弦河、沙湾千泉湖、伊犁那拉提沼泽、泽普叶尔羌河、额敏河、英吉沙、于田克里雅河、乌什托什干河、哈密河、霍城伊犁河谷、伊宁伊犁河、青河县乌伦古河、吉木乃高山冰缘区、尼勒克喀什河、布尔津托库木特、麦盖提唐王湖、昭苏特克斯河、吉木萨尔北庭、疏勒香妃湖、莎车叶尔羌、帕米尔高原阿拉尔、富蕴可可托海、巴楚邦克尔、尉犁罗布淖尔、和硕塔什汗、呼图壁大海子、天山阿合牙孜、阿合奇托什干河、温泉博尔塔拉河、天山北坡头屯河、哈巴河阿克齐、叶城宗朗、察布查尔伊犁河、特克斯、阜康特纳格尔、吐鲁番艾丁湖、伊犁雅玛图、照壁山
新疆生产建设兵团（3）	新疆生产建设兵团第七师胡杨河、新疆生产建设兵团第二师恰拉湖、新疆生产建设兵团第十师丰庆湖

资料来源：森林旅游网。

（5）风景名胜区——截止到2018年，国务院总共公布了9批，合计244处国家级风景名胜区。其中浙江22处，湖南21处，福建19处，贵州、江西各18处，四川15处，云南、安徽各12处，河南、河北各10处，辽宁9处，广东8处，重庆、湖北各7处，新疆、山东、山西各6处，陕西、江苏各5处，西藏、甘肃、吉林、黑龙江各4处，广西3处，北京、宁夏、内蒙古各2处，海南、青海、天津各1处。

（6）中国地区的世界自然遗产——截止到2017年，中国地区在《世界遗产名录》中共计52处，其中自然遗产12处，自然和文化遗产并重的4处，详见表2.11。

表2.11 中国地区世界自然遗产（截止到2017年）

序号	世界自然遗产	所在地区	相关信息
1	可可西里	青海玉树藏族自治州	总面积共600万公顷，涵盖藏羚羊迁徙路线全程
2	神农架	湖北恩施土家族苗族自治州神农架林区	联合国教科文组织人与生物圈自然保护区、世界地质公园
3	中国丹霞	分布在湖南、宁夏、广东、福建、江西、贵州、浙江各区域	涵盖崀山、西吉火石寨、丹霞山、福泰宁、龙虎山、赤水、江郎山

续表

序号	世界自然遗产	所在地区	相关信息
4	三清山国家公园	江西省上饶市玉山县与德兴市交界处	独特花岗岩石柱与山峰，具有褶皱、断裂构造
5	天山	新疆阿克苏地区、伊犁哈萨克自治州、巴音郭楞蒙古自治州、昌吉回族自治州4个片区	新疆托木尔峰、喀拉峻—库尔德宁、巴音布鲁克、博格达4个片区
6	澄江化石遗址	云南省玉溪市澄江县	距今5.3亿年前寒武纪时代
7	四川大熊猫栖息地	四川省成都、雅安、阿坝、甘孜4市州12县	由7处自然保护区和9处风景名胜区组成
8	中国南方喀斯特	云南、贵州、重庆、广西、贵州、重庆	石林、荔波、武隆、桂林、环江、施秉、金佛山
9	云南三江并流保护区	云南省西北山区	三江分别指金沙江（长江上游）、澜沧江（湄公河上游）和怒江（萨尔温江上游）
10	武陵源风景名胜区	湖南省西北部张家界市	由张家界国家森林公园、索溪峪自然保护区、天子山自然保护区组合而成
11	九寨沟风景名胜区	四川省阿坝藏族羌族自治州九寨沟县	查洼沟、日则沟、树正沟三条主沟形成“Y”形分布，内部有九个藏族村寨
12	黄龙风景名胜区	四川省阿坝藏族羌族自治州松潘县	含各种森林生态系统、石灰岩构造、瀑布和温泉

3. 国内森林旅游定性分析

（1）与国际森林旅游发展前沿仍有一定差距。

中国地大物博，森林旅游资源在全球名列前茅，但总体而言，我国没有充分利用森林旅游资源优势，距离国际森林旅游发展前沿仍有一定差距。与美国、日本等森林旅游客源比例高的国家相比，国际、国内游客数量仍有很大的上升空间。对国际游客的森林旅游诉求缺少分析，森林旅游产品打造与游客预期值有所偏差。

（2）国内森林旅游总体待提升。

颇负盛名的森林旅游地一般地处偏僻，外部、内部交通建设仍需加强。相比于日本高铁干线上的森林旅游景点布置频率，国内森林旅游地的高铁干线布置频率过低。在除了修建直达景区的高铁，在现有高铁附近区域，可针对一般森林旅游地，开展城郊森林旅游。内部交通工具和游览方式过于单调，可以创新丰富绿色出行交通工具，如电动滑板、骑行等，并加强短程租赁转换对接。

国内森林旅游景点精细度、高档性仍需加强。在森林旅游景点开发中，建造方式过于单调，虽然用材与景观相协调，但游览步道等的建设唯美度不足。鉴于优美自然区域被圈起保护，游客无法涉足，所以在可开发利用区域，设施建造需加强景观绿化美化，提升四季不同景的精细度，并定期维护修缮。

智慧旅游、旅游服务仍需提升。在各旅游官网、微信公众号、旅游公众平台，森林旅游信息整合度不足，针对游客“吃、住、游、购、娱”的体验路线未能形成完整体系，片区森林旅游路线有待继续挖掘。

（二）我国森林旅游发展总体趋势

1. 森林旅游在国内旅游中地位日趋上升

2017 年全国森林旅游游客量达到 13.9 亿人次，占国内旅游人数的比例约为 28%，创造社会综合产值 11500 亿元。前期国家林业局调查显示，随着游客健身、森林康养需求度增大，森林旅游产品丰富化，森林旅游已成为常态化旅游形式，森林旅游游客比例持续上升。森林旅游已经成为继经济林种植与竹木加工之后，第三个年产值突破万亿元的林业支柱产业。森林旅游直接收入从 2012 年的 618 亿元增长到 2017 年的 1400 亿元，年增长率保持在 18% 以上。5 年来全国森林旅游游客量累计达到 46 亿人次，年均增长 15.5%。其中，广西森林旅游 2017 年接待游客超过 8600 万人次，总收入超过 300 亿元。

森林旅游也在脱贫攻坚中发挥重要作用。据国家林业局初步统计，通过开展个体经营、发展种植养殖、租赁入股等方式，依托森林旅游实现增收的建档立卡贫困人口达到 110 万人，年户均增收 3500 元。

2. 老年、未成年群体市场比例上升

早在 2018 年之前，中国 65 岁以上人口比例已超 7%，成为“老龄化社会”，并持续上升，有走向 14% 的“老龄社会”的趋势。同时伴随着 2016 年二胎政策的开放，庞大的群体比例，加上针对未成年人、老年群体的门票优惠政策也在同步推进，多地开展 65 岁以上老年人半票或免票政策，未来中国 20 年内老年、未成年游客的比重也将持续增加。针对老年人群体，森林旅游康养功能也将同步加强。针对未成年群体，同步开发科普、亲子游等森林旅游产品。

3. 城郊森林、城市森林比例上升

（1）城市森林。城市森林指在城区、县域内部，以人工森林为主布局的景观性森林。城市森林对降低城镇生活、交通污染，改善夏季高温等问题，在生态

维护方面具有不可估量的直接作用价值。同时城市森林在改善城镇区域人们的生活环境方面，有着无可比拟的优势，给城镇区域居民建设“庭前院后”。

（2）国家森林城市。2018 年，由国家林业局组织并发布第一个以城市区域为主的全国林业生态建设规划《全国森林城市发展规划（2018—2025 年）》，在生态文明贵阳国际专题论坛“森林城市　绿色共享”上发布，指出到 2020 年，建成京津冀、长三角、珠三角、长株潭、中原、关中—天水 6 个国家级森林城市群，200 个国家森林城市，到 2025 年，将建成 300 个国家森林城市。规划提出“四区、三带、六群”建设体系，“四区”为森林城市优化发展区、协同发展区、培育发展区、示范发展区，“三带”为“丝绸之路经济带”—森林城市防护带、“长江经济带”—森林城市支撑带、“沿海经济带”—森林城市承载带，习总书记对北京城市副中心和雄安新区明确要求建成森林城市。《国家森林城市评价指标》中指出，国家森林城市，是指城市生态系统以森林植被为主体，城市生态建设实现城乡一体化发展，并经国家相关主管部门批准授牌的城市。国家森林城市城区树冠覆盖率达 25%，城区主、次干道中，林荫道路里程比例达 60% 以上。从 2004 年启动森林城市建设起，至 2017 年，全国 166 个城市被评为国家森林城市，各省份中森林城市数量建设排名前 11 位的如图 2. 16 所示。

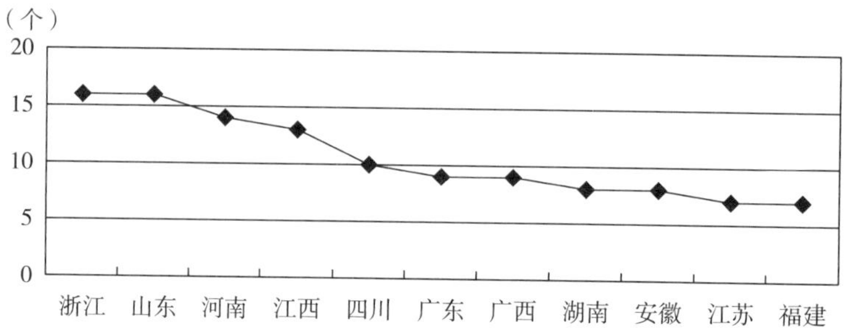

图 2. 16　各省份国家森林城市数量排名前 11 位（截止到 2017 年）

（3）城郊森林。城郊森林指在城郊地区，依托原有的土地资源、一般森林资源，开发具有一定观赏性的森林地域。城郊森林的开发建设项目，较城市森林有了更宽广的土地利用空间优势，突破了土地利用匮乏的限制。相比于森林旅游景区，减少了森林旅游稀缺性资源保护的局限性，同时以便利的交通，赢得了更广阔的游客市场。

（4）城郊森林公园。到 2030 年，我国城镇人口将超过 10 亿，城镇居民森林旅游的需求越来越大。为深入实施《全国城郊森林公园发展规划（2016—2025年）》，《国家林业局关于加快推进城郊森林公园发展的指导意见》（林场发〔2017〕51号）中指出，城郊森林公园是森林公园体系建设的重要组成部分，各级主管部门需加强行业指导和监督管理。对于新建城郊森林公园要按程序批复为相应级别的森林公园，纳入森林公园管理体系。城郊森林公园地处城镇及周边，客源市场需求旺盛，具有公益性、社会性，通常以低价门票或免费开放，以森林景观为主体向公众提供游览科普、文化宣传展示等活动，到2015年，城郊森林公园将建成4000处，全国示范郊区森林公园达到200处。每个县至少建设一处城郊森林公园，每个公园至少建设1处森林课堂、1条森林教育步道或自然体验小径。

2018年太原市投资建设的城郊森林公园共计30处，其中五龙、台骀山城郊森林公园投资高达5亿多元。2014年广西来宾市在兴宾区城厢乡启动建设城市郊区森林公园，该公园同时也是集生态林业种植科技示范、林业科技培训、生态观光旅游等功能于一体的综合性生态林业科技园，包含林下经济产业、花卉产业、珍贵用材林种植等6个示范基地，种植油茶、坚果、黄花梨、西洋杜鹃、也门铁等珍贵树种或进行盆栽花卉实验性培育。2015年广西南宁在五象新区，规划将五象岭森林公园打造成"城市中心公园"，南宁市青秀区的青秀山风景区利用青秀山打造城郊森林旅游，收入逐年稳步上升，2017年财政收入达到4.7亿元，同比增长17.74%。

4. 国家公园建设成为森林旅游发展的新纪元、新高度

2017年《国家发展改革委办公厅关于印发建立国家公园体制试点2017年工作要点的通知》（发改办社会〔2017〕104号）颁布，正式启动国家公园建设计划，截止到2018年已建成东北虎豹、祁连山、三江源、大熊猫、长城、武夷山、南山、钱江源、湖北神农架、普达措、海南热带雨林合计11家国家公园。改善个别旅游地多种头衔混杂，责任牵扯不清的局面，将对自然保护区、风景名胜区、文化自然遗产、地质公园、森林公园等保护地进行功能重组，界定国家公园范围，实行更严格保护，除不损害生态系统的原住民生活生产、设施改造和自然观光科研教育旅游外，禁止其他开发建设，保护自然生态和自然文化遗产原真性、完整性。

以国家公园建设为代表的措施发布，表明森林旅游资源保护将日趋加强，林业系统中旅游产业比例逐步上升，以林业为主的产业与旅游业融合度同步提升。根据《建立国家公园体制总体方案》，国家公园建立后，区域内不再保留或设立

其他自然保护地类型。按照资源类型分类完善设置自然保护地体系，分头改革设置自然保护区、风景名胜区、文化自然遗产、地质公园、森林公园等的体制，对自然保护地保护管理效能进行评估。

5. 森林康养上升为国家战略高度

与日本的森林浴有所区别，中国提出森林康养概念，2019 年国家林业和草原局、民政部、国家卫生健康委员会、国家中医药管理局联合发布《关于促进森林康养产业发展的意见》（林改发〔2019〕20 号），正式将森林康养划分为康养产业的重要组成部分，康养产业已上升到国家战略高度。主要建设任务为优化森林康养环境，完善森林康养基础设施，丰富森林康养产品，建设森林康养基地，繁荣森林康养文化，提高森林康养服务水平。到 2022 年，建设国家森林康养基地 300 处；到 2035 年，建设国家森林康养基地 1200 处；到 2050 年，让人们体验完善的森林康养服务，成为大众普及的康养活动项目。

建设过程中将中医药产业与森林康养产业相融合，推动药用野生动植物资源的保护、繁育及利用，加强森林康养食材、中药材种植培育，森林食品、饮品、保健品等研发、加工和销售。深入挖掘中医药健康养生文化、森林文化、花卉文化、膳食文化、民俗文化以及乡土文化，完善水、电、路、网络、通信、公厕、林间步道、全民健身器材等基础设施。

第五节　加快我国森林旅游发展的对策

为加快我国森林旅游发展，应当以森林旅游生态与经济并重发展为总体目标，以保护为本，规划为纲，开发为线，借鉴为法，推广为路，保证我国森林旅游稳定高效发展。

一、政策引导

（一）保护性政策

在森林旅游方面，“绿水青山就是金山银山”，针对森林旅游资源做好保护工作，保证森林旅游的长效发展。政策法规，是森林旅游资源保护的一道有力屏障，也是最后的一道保护线。除了已经发布的全局性森林保护政策，地质、动植物保护法，在每一个森林旅游地区，由专家学者进行科学性调查研究后，对森林旅游重点资源制定翔实的保护举措。

（二）引导性政策

政策引导能将森林旅游开发的成功经验快速引入并推广普及。引导性政策一般通过以奖代补、名誉授予等方式，将森林旅游开发与国民经济发展、生态维护、扶贫产业等工作相结合，确保我国森林旅游开发的良性动态走向。

现今的森林旅游开发工作中，鼓励森林旅游景区申报国际荣誉，如世界地质公园、世界自然遗产等，加大奖赏力度，可提升森林旅游景区在国际范围内的影响力。针对国家级的森林公园、地质公园、湿地公园等项目开发建设，在引导性政策中，完善开发建设标准，结合森林旅游开发建设的总目标，建立一套完善合理的评价体系，使森林旅游开发导向契合国家战略发展。

在一定的历史时期内，森林旅游的开发模式、经验借鉴、评定条件标准比重等方面，都不尽相同。因此在制定引导性政策时，为避免生搬硬套、不切实际的情况出现，在建立奖励标准时，将开发目标进行标准量化，可降低森林旅游开发的结果偏差。同时，在引进新兴开发模式推广前，设立项目示范点，分析模式的优劣势，待模式成熟后再进行推广，在不同的地区有区别地应用新兴模式，避免千篇一律，规避恶性竞争。

二、开发经营专业化

以专业的眼光启迪森林旅游的开发经营，“规划起步、市场先行、生态建设、创新管理、灵活宣传”步步推进，夯实“规划、市场、建设、管理、宣传”的工作基础，促进森林旅游地稳步向前，以生态价值提升森林旅游地的经济价值。

（一）规划起步

规划是森林旅游开发经营的第一步，代表着森林旅游地的轨道，确定了森林旅游地的发展格局，规划体现了森林旅游地的建设目标、战略高度，指明建设内容、开发形态、产业构成等方面。规划顾全了游客承载量、交通、生态保护、市场需求、成本预算、收益等因素，让森林旅游地毫无悬念地走向开发建设的正轨，为开发经营铺平了轨道。

（二）市场先行

市场是森林旅游开发中最关键的一步，规划是开发经营的快车道，市场是指路明灯。以游客的需求，定制开发路线，是森林旅游开发中最明智的选择。市场调查研究可在同一类型的森林旅游地中开展，充分了解游客在“吃、住、游、购、娱”方方面面的需求，可规避开发误区，避免同质化和重复踩雷。

国内森林旅游地区较一般旅游地带偏远，内部面积范围广，无论是外部交通还是内部交通，都没有做到便捷性与游览性能并重。激活森林旅游市场的前提是激活内外的交通市场，鼓励将交通经营管理权力承包给私营企业，由企业根据客源分布广泛的地区布局直达性交通。在森林旅游景点内部，公共游览交通过于走马观花，而一般游客的体力又不足以支撑全程徒步，骑行也不适用普遍坡度较高的森林地带，内部通常禁止游客机动车进入。可开发骑行、步行、观光车、电动骑行交融的方式，让游客在森林旅游地可随时随地更换不同的游览方式，做到森林旅游自由行。

（三）生态建设

国内森林旅游地资源“野性”不足，开发建设“生态”不足。生态建设是森林旅游中的动力所在，森林旅游资源、游憩功能决定了森林旅游的发展势头是否良好。在森林旅游资源方面除了常规维护，还应该加上修复举措，在游憩功能建设方面，与森林主体相契合，方可保持森林旅游资源的原汁原味。国内由于人口密度的问题，自然的森林旅游地带分布面积不比美国等国家。但中国国土辽阔，所拥有的世界级森林旅游资源地区在全球国家中排名靠前，具有争取境外游客市场的无限潜力。

国际游客通常对生态建设较为优良的森林旅游地带更感兴趣，如非洲荒野中广泛分布的野生动物。而国内森林旅游地带的生态建设往往缺乏全球视野的格局，甚至一些国际级的森林旅游地带也无法吸引国外游客，归根到底是资源和开发设置在生态建设方面远远落后于美国、日本等地区。如美国黄石公园内部禁止一次性物品，园区内部有村庄，但村庄使用绿色堆肥等生态技术。由此可见，生态建设并不是国内的平时工作日圈起来，待到节假日出现游客爆满的局面，而是结合现代生态技术与措施，用于增强森林旅游地区的生态型产业。

（四）创新管理、灵活宣传

创新管理、灵活宣传在森林旅游开发方面，好比航海中引领全程的掌舵人。

1. 创新管理

目前国内经营管理通常是国有制，无法发挥国际市场上私营企业所具有的巨大能量，国内私营企业的经营，往往让政府产生资源保护力度不足的顾虑。从经营权开始逐步放手，是国内森林旅游开发起步阶段。对森林旅游地区进行资产评估，对外招商引资，同时制定管理规范标准，是保守式森林旅游开发，但已是国内森林旅游开发的一大进步。如何让森林资源保护像国际私营企业那样，将保护与提升作为自身增长的内在推动力，是国内森林旅游应该持续探索的关键所在。

2. 灵活宣传

灵活宣传方面除了传统的宣传手册、宣传片，还应该加入更多的手段，吸引不同的游客群体，提高旅游地知名度。针对世界自然遗产、世界地质公园等森林旅游地，应该加强国际网站建设，深入国外旅游宣传平台，同时在旅游签证方面应该给予海外游客更多的便捷性。

针对国内宣传方面，每个景点在微信公众号等平台完善宣传信息，再通过旅游公共平台将森林旅游地信息进行整合。并通过国家公众平台开发旅游专题，规划科考、康养、徒步、湿地等专题旅游线路，完善相关服务产业信息。探讨最佳的价格机制，价格营销往往能带来更好的宣传效果，针对淡季和无人问津的森林旅游地区实施大幅度降价举措，以游客量提高知名度，带动服务业的发展。

三、森林旅游特色产品开发

森林旅游特色产品包括森林旅游开发项目、特色专题路线。根据不同的项目和专题，配置对应的交通及相关基础建设，实现森林旅游产品开发建设配套化。

森林旅游开发项目按照大类可分为观光、康养、体验、健身、科普科考、娱乐、食宿购物。观光项目以森林地域中的自然和人文观光为主；康养包括药浴、足疗、汗蒸、泡温泉、品茶等养生项目；体验指以插花、陶艺制作、植树、民俗节庆、帐篷露营、房车等形式参与；健身包括徒步、攀岩、山地骑行、划船、体育馆等体育性质较强的项目；科普科考指针对森林旅游地的资源进行科普教育或科学考察；娱乐项目指在水上、陆地或空中开展的诸如漂流、滑翔、蹦极、游览车等活动；食宿包括含有森林旅游地特色的餐厅、酒店、民宿、购物商店。

特色专题与路线是指在森林旅游点或区域内，针对富有特色的森林旅游资源开展专题旅游，如敦煌莫高窟、南方悬棺、丹霞地貌、野生动物、濒危植物的专题旅游，具体在各森林旅游点设置专题，充分挖掘游客专题旅游所需的信息。并在区域范围内联合同样富有专题特色的地区，协同打造片区旅游路线，强化地区森林特色专题游的发展。

四、森林旅游特色文化挖掘

中国森林旅游发展的渊源由来已久，在历史长河中，形成了独特的山水文化、道教文化、村落文化、饮食文化等。森林旅游开发中结合森林旅游文化，建立独特的现代森林文化，可提升森林旅游的人文吸引力。

1. 山水文化

历史上文人墨客踏上名山大川，无不歌以咏赞，形成独特的山水文化，具体表现形式有诗歌、楹联、书画、碑刻等。人物以贾谊、李白、杜甫、徐霞客、郦道元、苏轼、范仲淹为代表，名山大川有“三山五岳”（黄山、庐山、雁荡山、泰山、衡山、华山、恒山、嵩山）、江南诗山敬亭山、福地终南山，以文化著作体现了中国丰富优渥的森林旅游资源。关于山川的名句有：杜甫《望岳》中的“会当凌绝顶，一览众山小”，苏轼《题西林壁》中的“不识庐山真面目，只缘身在此山中”，李白《早发白帝城》中的“两岸猿声啼不住，轻舟已过万重山”，等等。中国画的写意、工笔，除了人物，无不围绕着山水、花鸟类型刻画优美的森林旅游资源。在保留至今的书法艺术中，大多来自保留了成百上千年的碑拓，在各大名山中，碑刻依然屹立至今，引得游客驻足观看。

2. 宗教神话与民族村落文化

在中国森林历史长河中，衍生出了许多道教、佛教、村寨、原始文化，留有丰富的园林建筑、寺庙、亭台楼阁、书院、洞穴壁画等遗迹。有道教四大名山（武当山、齐云山、青城山、龙虎山）、佛教五大名山（五台山、峨眉山、普陀山、九华山、梵净山）、神山昆仑山、岳麓山脚岳麓书院等，其中的悬空寺竖立在恒山峭壁间，佛、道、儒三教合一。在中国神话传说中，时常以山林造势，讲述寓言、传说，如《山海经》《愚公移山》等故事，以及陶渊明“悠然见南山”的归隐修身等，反映了山林地域与道、神、佛、修身文化的结合。

九寨沟的九个藏族村寨也为森林旅游地增色不少，有木结构建筑、藏族特色纪念品、藏羌风情表演。另外以贺兰山岩画、左江壁画，南方百越、干越、僚人、僰人（都掌人）族悬棺葬为代表的悬棺、壁画，也为中国山林蒙上了一层神秘的色彩。

3. 产业文化配套

森林中还蕴藏着饮食文化、林业产业文化、中药文化等。山林便是中草药重要的来源地，诸如珍贵的灵芝、松露，历史上有李时珍尝百草，《本草纲目》更是记录了大量山林野地的珍贵森林资源。森林中的花、果、叶、树干等均可开发不同的产业，如茶树产的茶籽可压榨茶油，桃金娘野果可酿酒，树干可制作原木家具、木屋等。要将森林旅游结合中草药、饮食、家具等产业文化，开发特色产业森林旅游。

森林产业本是可再生资源，但由于过度掠取，没有及时修复，许多林木产业资源变成珍稀资源。森林旅游产业中应该利用可开发的森林地带，建造人工性原始森林，形成可再生森林资源开发条件，建设森林特色产业旅游基地，形成独特的森林产业文化。

五、森林旅游与产业融合发展

要做到森林旅游与产业融合需将“森林旅游+”与“农林”“体育”“医药”等产业相融合，除了“PPP”模式，还应增加多种创新性产业融合模式。

（一）与林业产业相结合

森林旅游在农林产业结合上做到“旅游+产业”的融合，林产品丰富多样，林产业、农产业均可以结合旅游开展康养旅游、农副产业加工，在非保护地区的一般旅游地实施可行性高。

1. 林产品

林产品包括林木原产品、林副加工产品、林下产品、苗木花卉、木制品、林木工艺品、竹藤产品、森林食材、林产化工制品等与森林资源相关的产品，具体如家具、花卉、根茎枝叶果实、茶油、木雕等。林产品以其天然、绿色、环保的特色优势，在食品、医药、保健等领域也被广泛应用，成为森林康养产业的中流砥柱。与此同时，随着林产品加工业的快速发展，精加工产品增多，产业链延伸范围广泛，充分活跃了林木市场，在脱贫致富方面的经济贡献力量不可小觑。

2. 林业产业发展空间

林业产业与农业产业、康养产业融合，并通过电商平台发展助力，发展空间潜力巨大，极具生长力。林业产业园企业综合配套服务完善，集国家森林生态标志产品品牌认证、林产品展示销售、电商运营、人才培训等功能服务于一体。2015年全国电子商务交易额达18万亿元，其中网络零售交易额达3.8万亿元，阿里巴巴平台交易的六大类农林产品中，林产品占80%。全国林业电子商务现场会上指出，全国林产品网络零售经营企业和商户达100万家，全年交易额超过2200亿元。推测至2020年，全国涉林产品电商零售交易额将达到1万亿元。

3. 林业与森林旅游的融合模式

《2017 全国林业经济发展统计公报》数据显示，2017 年全国花卉种植面积达 145 万公顷，观赏苗木种植 120 亿株，花卉及观赏苗木产业产值达到 2499 亿元。盆栽植物 50 亿盆，花卉市场 4108 个，花卉企业 6 万家，花卉产业从业人员 568 万人，花木苗木行业大有可为，结合森林旅游同步发展具有协同功效。

一般森林旅游地一方面可开展花卉苗木观光行业，布局林下花卉景观，通过苗木花卉销售结合旅游观光，做到销售与旅游并重互促发展。另一方面可在林下种植中草药、药用花卉，开展观光与中草药、中成药销售、康养领域的结合模式，同步增加养老产业，布置疗养院、老年公寓，形成“农林产业 + 旅游产业 + 医药产业 + 养老产业”多产业并重前行的发展格局。

在保护性质的森林旅游地外围，增加林木主体相关的家居用品、手工艺品加工产业，以丰富的林产品、旅游纪念品，丰富森林旅游“吃、住、游、购、娱”的产业要素。在森林旅游地就近的外围村民布局点，丰富餐饮、民宿、运动基地、林业加工等行业，以森林旅游地的人气带动相关产业的齐头并进，蓬勃发展。

（二）旅游品牌优势产业

青海可可西里食品有限公司依托“可可西里保护区”这一地域品牌优势，发展成为集农畜产品开发、餐饮住宿、工业旅游、商贸流通、市场管理服务等为一体的现代化科技性集团，建设有“吃、住、游、购、娱”的工业旅游厂区。形成集肉制品生产、水果制品生产、食用菌制品生产、乳制品批发零售于一体的布局，产品销售区域遍布全国 23 个省市的各大连锁超市，2014 年产品产值 2 亿余元，带动 2 万余户农牧民增收。

（三）PPP 产业融合模式

产业融合（Public – Private Partnership，PPP）指政府和社会资本合作的模式，可从资本合作拓展到其他方面的合作，应用领域也已经从公共基础设施项目拓展到各种行业中，中国正掀起政府和民间资本合作的高潮，是国有经营向私营企业运营必经的过度历程。

具体可通过购买服务、股权合作、经营权、承包权等方式，吸引金融资本、工商资本、社会资金参与森林旅游开发经营。推进建立森林旅游相关林业产权交易制度，加快建设森林旅游交易市场，推进建立林业碳汇交易市场，聚集各类要素资源，促进森林旅游经营融资。

近几年国家连续发布关于 PPP 项目合作的指导政策，如《传统基础设施领域实施政府和社会资本合作项目工作导则》发改投资（〔2016〕2231号）、《中共中央　国务院关于深化投融资体制改革的意见》（中发〔2016〕18号）、《国务院办公厅转发财政部发展改革委人民银行关于在公共服务领域推广政府和社会资本合作模式指导意见的通知》（国办发〔2015〕42号）、《基础设施和公用事业特许经营管理办法》（国家发展改革委等部门令2015年第25号）、《国务院关于创新重点领域投融资机制鼓励社会投资的指导意见》（国发〔2014〕60号）、《国家发展改革委关于开展政府和社会资本合作的指导意见》（发改投资〔2014〕2724号），指出要深化林业管理体制改革，推进国有林区、国有林场科学开展森林科学经营。深化集体林权制度改革、林权承包、放活林地经营权、规范林权流转。在保护森林资源的前提下，鼓励社会资本积极参与生态保护建设，支持林业企业等新型经营主体投资生态建设项目，引导社会资本利用荒山荒地，发展林下经济、森林旅游等生态产业。

六、数据平台与智慧旅游开发

加强森林旅游的数据平台建设和智慧旅游开发，可更好地观测森林旅游发展态势，为游客提供具有针对性的智慧型旅游服务。

数据平台通过森林旅游地区的数据共享，充分反映游客森林旅游偏好，可针对性地开发森林旅游产品，同时政府和管理者可根据数据，制定更切实市场需求的战略方针。

智慧旅游方面，将旅游信息整合在常用软件如微信公众号平台之中，旅游信息包括交通、食宿、购物、门票预订等方面的信息。游客可通过导览图下载、自助语音导游、虚拟旅游等方式，获取森林旅游便捷高效服务，在“吃、住、游、购、娱”等方面更便捷化。在常规地图软件上完善各森林旅游地内部的小径分布情况，让游客可通过地图导航保证游览无障碍。同时提升森林旅游地内部通信信号、手机充电站布置点，给予游客森林智慧旅游体验。

以九寨沟智慧旅游开发为借鉴，建设办公自动化、门禁票务电子商务、网上游、景区CRM、GIS地理信息系统、多媒体展示、GPS车辆调度、智能化监控、环境监测、规划管理、LED信息发布等多种智慧旅游开发管理系统。

第三章　广西森林旅游开发条件与现状

第一节　广西森林旅游发展的条件分析

一、广西拥有丰富的森林旅游资源

（一）广西森林旅游资源

1. 广西森林旅游点概况

“八山一水一分田”是广西地形、地势的特点。广西西北部地势高，东南部地势低，平原面积所占比例少。广西的西部和北部聚集了区内海拔较高的山峰，这其中有兴安猫儿山（2141.04 米）、融水元宝山（2081 米）等。广西东北部、中部及西南部石灰岩居多，构成了喀斯特地貌，其中以桂林最为典型。桂东、桂南地区则以花岗岩、砂页岩居多，构成了丹霞地貌和花岗岩地貌。本书从自然地理特征、区位条件和旅游功能的角度，将广西森林旅游点划分为 3 类。

（1）城郊—丘陵—森林旅游点。这类旅游点大多距城市中心较近，有便捷的城市道路通往，地势平缓，易于开发，方便攀登。森林不仅保留了原来的林地，还增加了人工林，空气新鲜，是城市居民假期郊游的绝佳目的地。这类旅游点的开发已开始走向成熟阶段，不仅仅开辟有旅游项目，娱乐、餐饮、住宿等一应俱全。目前，广西区内最为成熟的森林公园有：南宁良凤江森林公园、南宁五象岭森林公园、柳州三门江森林公园、北海冠头岭森林公园。其中，南宁良凤江森林公园是此类旅游点的代表。它位于南宁城郊 15 公里处，由南宁植物园改建而成，已经发展了半个世纪，坐落在良凤江边，地势平缓起伏，江流贯穿，树林茂密，园内保存着 1740 多种高等植物。除此之外，还因地制宜修建了神话宫、蝴蝶奇石馆、激光激战城、滑草场、烧烤场等娱乐餐饮设施。目前良凤江国家森林公园是广西游客最多，经济效益最好的森林旅游点之一。

（2）山岳—森林旅游点。这种旅游景点地势高，海拔一般超过 800 米，山脉壮丽，山脉和山谷深邃，森林茂密，原始森林或次生林保存完好。植物种类丰富，生态环境良好。游客可以进行登山活动，欣赏山地和森林的风景，呼吸新鲜空气，让人们体验“回归自然”的感觉。但是，这些旅游景点大多位于偏远地区，交通不便利。旅游景点的登山道路相对简单，住宿、餐饮和娱乐场所不够完善，旅游业大多处于起步阶段，需要进一步改善。广西重要的山林旅游景点有：贺州的姑婆山、资源八角寨、融水元宝山、上思十万大山等森林公园，以及兴安的猫儿山和武鸣的大明山。例如，贺州的姑婆山国家森林公园位于湖南和贵州的边缘，公园内海拔 1000 米以上有 25 座山峰。山高谷深，瀑布众多，林海辽阔，山脉层峦叠嶂，空气中的负氧离子很高，它被称为“天然氧吧”。再如金秀大瑶山森林公园，位于广西中部，海拔 1600 米以上有七座山峰，它们全部由泥盆纪石英砂岩组成。森林公园内有大量原始森林，保存着许多珍稀动植物，还有万亩变色杜鹃林，气势磅礴。

（3）水体—森林旅游点。有些旅游景点拥有独特的水上旅游资源，如湖泊、溪流、瀑布、温泉等水体在这些旅游景点中占有重要地位。它们不仅具有森林旅游的特色，还可以参观湖泊，观赏瀑布或沐浴温泉。代表性的森林旅游景点有龙胜温泉、百色澄碧湖、苍梧飞龙湖、横县九龙瀑布等森林公园。以龙胜温泉国家森林公园为例，位于海拔 800～1200 米的山区。这座山高大壮丽，高耸入云，山谷深，森林密集。山坡上有两个大型温泉群，含有多种微量元素，流量很大。附近还有适合漂流的河段（燕门峡漂流）和瑶族村落。现已形成了多功能、综合性的旅游景点，如观赏林、温泉、山间溪流漂流、民族风情、康复休养等。目前，游客人数居森林旅游景区之首，经济效益良好。

2. 广西森林旅游资源开发利用现状

2017 年广西森林公园的情况如表 3.1 所示，全区有 67 个森林公园，总面积达 277654.5 公顷；其中，国家级森林公园 22 个，总面积达 222863.38 公顷。

（二）全国森林旅游资源概况

1. 全国森林旅游资源概况与分析

第六次全国森林资源调查（1999～2003 年）对我国森林旅游资源做了一次深入的摸底调查。调查结果显示，我国森林面积大约为 17490.92 万公顷。我国大陆林业用地面积 28280.34 万公顷，森林面积 17278.70 万公顷，活立木蓄积量

132.59 亿立方米，森林蓄积 120.98 亿立方米。天然林面积 11576.20 万公顷，蓄积 105.93 亿立方米；人工林面积 5325.73 万公顷，蓄积 15.05 亿立方米。全国经济林面积 2139.00 万公顷，竹林面积 484.26 万公顷，灌木林面积 4529.68 万公顷。

表 3.1　2017 年广西森林公园情况　　单位：处，公顷

类别	国家级	省级	县市级	合计
数量	22	35	10	67
面积	222863.38	53101.87	1689.25	277654.5

2. 全国森林旅游资源开发利用现状

目前，国内的森林旅游景区以自然保护区、森林公园、风景名胜区为基础建立的。张家界国家森林公园于 1982 年建立，它在进行旅游开发的同时注重保护生态环境，既保护了“绿水青山”又得到了“金山银山”。从张家界建立国家森林公园开始，森林生态旅游得到了迅速发展。从张家界国家森林公园建立开始，正式拉开了我国森林旅游大发展的帷幕。经过几十年的发展，截至 2018 年，我国共有国家级森林公园 881 处，规划面积达到了 1278.62 万公顷。

我国森林公园建设的实践，开启了森林旅游产业发展的新篇章，平衡了发展旅游与环境保护之间的关系，做到了既要“绿水青山”又要“金山银山”。森林旅游业的发展会促进相关产业的发展，相关产业的发展又会反过来促进旅游业发展。比如交通业、餐饮业、种养殖业、零售业的发展，能促进森林公园当地的产业结构转型升级，增加当地的就业岗位，是当地脱贫致富的一条新路子。随着社会发展，我国森林公园越来越满足城市居民休闲、度假、游憩的需要。统计显示，早在 2013 年我国森林公园接待游客人数就已经达到了 5.89 亿人次，直接旅游收入达 491.1 亿元。

（三）广西在全国范围内森林旅游资源的优势分析

广西森林风景资源以秀山奇峰为骨架，苍茫林海为主体，清溪碧潭为脉络，民族风情点缀其间，自然景观与人文景观交相辉映，静态景观与动态景观相互交融，丰富的森林风景资源为广西森林旅游的开发与建设奠定了雄厚的物质基础。

生物景观资源本底雄厚，丰富多样。广西是我国生物多样性最丰富的省区之一，已记录的维管植物有 8562 种，陆栖野生脊椎动物有 946 种，物种丰富度居全国第三位。广西地跨亚热带和热带两个区域，植被类型亦涉及亚热带常绿阔叶

林带和热带雨林、季雨林带，森林植被分区从北向南，从东至西分别为桂东北山地栲树林、杉木林、毛竹林区，桂北石山山地青冈鹅耳枥林、栲类林、杉木林区，桂东山地丘陵刺栲林、厚壳桂林、马尾松林区，桂西北山原西部落叶栎林、细叶云南松林区，桂东南丘陵海滨平原榄类林、红鳞蒲桃林、红树林区，以及桂西南石山山地丘陵蚬木林、八角林区。同时，优越的自然条件也使许多亚热带和热带的珍稀野生动植物得以保存，据调查，广西自然分布的珍稀濒危树种达137种，居全国第二位；古树名木达29479株，有300余种，隶属于81科198属。同时广西也是许多迁徙鸟类的重要停歇地或越冬地。广西常见生物景观资源有：苍茫浓绿的常绿阔叶林景观、常绿针叶林景观、针阔混交林景观，摩云翳日的古树名木景观，鲜艳多姿的花灌木林景观，色叶林景观，以及珍奇多艳的野生动物景观等。典型的生物景观主要有以木论为代表的喀斯特世界自然遗产森林景观、以弄岗为代表的北热带石灰岩山地常绿季雨林景观、以十万大山为代表的北热带季雨林景观、以元宝山为代表的冷杉景观、以大瑶山为代表的珍稀动植物景观、以猫儿山为代表的原生性亚热带常绿阔叶林景观以及大瑶山万亩变色杜鹃花海、德保红枫林、海洋山银杏林、浦北万亩红椎林等。

地文景观资源复杂多样，典型奇特。广西位于云贵高原东南边缘，地处两广丘陵西部，南临北部湾海面。总体呈山地丘陵性盆地地貌。自南向北，自东向西排列着云开大山、六万大山、十万大山、大桂山、大瑶山、大明山、都阳山、金钟山、海洋山、天平山、九万大山、凤凰山等众多的弧形山脉，山体绵延，纵横起伏，具有极高的观赏价值；同时，桂西南、桂西北、桂中、桂东北还分布着中国乃至全世界最典型、最集中的喀斯特地貌，其鬼斧神工般的峰林、峰丛，丰富的落水洞、漏斗、竖井、盲谷、洼地等资源，为广西的森林旅游增添了神秘的色彩。广西典型的地文景观有高大挺拔的山地景观、坦荡无垠的平原景观、绵延起伏的丘陵景观、山丘环抱的盆地景观等，其中最具特色的是秀丽多姿的峰林峰丛和典型奇特的象形山石景观，享誉国内外的有桂林漓江喀斯特地貌景观、资源八角寨丹霞地貌景观、大瑶山莲花山砂岩峰林地貌景观、乐业大石围天坑景观、凤山溶岩地下河景观、涠洲岛火山地貌景观以及大明山、猫儿山、十万大山、大容山等名山大川。

水文景观资源清澈明净，秀丽多姿。广西水文资源丰富，河流众多。集雨面积在50平方公里以上的河流有986条，总长度有3.4万公里，分属珠江、长江、桂南独流入海、百都河等四大水系。同时，喀斯特地下河众多，有433条。同时，广西湿地资源十分丰富，是我国湿地类型比较齐全、数量较丰富的省区之一，100公顷以上的各类湿地总面积为70.6万公顷，占全区国土面积的2.98%，其中天然湿地56.9万公顷、人工湿地13.7万公顷。广西典型的水文景观主要表现在河、湖、潭、瀑、溪星罗棋布，有蜿蜒曲折的河溪景观、烟波浩淼的湖库风光、秀丽多姿的溪瀑景观等。湿地景观中最著名的有沿海一带的红树林湿地景观、红水河流域的河流湿地景观、以临桂县会仙湿地为代表的天然湖泊湿地景观等。山水相依，水林相映，丰富的水文景观、湿地景观为广西的森林旅游再抹一片亮色。

天象景观资源变幻莫测，奇特多变。广西属低纬地区，处于中、南亚热带季风气候区，广西境内以丘陵山地为主，南濒热带海洋，受特殊地理环境与大气环流的共同作用，气候温暖，热量丰富，各地年均气温在16.5～23.1℃。同时广西是全国降水量最丰富地区之一，各地年降水量均在1080毫米以上，大部分地区为1200～2000毫米，雨水多东部多、西部少，丘陵山区多、河谷平原少等特点。广西常见的天象景观有日出、日落、佛光以及雾凇、雪凇、云海等。其中著名的有：大明山雾凇、雪凇；圣堂山、猫儿山、大容山等的日出、云海，以及北海、涠洲岛、防城港等沿海的日出、日落、霞光等。由于天象景观受自然环境的影响较大，其本身的变化及出现的时间具有不确定性，因此天象景观资源的开发亦是作为其他各类资源的辅助。

人文景观资源特色浓郁，民族风情绚丽多彩。广西聚居着壮、汉、瑶、苗、侗、仫佬、毛南、回、京、彝、水、仡佬12个世居民族，另有满、黎、藏、白、土家、朝鲜、蒙古等42个外来民族。广西少数民族特色鲜明、风情浓郁，传统文化丰富多彩。广西常见的人文景观资源有：桂北一带的瑶、侗、苗族风情及其独具特色的吊脚楼民居，桂南、桂西一带的壮族风情及其独特的干栏式民居，桂东一带的客家风情，以及沿海一带的京族、疍家风情等。聚居在广袤森林中的各类少数民族以其独特的服饰、饮食、住宅、传统节日、婚礼习俗、宗教信仰等吸引着众多前来旅游的人们。

二、广西森林旅游发展的交通建设和区位利导

（一）广西森林旅游发展的交通建设

1. 广西旅游交通概况

广西高速公路通车总里程达3000公里，高速公路沿线普遍设立旅游交通标识牌，重点服务区设立游客服务中心；全区高速铁路里程达1000公里，占全国

高速公路里程的1/10。全区建设运营的机场6个，其中有南宁、桂林2个国际机场，柳州、百色、北海、梧州、河池5个支线机场，全区航线总数达212条，通航国内69个城市，境外16个国家地区的18个城市。随着立体交通网络的不断完善，逐步改善了全区旅游景区的可进入性，为全区旅游业的快速发展奠定了良好的基础。

2. 广西森林旅游交通现状

区位交通差异明显。如地处城郊型的良凤江、三门江、桂林龙泉、君武等森林公园的外围公路干线网已基本形成，外部交通条件基本上满足旅游发展需要，而广西大多数森林公园位置比较偏僻，交通不便，可进入性差，许多品质优良的森林旅游资源得不到充分开发利用，森林旅游资源优势没有得到很好的发挥。如地处边远山区的黄猄洞天坑、红茶沟、九龙瀑布群等国家级的森林公园，由于长期没有资金投入，交通存在很多不便，其交通瓶颈主要是从干线公路通往森林公园的旅游公路，目前进入这些森林公园的道路大多为等外公路、乡村公路，路程远、崎岖难行，旅游高峰期常出现交通阻塞，进不来、出不去、散不开的现象时有发生，游客进出受到限制。沿线居民怨声载道，游客十分不满，道路设施落后的面貌多年未变，交通滞后已经成为制约广西森林旅游业快速发展的瓶颈。

内部交通落后。由于国家对森林公园建设扶持力度小，地方支持力度不够，林场自身经济困难，公园的内部道路设施建设一直无法展开，大部分景点无路可达。全区森林公园内部游道里程总数856.9公里，步道建设不足，行走时间长，而已修建的游览步道由于常年缺乏维护，部分残损严重，存在较大的安全隐患。全区大多数森林公园内部通往各主要景点交通连接不便，制约着旅客的出行。

（二）广西森林旅游发展的区位利导

广西最大的优势在于区位。环顾周边省份，东面是我国经济最发达的省份之一——广东，随着国家出台了《粤港澳大湾区发展规划纲要》，一个世界级城市群呼之欲出，它可以为广西提供源源不断的客流，这对广西的旅游来说是好事；南面的海南全力建设自贸试验区，准备打造具有中国特色的自由贸易港，前途一片光明；西面的贵州、云南虽然经济总量不如广西但是增长速度强劲，经济的发展也会给广西的森林旅游带来机遇；北面的湖北、湖南经济发展优于广西，也会为广西的旅游业提供可观的客流。

三、森林旅游已成为现代人生活的一种时尚

（一）森林旅游关注度持续上升

目前，我国森林生态旅游已经成为一种社会时尚和一种绿色消费。森林生态旅游不仅仅能满足人们观光、度假、休闲的需要，还具有教育功能，它可以作为环保教育的“大课堂”。通过观察森林生态系统的特殊物种形态和群落结构，呼吸新鲜空气和饮用清洁泉水，游客可以了解森林生态系统内的物质、能量和信息的流动和循环，了解森林物种保护，水源保护，空气的功能净化，美化和改善区域环境。随着社会发展的加速，人们有更多的闲暇时间和更多回归自然的愿望。森林生态旅游将越来越受欢迎，并越来越受到关注。

（二）森林旅游热门项目层出不穷

经过 20 多年的发展，森林旅游产品已形成一定的结构体系。从整个旅游项目来看，森林旅游业发展迅速，旅游项目规模不断扩大，竞争日趋激烈。中国的森林旅游项目呈现出多种发展趋势。森林旅游项目的类型非常齐全，度假旅游、特色旅游等旅游产品已具备一定的市场供应能力，可满足不同旅游消费者的需求。特别是传统旅游业已进入成熟阶段。新兴的森林旅游项目如雨后春笋般涌现，以满足不同游客的多样化和个性化需求。

（三）森林旅游游客人数持续上涨

中国的森林旅游业从无到有，从有到壮大，一路高歌猛进。对健康、康养、生态、绿色、新鲜、无污染的不懈追求，让越来越多的人走进了森林公园。中国森林旅游业从 1990 年开始保持高速增长。经过十几年的发展，在 2002 年，中国森林公园年接待游客人数突破 1 亿人次大关。短短几年后，森林公园游客接待人数就突破了 2 亿人次。

四、森林旅游已成为世界旅游发展的新趋势

（1）世界各国和地区对旅游业的发展日趋重视。旅游业的发展可以拉动很多相关产业的发展。在一个国家的社会经济和文化产业发展以及产业结构转型升级的过程中，旅游业可以做出巨大贡献。根据旅游经济学家测算，旅游业与相关产业的投资带动作用比例是 1∶7，这个拉动效果非常高，旅游业的发展会对经济、社会、文化产生深刻的影响。越来越多的国家和地区政府开始研究如何利用

旅游业来促进经济、社会的发展，解决经济发展中遇到的问题。一方面，全世界有 120 多个国家和地区的政府将旅游业放在了重要的位置，并确定为国民经济发展的支柱性产业，给予了大量的政策、法规支持，研究机构纷纷成立。另一方面，各个国家为了发展旅游业，不断向其他国家学习，注重国际间的旅游交流。

（2）旅游将成为人们的基本生活方式。最近几十年，许多国家经济逐渐发展起来，国民生活水平不断提高，旅游成为了人们基本的休闲方式。目前，世界范围基本形成由欧洲、美洲、亚太地区、非洲、中东、南亚组成的六大国际旅游市场格局体系，这一市场格局体系的形成标志着旅游大众化时代的到来。时至今日，旅游成为人们枯燥生活的调味品，单调生活的点缀。

（3）世界森林旅游资源极具吸引力。森林旅游最核心的竞争优势是新鲜的空气和天然氧吧。在城市雾霾泛滥、空气日益浑浊的背景下，人们非常渴望呼吸富含负氧离子的新鲜空气，享受森林清新的阳光沐浴。与此同时，森林旅游并不是孤独的存在，森林常常伴随着草原、舒适的温泉、美丽的湿地、神奇的瀑布、辽阔的海洋、层峦叠嶂的地形以及令人垂涎的美食。森林与这些资源组合在一起，展现出巨大的吸引力，吸引了越来越多的人前来游玩。

五、政府和群众具有发展森林旅游的积极性

（一）广西森林旅游发展政策

广西壮族自治区党委、区政府高度重视旅游产业的发展，始终把旅游业作为广西国民经济新的增长点和支柱产业加以培育和发展。早在 2013 年就召开全区旅游发展大会，确定了广西发展战略部署，先后出台了《关于加快建设旅游强区的决定》《关于加快旅游业跨越发展的决定》《关于加快旅游业跨越发展的若干政策》和《广西壮族自治区林业国民旅游休闲纲要（2013—2020）实施细则》等，在财税、投融资、土地、产业融合、旅游富民、配套政策扶持等方面出台了 39 条发展旅游业的具体政策措施。各地各部门也先后出台了一系列鼓励、支持旅游业发展的措施，推动旅游理念、产品、业态、格局、营销、服务的全方位升级。

（二）广西森林旅游行业发展概况

广西自 1988 年建立了第一处森林公园——冠头岭森林公园，正式拉开了广西森林旅游大发展的帷幕，并经历了起始创建、急速发展、平稳发展、蓬勃发展四阶段。

1. 起始创建阶段（1988～1991 年）

该阶段广西的森林旅游处于摸索时期，社会影响力小，人们对森林游憩功能的认识还很欠缺，管理人才、经营人才都极为缺乏，森林公园建设缓慢，仅有冠头岭一处森林公园，但林业自然保护区在这阶段及其之前却建立了 48 处，占目前总数的 77.4%，但自然保护区生态旅游也尚未起步。

2. 急速发展阶段（1992～1996 年）

广西在 5 年时间内，建立了 1 处自然保护区——大瑶山自然保护区，22 处森林公园，主要包括桂林、良凤江、三门江、龙潭、大桂山、元宝山、龙胜温泉、八角寨、十万大山、姑婆山 10 处国家级森林公园和老虎岭、三十六曲、澄碧湖、龙岩、洛清江、大山顶、石山、龙须河 8 处自治区森林公园，以及石门、玉华、天鹅湖、龙泉 4 处市县级森林公园；同时保护区生态旅游逐步兴起，如花坪、猫儿山、大明山、龙虎山、弄岗等，均不同程度地开发了旅游项目。

3. 平稳发展阶段（1997～2000 年）

在经历了一个急速发展阶段后，广西森林公园的数量保持在一个稳定的水平。4 年时间没有批建自然保护区，森林公园也仅批建了 4 处，其中国家级 1 处——大瑶山森林公园，自治区级 2 处——五象岭、君武森林公园，市县级 1 处——浦北五皇岭森林公园。分析其原因：一是由于前期批建的森林公园建设成效不显著，部分林场存在观望态度；二是建设资金短缺，发展后劲不足；三是开发建设和管理人才奇缺，前期批建的森林公园多处于批而不建或建设缓慢状态。这个阶段，森林公园第一部国家标准——《中国森林公园风景资源质量等级评定》（GB/T 18005—1999）率先出台，使全国森林公园的标准化工作取得了重要进展。

4. 蓬勃发展阶段（2001 年至今）

2017 年底全区共有 67 个森林公园，总面积达 277654.5 公顷；其中国家级森林公园 22 个，总面积达 222863.38 公顷。该阶段其他森林旅游景区也蓬勃发展，共建立了 60 余处森林旅游景区。随着湿地在保护生物多样性方面的作用逐步受到重视，近几年来广西也将湿地资源较为丰富的地区建设为湿地公园。2011 年建立了广西第一处湿地公园——会仙国家湿地公园，至今，共建立了 6 处国家湿地公园。该阶段的主要特征：一是该阶段国家对森林风景资源、森林生态文化的投入进一步加大，并推出了“旅游资源开发与自然生态环境保护专项资金”，部分国家森林公园如姑婆山、资源八角寨均获得了支持资金；二是国家实施了森林分类经营，将生态区位重要，景观环境良好的森林划归为生态公益林，实行了生态公益林补偿机制，有效地保护了森林风景资源；三是城镇居民人均可支配收入和农民人均纯收入大幅增长，大部分人有了“走出去”的想法，旅游已不再是一项奢侈的活动。

第二节　广西森林旅游发展现状

一、发展现状

（一）广西森林旅游开发模式

传统的经营模式问题突显。广西森林旅游以森林公园为主体，森林公园大部分是由林场转变而成，长期以来处于“事业型编制，企业化管理”的经营模式中，以两块牌子，却用一套人员管理的方式进行经营管理。在传统的经营模式下，人员缺乏发展森林旅游所必需的专业水平和组织能力，经营管理观念滞后。再加上经济上不能完全独立，森林公园不能完全自主经营，旅游资源开发未形成规模，市场竞争力差，传统经营方式存在的弊端已不适应新形势下森林公园健康发展的需要。

现代企业经营管理模式正处在探索之中。经过多年的发展，广西已开发的森林公园中有部分是采取独资、合资、合作等形式吸收社会和民间资本参与森林公园内景点、旅游接待服务等设施建设与经营，旅游资源开发主体出现多元化发展，公园的经营管理开始向市场化方向转变，所有权、经营权、管理权三权分离的现代企业管理制度正在探索之中。但目前参与广西森林公园开发与建设的旅游企业规模小，实力弱，管理不到位，多元化投资的步伐与森林旅游发展的要求相比还显得太慢，在实际操作中由于缺乏合理的利益分配机制，相关利益主体间存在利益冲突，主要矛盾表现为：在市场决定旅游资源配置的机制中，存在市场失灵的情况，资源所有者的权益容易受到损害。因此，明确资产属性，界定企业产权，实行“三权分立”，做到明确所有权，落实管理权，放开经营权，从而形成发展森林旅游的合力，是广西森林旅游经营管理体制改革和创新的重点之所在。

近年来，集体林区的林农通过兴办森林旅游合作社，成为当地林农参与森林旅游的新样板，如马山弄拉村和上林县的下水源。森林旅游合作社给山区的林农自发组织发展森林旅游业提供了新思路，当地林农可以资源、土地、技术、劳力等入股，将森林旅游开发与林农利益融为一体，让当地贫困人口真正从森林旅游中受益，更好地融入森林旅游业的发展之中，这对完善广西森林旅游管理体制也是一种有益的尝试。

（二）广西森林旅游市场走向

1. 广西森林旅游市场

从广西森林旅游开始起步，随着发展，一些森林公园、保护区已成为广西旅游新热点，如姑婆山国家森林公园、八角寨国家森林公园、猫儿山自然保护区和大明山自然保护区等。近年来湿地公园逐渐成为旅游新宠，如会仙湿地、西津水库等。广西森林旅游市场已形成森林公园、自然保护区、湿地公园、其他类型森林景区联动发展的良好势头。

2016 年，全区森林旅游人数 8600 万人次，占全区接待旅游总人数 4. 09 亿人次的 21%，森林旅游收入 290 亿元，约占全区旅游总消费 4191 亿元的 7%，直接带动其他产业产值 285 亿元。

2. 旅游市场特征

（1）各森林景区游客接待量差异较大。由于各森林公园所处的区位不同、资源本底不同、市场开发强度不同，导致旅游接待人数差距较大，如 2013 年接待游客量最多的为八角寨国家森林公园，为 144. 8 万人次，接待游客量最少的为五象岭森林公园，仅为 0. 1 万人次。

（2）客源地构成以本地市场为主。目前，大部分游客的主要来源地仍为景区所在的市县，其比例高达 54. 2%，其次就是景区周边市县区域，约为 27. 6%，广西区内其他地区与区外约为 18. 2%，说明广西森林旅游旅客还只是局限于本地游，没能走出家门。

（3）消费构成与广西旅游消费大致相同。2013 年，森林旅游人均消费为 542. 0 元，消费构成为门票、食宿、娱乐、交通等，其中门票消费占 23. 0%、食宿消费占 43. 0%、交通消费占 27. 0%，娱乐消费占 7%。

（4）产品消费趋向于参与性强的项目。游客偏好徒步登山、攀岩、蹦极、漂流、露营、野炊、烧烤等项目。游客对旅游不仅仅局限于自然观光，更倾向参与性强、可以亲自体验的项目。消费需求发生了转变，由原来的自然观光转变到休闲度假，从平淡无奇的游玩项目转变到惊险刺激的娱乐活动。

（5）旅游方式以小集体为主。森林旅游的方式有单位组织、个人出游、旅行社组团、与亲朋好友结伴出游等多种形式，其中以亲朋小团队家庭为单位的集体出游越来越多。

（6）去往森林景区的旅行时间比一般旅游目的地长。一般森林景区往往山高路陡，游览区域较大，游览时间较长，同时其具有良好的生态环境、负氧离子含量高，游客愿意停留较长时间。

（7）旅游动机中康体养生比例相对较高。较之其他旅游景区，森林旅游动机中康体养生、运动探险、呼吸新鲜空气所占比例较高。

二、广西森林旅游开发坚持的原则

（一）资源可持续开发原则

森林风景资源是大自然的馈赠，从某种程度上说是一种不可再生资源。建立森林公园的目的就是保护、管理森林风景资源，对于一些濒临破坏的风景资源，需要进行迅速、及时的抢救性保护。严格按照规划进行建设，杜绝对森林风景资源造成破坏的开发建设项目，严厉打击在森林公园内捕抓、狩猎等违法行为，禁止乱挖、乱建等非法占地行为。

（二）注重协调性和统一性原则

森林旅游的发展与当地的经济发展协调统一。在发展森林旅游的时候必须考虑以下问题：第一，应深入分析广西森林风景资源的独特优势，并且充分考虑广西经济发展的实际情况。第二，应该努力实现多规合一。在进行广西森林生态旅游规划的时候，要结合广西的城乡发展规划、区域经济发展规划，制定相互协调统一的规划。第三，将森林风景资源进行分类，并按照资源分布特点和规律建立森林公园。目前我国主要按照地理位置划分、设置森林公园，未来可以创新方法，加强地区之间的合作，进行跨省区、跨市、跨县森林生态旅游。

（三）坚持市场与资源双重导向的产品开发原则

旅游产品的开发应紧紧抓住旅游资源的特点。广西与全国相比，旅游资源具有独特的优势，因此广西在开发森林旅游产品的时候，必须最大限度地挖掘旅游资源优势，把广西旅游资源作为基础；同时要考虑市场的需求，分析不同消费群体的偏好，对消费者进行分类，针对不同需求开发出相适应的旅游产品。

第三节　广西森林旅游开发存在的问题与对策

一、广西森林旅游开发中存在的问题及形成原因

经过几十年的发展，在广西壮族自治区党委和政府的领导下，广西森林旅游从无到有，发展壮大，在取得进步的同时，也产生了一些问题，森林公园的数量、质量及规模与湖南、江西、广东、浙江、四川等兄弟省区相比差距还很大，森林生态旅游资源合理利用程度较低。基础设施薄弱，经营机制不活，经营管理粗放，旅游产品单一，旅游人才不足，龙头企业欠缺，投入严重匮乏。广西森林旅游在国内市场上竞争力不高，所占的市场份额有很大的提升空间，与森林生态资源大区的地位极不相称。

（一）开发利用程度普遍偏低

一是已开发的森林生态旅游景区没有体现森林生态的基本特色。二是相当一部分具有较高开发价值的森林生态旅游资源由于交通、区位等条件限制还没有开发。三是部分森林公园批建后，相应的旅游产业迟迟未能启动。四是部分森林生态旅游项目招商引资后缺乏对经营者的监督与管理，造成了森林生态旅游资源的浪费。五是已开发的景区普遍存在“一流资源、二流开发、三流服务”的现象，经营管理方式粗放。

（二）规划不到位，定位不明确

全区原有的森林生态旅游发展规划的战略统筹不足，面对新形势全区林业改革及旅游业发展中的战略地位还不清晰，发展定位不明确；联盟发展程度较低，各景区单打独斗；市场营销意识和能力不强，对市场研究不透，景区景点建设重点不突出，存在项目产品雷同、冲突现象，产品特色不鲜明、标准不高，精品不多，开发的产品不适应市场需求，缺乏吸引力和竞争力，造成了效益低下。

（三）机构不健全，管理体制不顺

全区各级林业行政主管部门没有建立专门的森林旅游管理机构，处于有岗无人或无人无岗位状态，无法有效地开展日常工作，行业管理十分薄弱。我国现在的森林公园是建立在国有林场的基础之上的，管理人员仍然是林场原有的员工，他们将主要的时间花在了林场管理上，无暇顾及森林公园的管理。一些景区在开

发建设中存在着无利无人问、有利都想管，或批而不建、建而不管、管而不力的现象。由于管理不顺，不仅影响了森林生态旅游资源的开发，也不利于森林生态旅游资源的保护。

（四）经营模式有待改革创新

近年来，部分集体林区的林农通过兴办森林旅游合作社，成为林农参与森林旅游的新样板，如马山弄拉村和上林县下水源。森林旅游合作社为山区林农自发组织发展森林旅游业提供了新思路，当地林农可以资源、土地、技术、劳力等入股，将森林旅游开发与林农利益融为一体，让当地贫困人员真正从森林旅游中受益，更好地融入森林旅游业的发展之中，这是广西森林旅游经营管理体制的有益新尝试。

（五）保护与开发存在矛盾冲突

有不少优质的森林生态旅游资源位于自然保护区中，在资源开发过程中，项目开发与环境保护之间存在着诸多矛盾，而主要吸引物往往正好是在保护区的核心区域内，导致一些旅游价值高的资源无法规划开发。此外，景区的一些基础设施和接待设施在建设过程中，没有充分考虑与自然环境的协调，破坏林地林木现象时有发生。另外，部分经营者和游客的生态环保意识较差，在一些森林生态景区内，出现了与自然环境不协调的现象，如烧烤、斗马等破坏环境的项目，污水垃圾处理不及时、游客乱扔垃圾等问题。

（六）项目建设用地难现象比较普遍

自然保护区内的土地大多不属于建设用地范畴，在开发过程中，土地难以落实，影响了项目落户。如十万大山水源林自然保护区、金花茶保护区、贺州姑婆山国家森林公园等景区都由于建设用地指标涉及规划部门、国土资源部门、林业农业部门和环保部门多个部门，致使用地指标手续办理流程复杂，审批时间长，十分影响项目的建设进度，也因此难以吸引大企业、大资金进来投资。

（七）专业人才匮乏，管理不规范

目前，森林旅游景区的管理人员主要是以前国有林场的生产技术和行政管理班子，由于转变了环境，专业的旅游开发知识和管理能力未能及时提高，在各个方面也存在问题。例如，不能清楚地认识发展思路，不能合理地运用管理方式，不擅长采取运营手段，导致了森林公园赶不上经济社会发展的脚步。

（八）资金严重不足，基础设施建设落后

资金不足是最大的问题。从宏观层面来说，广西是经济落后地区，财政资金本来就少，分配到森林生态旅游上的自然不足。森林旅游开发需要投入大量的资金，不仅投入量大、投入期长，而且回报周期更长。许多政府出于投资回报的考虑，往往对于森林旅游的投入积极性不高。缺乏了必要的投入，再好的森林旅游资源也只能“养在深闺人未识”。

二、加快森林旅游健康发展的对策研究

（一）提高认识，转变观念，改革体制机制

在思想上，进一步解放思想。必须紧紧把握好发展森林旅游与打好脱贫攻坚战之间的关系，深刻认识到发展森林旅游对脱贫具有重大意义。同时还要清楚认识到林业生产和森林生态旅游不是冲突的关系，而是互利互惠的关系。在开发森林旅游和保护森林中找到二者相互平衡的方法，做到既要“绿水青山”又要“金山银山”。

（二）大胆改革开发经营模式

积极解决森林生态旅游产业发展过程中的瓶颈问题，特别是保护与开发的矛盾冲突问题。对一些限制开发的自然保护区实验区、森林生态旅游区的总体规划，要解放思想，重新认识，在国家有关政策与法规允许的范围内，在严格遵守办事流程的前提下，做一些有利于旅游开发的适当调整，包括生态旅游区范围、土地性质等，使生态旅游区内有价值的资源能充分得到开发利用，在保护与开发并重的情况下，实现永续发展。参照国家设立“桂林国家旅游综合改革试验区”的思路模式，建议设立桂北贺州姑婆山、桂中金秀圣堂山、桂南十万大山等3~5处广西壮族自治区级一把手森林生态旅游开发建设综合改革试验示范区，在管理、资金、政策上实行先行先试、创新突破。同时根据《中共中央关于全面深化改革若干重大问题的决定》关于建立国家公园体制的要求以及2014年底国务院批复实施的《建立国家公园体制试点方案》开展国家公园体制试点，争取在符合国家公园建设条件的森林生态旅游开发区域内，力争成为广西建立国家公园建设的体制试点。全区各级政府和有关部门应大胆对外开放引资，引进一批真正有实力、懂旅游、会经营的外来企业、社会企业到广西投资建设森林生态旅游产业。鼓励外资、私营、个体等非公有制经济主体及民间资本以多种经营形式参与森林生态旅游开发。创新“规范流转、林权抵押”的林农参与开发体系，依法依规地推进森林生态旅游资源流转，实现森林生态旅游资源的规模开发和科学经营。建议森林生态旅游主管部门赴区外，尤其是著名的森林生态旅游点如湖南的张家界、江西的婺源、三清山等进行实地考察，吸取他们在森林生态资源保护与

开发方面所取得的成功经验。

（三）加快推进森林生态旅游立法进程

尽快将《广西森林公园和森林旅游管理条例》列入自治区人大立法计划，以法律的形式明确森林公园建设主体、申请条件和程序、规划与建设、资源的保护与开发利用、经营与管理、法律责任等，依法依规建设、管理森林公园。以自治区政府名义出台《关于加快我区森林生态旅游发展的意见》，指导全区森林生态旅游开发与管理工作。

同时，建议自治区政协积极组织相关政协委员就我区森林生态旅游开发建设开展专题考察调研，多方听取意见，为我区的森林生态旅游健康快速发展出谋划策。

（四）统筹规划，做好顶层设计

尽快完成全区森林生态旅游资源普查，修编全区森林生态旅游发展总体规划。以转型升级、提质增效为主线，以特色森林生态旅游资源为基础，顺应国民对休闲旅游迫切需求的新趋势、新业态，确定全区森林生态旅游发展的指导思想、基本原则、总体布局、发展目标以及政策措施，推动森林生态旅游产品向观光游览、休闲度假、康养体验并重转变，打造广西森林生态旅游产业“升级版”。加强林业与旅游业的融合发展，将森林生态旅游作为全区旅游产业的一个重要组成部分来规划发展，在规划建设、产品开发、线路组织、市场营销等方面与全区旅游业发展规划有机融合，使森林生态旅游成为全区旅游业发展的一大特色和亮点。

（五）完善产品体系，加强品牌建设

1. 完善森林生态旅游产品体系

依托现有的湿地、森林、地质地貌、自然生物聚集地等，加快建设和提升北海滨海湿地、北仑河口湿地、桂林会仙湿地、横县西津湿地等一批湿地公园旅游景区，大明山自然保护区、大瑶山自然保护区、猫儿山自然保护区、崇左白头叶猴自然保护区、元宝山自然保护区等一批自然保护区旅游景区，贺州姑婆山国家森林公园、玉林大容山国家森林公园、南宁良凤江国家森林公园等一批森林公园旅游景区，乐业—凤山世界地质公园、北海涠洲岛国家地质公园、大化七百弄国家地质公园、桂平国家地质公园等一批地质公园旅游景区。

根据旅游市场不断增长的消费需求，结合广西森林生态旅游资源特点，开发建设一批特色森林生态旅游产品，包括森林休闲游、森林探险游、森林避暑游、森林体育游、森林人家体验游、森林生态文化体验游、森林生态养生游、湿地休闲度假游等，将森林生态开发与保护、森林景观游览、森林生态休闲、森林生态康体、森林生态文化体验、森林生态科普教育等融于一体。

2. 打造广西森林生态旅游高端品牌

（1）进一步完善目前在省内外已享有一定知名度的巴马长寿养生国际旅游区、贺州姑婆山、金秀大瑶山（圣堂山、莲花山）、南宁大明山和桂平西山，尽快打造成为5A级景区。进一步加强这五个景区的宣传营销力度，使之成为带动我区东西南北中森林生态旅游的龙头。

（2）打造几个高端森林生态旅游品牌：将世界自然遗产地“中国南方喀斯特”区域的桂林会仙喀斯特国家湿地公园、环江木论国家自然保护区以及世界文化遗产“花山岩画文化景观”区域的弄岗国家自然保护区（包括陇瑞片区）打造成世界级的高端森林生态旅游产品，将观光游览、休闲度假、康体健身、养生养老、科普教育、考察研学等融于一体，建设高品质的景区交通、食宿、游道、游客集散中心等基础设施。

（3）提质升级一批现有的森林生态旅游景区，提升产品的品牌知名度和市场竞争力。按5A级景区要求规划和打造桂林猫儿山、资源资江八角寨、上思十万大山、玉林大容山、靖西通灵大峡谷、天峨龙滩大峡谷等森林生态旅游目的地。完善南宁良凤江、横县九龙瀑布、隆安龙虎山、融水元宝山、龙胜温泉、资源八角寨、北海滨海湿地、百色大王岭、桂平龙潭、崇左白头叶猴自然保护区、钦州茅尾海自然保护区等景区的基础设施和公共服务设施，丰富产品的内涵。

（4）加快开发一批新的森林生态旅游景区。根据资源特色及市场状况，加快开发桂林花坪自然保护区、凌云浩坤湖湿地、大新黑水河湿地、都安澄江湿地等新的森林生态旅游景区，丰富森林生态旅游产品类型，优化产品结构。

3. 加强城郊型森林生态旅游景区建设

根据城市居民的消费需求，以满足市民享受清新的空气、闲适安静的环境、放松心情、调节情绪为目标，加强城郊型森林生态旅游景区建设。针对家庭、儿童、老人等不同消费人群，设计建设一系列满足假日及周末休闲需求的森林生态旅游产品，包括林下垂钓、林下露营、森林娱乐城、瓜果采摘、森林旅游纪念品手工DIY、“创意森林童话世界”等。充分利用城郊花卉苗木基地，建设一批花卉苗木观光园，如南宁十里花卉长廊、南宁台湾花卉产业园、柳州“兰亭林叙”花卉苗木产业示范区、防城港金花茶产业示范区等。近期重点打造环首府森林生态旅游圈，整合南宁市城郊范围内的大明山国家级自然保护区、老虎岭森林公园、九龙瀑布群国家森林公园、良凤江国家森林公园、高峰林场、七坡林场、凤凰谷景区、西津湖国家湿地公园、广西林业科学研究院等森林生态资源，统筹规划建设一批森林生态旅游项目，打造成集休闲观光、森林体验、森林养生、森林科普教育为一体的环首府森林生态旅游圈，满足城市居民日益增长的旅游休闲、健康养生需求。

4. 推动“森林人家”健康快速发展

总结广西“森林人家”试点的经验，结合广西森林生态特点和民族风情特色，制定“森林人家”旅游产品建设标准和管理办法，把“森林人家”纳入星级“农家乐”评定范围，建设一大批具有广西特色的“森林人家”旅游产品，推动“森林人家”健康快速的发展。

第四章　广西森林旅游资源分类与研究

第一节　森林旅游资源的概念与特征

一、森林旅游资源的概念

关于森林旅游资源的概念，有相关专家认为。它是由森林、林木、林地、森林环境及其动植物、森林景观、林区各种自然与人文景观等构成的森林生态系统的综合体。有人认为，森林旅游资源是指以森林景观为主体的各种事物和现象,可以激发游客的旅游动机，被旅游业所利用，从而产生经济、社会和环境效益。简单来说，在森林内所有可提供观赏、游憩的森林环境就是森林旅游资源。

要深刻理解森林旅游资源的概念和其含义，有必要知道森林旅游的概念和含义。所谓森林旅游，是指在森林地区进行的任何形式的户外游憩活动，不管活动的主要目的是什么。包括森林地区的野餐、野营、打猎、钓鱼、划船、漂流、骑马、乘车、歌舞、散步、疗养、登山、滑雪、探险、摄影、观光、远足、科学考察、标本采集、宣传教育。因此，不管人们开展的活动是直接使用森林还是间接使用森林作陪衬，这些活动均属于森林旅游。而森林旅游活动所涉及的自然、人为物质及文化传统、民俗风情等均属于森林旅游资源范畴。

森林旅游资源是以森林和森林环境资源为主体，其他资源景观，如自然景观、人文景观等为依托，并吸引游客去旅游，给旅游业带来多种效益的各种物质和因素的总和。

森林景观主要指以一定的森林群落为主，与相关的水域、土壤、天象、气象、地貌、生物等各种成分所形成的一种综合体，并能够表现为客观世界的特定形象信息，反映到人的主观世界中来，给人们提供观赏、游览和享受等功能。"景观"一词最早源于《圣经》，英文表达为"Landscape"，其最早被用来描绘耶路撒冷所罗门王子的神殿及具有神秘色彩的皇宫和庙宇。15 世纪中叶，西欧的艺术家从风景油画的角度把"景观"定义为透视中所能见到的地球表面的景色。到了 19 世纪初，德国的 A. Von Humboldt 首先把"景观"这一概念引入科学中来，后来，景观的概念就在各学科中得到广泛应用，并且形成了各学科特色的"景观"定义。

森林资源与森林旅游资源的具体概念区别在于森林旅游资源可以被旅游行业加以利用，开发出更大的价值。

二、森林旅游资源的特征

森林旅游资源除具有一般旅游资源的特征外，还因它的结构系统以及其他方面的不同而具有其他特征。认识并研究这些特征，使其能得到有效的开发和利用，进而取得社会效益、经济效益和生态效益。

因而，森林旅游资源除具有资源的天然赋存和历史遗留特征、社会时代性、季节性、文化属性、动态性、科学性之外，还具有以下特征：

（一）普遍性

森林旅游资源的普遍性特征具体体现在：由于地理位置和周边环境的影响，形成了丰富多彩的森林资源类型，从而体现了森林旅游资源分布的普遍性。这种普遍性特征是人文资源和历史遗迹等其他资源不具有的，人文、历史遗迹等旅游资源在地理分布上受到了很大的限制。

（二）可持续性

有许多森林景观资源的价值在理论上是可以被一直重复利用的，也是森林旅游资源中最为显著的特征。只要经营者和旅游者在森林开发和游憩的时候，不去破坏景观资源和环境，就可以让环境保护与经济发展实现共赢，从而使这种资源永续性地发挥效益。

（三）森林环境与珍稀野生动植物物种多样性

由于森林旅游资源分布广泛，使得森林环境在不同地区的形态、结构、种类都不一样。因而森林内的生物景观、水域景观、人文景观、天象景观和环境景观都丰富多样，这些景观资源都是相互依托的。在一些自然保护区和森林旅游资源较多的森林公园内，森林覆盖率可达到85%以上，野生动植物种类丰富，展现出了大自然多样性的美。

（四）功能多重性

有一些自然保护区和森林公园的面积非常大，但不是每一片森林都能被开发利用为旅游景区的，要合理地使用森林里的资源，在不破坏大自然生态环境的情况下，也可以合理进行少量的木材生产和其他经营。

（五）地域性

森林旅游资源是由动植物以及微生物等活的有机体为主组成的，其正常生活要受到环境条件的制约，具有鲜明的地域性，主要体现在地方和民族特色上。

（六）增智性

森林旅游资源也具备着增智性。旅游者可以在森林游览的过程中通过科普教育以及科学研究得到更丰富的自然知识。在自然保护区以及森林旅游资源较多的公园内，珍稀野生动植物、罕见的大气天象资源、独特的地质资源、有纪念意义的历史文化资源等都是进行科普教学、科学考察的基地。

（七）稳定性

森林旅游资源的稳定性主要表现在两个方面：一是森林资源的稳定性。森林资源是森林旅游事业的核心，没有森林就没有森林旅游。因此，对森林资源的保护，是促进发展森林旅游事业的前提。目前，国家已将保护森林资源纳入重要的议事日程，先后颁布了《森林保护法》、风景区及自然保护区等一系列管理规定，保障了森林资源的稳定。二是旅游者的稳定性。因为森林旅游资源以自然景观为主，形式多样、分布广泛、内容丰富，加上一些旅游者对相对内容单一、缺少变化的一些人文旅游资源失去了兴趣，所以去领略大自然风光，探索自然界的奥秘，就对他们产生了极大的吸引力。同时，森林旅游在交通、地理位置上都具有较大的优越性。无论旅游者在何地，都可以去进行森林浴、登山、野营等旅游活动。随着人民生活水平和文化程度的不断提高，森林旅游会更加吸引旅游者，因此，森林旅游是最有生命力的旅游事业。

（八）生态环境优越性

森林里的空气质量比城市要好，空气负氧离子浓度高、空气细菌含量少、对人体健康友好的植物芳香成分多，空气清新湿润、环境优雅、舒适宜人，大气环境质量好，风速小、噪声低。生态环境优越是森林旅游资源的一大特色。

第二节　森林旅游资源分类

一、基于生态旅游资源定义的一般分类

生态旅游与资源的概念没有统一界定，生态旅游资源的分类同样没有标准化的确定，目前国内对生态旅游资源的分类很多都是参照国家旅游局发布的《旅游资源分类、调查与评价》进行分类，也是基于传统旅游资源的分类体系进行分类的。下列几点是一些专家、学者提出来的几种分类：

（1）马乃喜（1996）根据生态旅游资源的特征以及主要功能，把森林旅游资源划分为了观赏型、科学型、探险型、保健型、狩猎型和民俗型。

（2）郭来喜（1997）按生成机理把生态旅游资源分为两大类型：内生型（原生型）生态旅游资源，指的是纯天然生态系统，如原始森林、苔原、湿地等；外生型（衍生型）生态旅游资源，指人工干预而形成的生态系统，如人工森林、植物园、历史文化遗产等。

（3）杨桂华将生态旅游资源分为自然生态旅游资源（陆地生态旅游资源和水体生态旅游资源）、人文（人与自然共同营造）生态旅游资源（农业生态旅游资源、园林生态旅游资源、科普生态旅游资源）和保护生态旅游资源（自然保护生态旅游资源、文化保护生态旅游资源、法律保护生态旅游资源）。

（4）何平（2000）从生态旅游作用于旅游者的表现形式将生态旅游资源分为可视生态旅游资源和可感觉生态旅游资源，可视生态旅游资源通常是有形的，人们的肉眼能够觉察，如原始森林、草原、河流、瀑布等；可感觉生态旅游资源往往是无形的，不能被肉眼所觉察，如花的芬芳、高浓度的负离子所带给人体的舒适性、局部小气候给人的适宜性等。

所以，综合生态旅游资源，大致可分为以下几个方面（见图4.1）。

二、基于景观视角的分类

森林景观资源质量水平的综合评价，是由对森林风景资源类型、规模、结

构物、组合、功能的平均来确定的，评估各种森林风景资源在森林风景区所处的地位，为森林风景区规划建设提供科学依据。森林景观资源评价是森林风景区规划工作的基础。森林景观资源评价广义上包括森林景观资源质量评价和森林景观资源经济评价两个方面，其中，森林景观资源质量评价是森林景观资源经济评价的基础，森林景观资源经济评价在很大程度上取决于景观质量和开发程度。

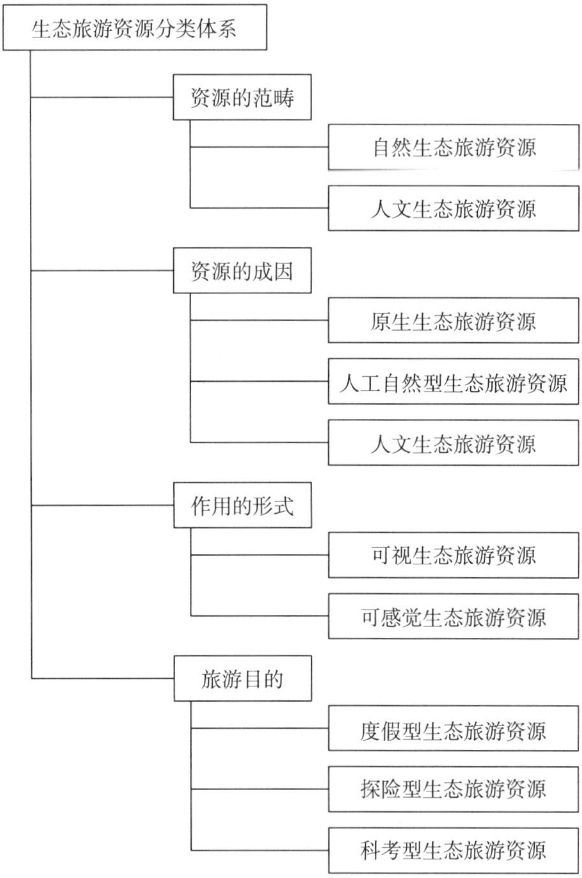

图 4.1　生态旅游资源分类体系

依据景观资源的属性及形态特征，可将森林旅游分为 7 亚类和 104 种基本类型，具体分类如表 4.1 所示。

表 4.1 景观资源分类

主类	亚类	基本类型
自然景观资源类	1. 生物景观	101. 植被类型、102. 林地面积、103. 森林覆盖率、104. 野生动植物种类、105. 名古大树、106. 草原、107. 奇花异草、108. 珍稀动物种类、109. 珍稀植物种类、110. 野生动物栖息地、111. 其他生物景观
	2. 水域风光	201. 风景河段、202. 漂流河段、203. 湖库、204. 瀑布、205. 潭池、206. 泉、207. 井、208. 溪流、209. 现代冰川、210. 观光游憩海域、211. 沼泽湿地、212. 其他水域风光
	3. 气象景观	301. 日出日落、302. 日食月食、303. 星象、304. 虹霞蜃景、305. 风雨奇景、306. 冰雪霜露、307. 云雾景观、308. 雾凇雨凇、309. 自然声象、310. 其他气象景观
	4. 地文景观	401. 典型地质构造、402. 标准地层剖面、403. 生物化石、404. 自然灾变遗迹、405. 名山、406. 火山熔岩景观、407. 蚀余景观、408. 奇特与象形山石、409. 海岸景观、410. 洞穴、411. 小型岛屿、412. 沙（砾）滩、413. 沙（砾石）地风景、414. 其他地文景观
人文景观资源类	5. 文物古迹与建筑	501. 人类文化遗址、502. 社会经济文化遗址、503. 军事遗址、504. 古城和古城遗址、505. 宫廷建筑、506. 宗教建筑与礼制建筑、507. 殿（厅）堂、508. 楼阁、509. 水榭亭廊、510. 塔、511. 牌坊、512. 碑碣、513. 建筑小品、514. 园林、515. 雕塑、516. 桥、517. 陵寝陵园、518. 墓、519. 石窟、520. 摩崖字画、521. 水工建筑、522. 厂矿、523. 农林渔牧场、524. 特色城镇与村落、525. 港口、526. 广场、527. 乡土建筑、528. 民俗街区、529. 纪念地、530. 观景地、531. 文物、532. 其他文物古迹与建筑
	6. 民俗风情、城乡风貌	601. 节事庆典、602. 民风民俗、603. 宗教礼仪、604. 饮食起居、605. 婚丧嫁娶、606. 神话传说、607. 民间艺术、608. 地方人物、609. 田园风光、610. 农林牧渔景观、611. 庙会与民间集会、612. 其他民俗风情城乡风貌
	7. 求知、娱乐、购物	701. 科学教育文化设施、702. 休疗养和社会福利设施、703. 动物园、704. 植物园、705. 风味美食、706. 度假区、707. 地方特产、708. 运动场馆、709. 游乐场所、710. 文艺团体、711. 市场与购物中心、712. 著名店铺、713、其他休闲娱乐保健类

第三节　广西森林旅游资源分类

按照中国森林风景资源体系来进行分类，广西森林旅游资源主要有地文景观资源、水文景观资源、动植物景观资源、天象气候景观资源以及人文历史景观资源等。广西森林风景资源以秀山奇峰为骨架，苍茫林海为主体，清溪碧潭为脉络，民族风情点缀其间，自然景观与人文景观交相辉映，静态景观与动态景观相互交融，丰富的森林风景资源为广西森林旅游的开发与建设奠定了雄厚的物质基础。

广西自1988年建立了第一处森林公园——冠头岭森林公园起，正式拉开了广西森林旅游大发展的帷幕，并经历了起始创建、急速发展、平稳发展、蓬勃发展四阶段。截至2014年9月，广西已建立各级森林公园54处，林业自然保护区62处，国家湿地公园6处，其他森林旅游景区55处。广西森林旅游正呈现出蓬勃发展的趋势。

森林旅游资源主要是依托森林风景资源形成独特的旅游资源。广西已开发的森林旅游资源主要有观光、度假、运动、体验、教育、文化等，其中以生态观光旅游资源居多，其次为森林度假旅游资源、森林运动旅游资源。近年来，随着人们对旅游产品参与性、体验性及个性化的旅游需求的变化，森林体验旅游资源及生态文化科普旅游资源日益增多。

一、森林观光旅游资源

观光旅游是广西森林旅游发展最早、最成熟的旅游活动形式，主要有：资源八角寨丹霞地貌观光、大瑶山森林公园的砂岩峰林地貌观光、姑婆山国家森林公园的瀑布观光、德保红叶森林公园的秋色枫叶观赏、大明山保护区的春夏秋冬景色观赏等。

二、森林度假旅游资源

早在20世纪90年代初期，龙虎山自然保护区、大瑶山国家森林公园就已建设了度假宾馆，开展森林度假游。但后来由于设施简陋、设施更新缓慢，不适应市场需求，逐渐被市场淘汰。目前开展森林度假旅游的景区有：南宁良凤江国家森林公园、大明山风景旅游区、龙胜温泉国家森林公园、桂林市神龙水世界景区、十万大山国家森林公园、柳州君武森林公园、桂平龙潭国家森林公园、玉林大容山国家森林公园等。

三、森林运动旅游资源

广西森林景区开展的森林运动项目主要有登山、探险、漂流、户外拓展等，大多数森林景区的森林运动旅游产品还没有形成品牌，有待进一步开发。目前开展登山游的景区有姑婆山国家森林公园、大瑶山国家森林公园、八角寨国家森林公园、南宁大明山风景旅游区、桂林古东瀑布景区。开展漂流的景区有姑婆山国家森林公园、八角寨国家森林公园、龙潭国家森林公园、大容山国家森林公园、阳朔国家森林公园、大王岭自治区级森林公园。开展探险的景区有黄猄洞天坑国家森林公园。

四、森林体验旅游资源

早在20世纪90年代，广西森林旅游就开始尝试森林体验产品的开发，如良凤江国家森林公园的激战城、神话宫等，但由于后续的维护、管理和更新换代不及时，已被市场淘汰。近年来南宁大明山风景旅游区、阳朔国家森林公园、大容山国家森林公园的山顶露营，柳州君武森林公园的农事体验、元宝山国家森林公园的民俗风情体验、姑婆山国家森林公园的茶园体验等备受游客青睐。

五、生态教育旅游资源

森林公园、自然保护区和湿地公园是弘扬生态文化的主要场所。自2008年以来广西森林旅游开始加强生态教育旅游资源的开发和宣传，通过各类科普教育资源的开发，将森林旅游和生态教育紧密结合，融教育于娱乐中。南宁良凤江国家森林公园、贺州姑婆山国家森林公园先后被列入“全国科普教育基地”，玉林大容山国家森林公园被列入“广西科普教育基地”，贺州姑婆山国家森林公园被评为首批“国家生态旅游示范区”，桂平龙潭国家森林公园被评为广西首批“省级生态旅游示范区”，森林公园已成为我区建设生态文明，弘扬和传播生态文化的重要载体。

六、森林文化旅游资源

旅游资源以文化为灵魂，没有文化的旅游资源，就是缺少生命活力的资源，当前广西森林文化旅游资源较少，这也是森林旅游市场吸引力不强的主要原因。区内森林旅游开发较为成功的森林景区不乏融入了文化内涵，例如，姑婆山国家森林公园将影视文化、茶文化融入到溪谷、瀑布的游览中，大明山国家级自然保护区融入了养生文化，良凤江国家森林公园融入了浪漫爱情文化，君武森林公园融入少数民族建筑文化，等等。

第五章　广西森林旅游资源综合评价

第一节　森林旅游资源的评价基础

一、森林旅游资源评价的目的

森林旅游资源评价的目的具体来说有以下三点：第一，旅游资源的质量可以通过评价来确定，用以评价现有的森林旅游资源在旅游地开发建设中所处的地位；第二，用来确定旅游地的性质，明确旅游资源规划设计的方向；第三，评价了旅游资源的开发条件，可以明确不同旅游地的建设时序。

总而言之，对旅游地开发程度、吸引能力和开发潜力的综合评价，可以促进旅游资源的开发并提供了参考依据和可行性论证。有了旅游资源的基础，才能形成旅游产品，旅游资源的开发利用在很大程度上促进了旅游业的发展。以森林旅游资源的评价来说，要使森林旅游资源开发的可行性进一步发展，就必须得对资源本身开发价值及其他开发条件做出综合性的论证，旅游资源的评价在指定旅游发展规划的过程中起到战略指导作用。

如果要打造一套更具有实操性的综合评价体系还需要加强完善现有的一些评价体系。一个具有指导意义和战略性指导的综合性论证必须先要明确地认识综合评价体系，明确其建立的目的是更有利于旅游业的发展以及旅游资源的开发与利用。

二、评价依据和因素

森林旅游资源评价主要包含了森林旅游经济评价和森林旅游资源质量评价这两方面的评价。经济评价是用货币的形式来衡量或者预测特定的森林旅游资源所具备一定的经济潜力，反映森林旅游资源的经济属性，以纳入国民经济核算体系，并以资源经济学为理论基础的评价。质量评价则是以定性或者定量的方法对单个或者若干个森林旅游地、景区和景点的景观质量以及其可开发利用条件进行综合评价、对比、排序及分级，并综合运用各学科的理论，如旅游资源管理学、森林生态学、景观美学、旅游心理学等，并且为编制森林旅游资源开发规划和经营管理决策提供了基本框架，是森林旅游资源的自然属性、社会属性及文化属性的综合体现。

（一）森林旅游资源的类型

森林旅游资源类型是评价的一个非常重要的依据和基础，不管森林旅游资源分为森林、草原，还是湖泊、河流，它们都是由山体、水域、生物、天象、气候、民俗、社会经济以及环境等因素构成的。各旅游资源所含因素虽然会有所侧重，但是在旅游开发利用方面有着共同的因素，就是评价的基础。

（二）森林旅游资源地域组合的形式

森林旅游资源地域组合的形式有“景物—景点—景区—风景区—旅游区域”，它们可以形成不同的层次、级别和范围的资源系统，是森林旅游资源评价时要进行层次分析的依据。

（三）森林旅游资源的景观特征以及价值因素

森林旅游资源的景观特征，如规模度、聚集度等反映旅游资源的本质特征，是旅游资源评价里面非常重要且不能缺少的一部分。旅游资源价值是旅游资源本身作为旅游吸引物的价值，也是旅游资源系统综合评价的核心和基础。森林旅游资源系统作为旅游活动的客体，具有自然属性，其旅游价值主要体现在三个方面，分别是美学观赏价值、休憩娱乐价值以及科学文化价值。森林旅游资源的范畴里不包含独立的文化景观，但是在特定的森林旅游资源系统中自然景观和文化景观往往是相融合的，文化景观也构成了森林旅游资源的一部分，使得森林旅游资源具备了丰富的历史文化价值。

（四）生态环境条件

生态环境是森林旅游的一个不可或缺的因素，如空气质量、水环境质量、噪声环境质量等。生态环境条件是森林旅游资源综合评价的一个重要部分，也是森林旅游资源评价与其他旅游资源不同的一个重要因素。

三、森林旅游资源评价的原则

（一）标准化原则

森林旅游资源评价的主要依据是《旅游资源分类、调查与评价》（GB/T 18972—2003）、《中国国家森林公园风景资源质量等级评定》（GB/T 18005—1999）等相关标准和评价方法，以及相关研究成果。其中，旅游资源单体评价最主要的依据是《旅游资源分类、调查与评价》（GB/T 18972—2003），由国家质量监督检验检疫总局颁布，并于2003年5月1日正式实施，该标准对旅游资源的分类和评价具有指导性意义。

（二）实事求是原则

森林旅游资源只有为社会所利用，才能发挥其真正的价值，否则资源评价就失去了意义。因此，实事求是森林旅游资源开发的社会经济性原则，也是关系到资源评价方向的大问题。森林旅游资源以保护为前提，但仅仅从生态的观点为保护环境而作的评价不属于森林旅游资源评价。森林旅游资源的评价工作要结合实际情况，也就是要运用地理学、生态学、林学、经济学、环境科学、美学、建筑学、民俗学等相关理论和知识，对森林旅游资源的内容作出明确的科学解释，不随意改变实际情况，做出实事求是的评价。

（三）全面系统原则

森林旅游资源的种类丰富多样，它的价值与功能是多层次、多形式、多方面的，如观光、生态科普、科察、休闲度假、康养健身、户外探险、野营、观鸟、环境教育等。所以在进行综合评价的时候，不能只把对资源本身的成因、特色、质量、数量等因素的评价作为重点，还得全面性地考虑其他因素，如资源所在的区位条件、环境条件、基础设施状况以及经济发展水平等开发利用条件，对所涉及的因素综合衡量，全面完整地进行系统评价，才能准确地反映出森林旅游资源所具有的整体价值。

（四）动态发展原则

随着森林旅游资源的特性和外部社会经济条件的开发一直在变化发展。必须运用动态发展的观点且以静态认识为基础来深入考察森林旅游资源的基本属性，要考察森林旅游资源不同时期所表现出来的动态属性变化特征，就得了解森林旅游资源的变化过程与变化特征以及它的长期趋势，了解它的变化规律性，给森林旅游规划区空间布局的调整和控制提供相应的依据。

（五）突出森林旅游开发价值

森林旅游资源的评价与森林旅游开发服务是息息相关的，所以，突出森林旅游开发的价值是一个重要的原则。一方面，要作出评价得先深入了解森林旅游的含义，体现森林旅游资源的含义，而不是用一般旅游标准进行评价。另一方面，评价的方向是从可以所产生的旅游产品和旅游市场的开发的角度来考虑，而不是单一地考虑资源环境保护，当然，也不能为了开发而去破坏环境资源。

（六）游客与专家参与相结合原则

旅游资源是森林旅游者旅游活动的对象，森林旅游资源价值的体现要以旅游者的判断为依据。因此，在对森林旅游资源评价时，要结合游客与专家等多方意见进行考量。

第二节　森林旅游资源评价指标体系构建

一、评价指标体系构建的原则

建立完善的森林旅游资源综合评价体系，需要遵循下面几个原则。

（一）系统性原则

森林旅游资源的综合评价系统过程非常繁琐复杂。必须得对森林旅游资源进行系统把控，对其以静态认知为基础且以动态发展的观点进行综合评价。

（二）简明性原则

森林旅游资源是丰富多样的，各种资源之间的差异性较大，同一种类型的资源在不同的地区开发利用的方法都会有所不同，要想在评价指标中体现出系统的全面性，又不使各种资源类型的评价指标出现重复，是评价之中较为关键性的问题。所以，在森林旅游资源评价过程中尽可能地简化评价指标，使得指标清晰明了，但是这种简化得建立在不缺少重要信息的基础上。

（三）可比性原则

评价结果也应该是多样而不是单一的，单一指标的评价结果不能反映出森林旅游区的好坏状态，所以评价结果不能单一，得进行纵向横向的评价才能有对比，如同一资源类型不同时间段的对比或者同一资源类型不同地区的对比。

二、评价指标的选取

森林旅游与大众旅游有着较大的区别。建立完整合理的评价指标系统是进行森林旅游资源评判的一个关键点。应在遵循全面性原则、综合性原则的基础上选取合理的评价指标，全面考虑不同森林旅游资源的特征以及它们不同时间不同地区的前提下，选择一些具有共性和代表性的评价因子。让评价指标能够更准确、更全面、更真实地表达和统计森林旅游资源的情况。评价指标选取的方法也有很多种，如频度统计法、理论分析法、专家咨询法和游客问卷调查法。频度分析法主要是对现已提出的有关于森林旅游资源综合评价的指标系统进行频度统计，选取一些常见的、常使用的指标。理论分析法则主要是针对森林旅游资源的内涵、特点、基本因子和主要问题来做出相关分析、比较和综合评判，理论分析法主要是选择比较重要并且针对性强的评价指标。专家咨询法则是做出基本的评价指标后，再去征询相关专家的意见，根据专家的意见来调整、完善评价指标。

三、评价指标体系的构建

森林旅游资源评价指标的选择也不是固定的。选择是根据当地旅游开发的实际情况来综合分析并决定的。在森林旅游资源的各种评价指标体系中有些评价指标是相辅相成的。例如风景质量是考虑层次之一，旅游资源评价的目的就是便于资源的开发与利用，那么开发调价也是需要考虑的层次。对于森林旅游的特点来说，环境条件也是一个较大的考虑层次。森林旅游资源除了景观上的美学优势之外，更主要的是它的生态环境优势。良好的生态环境使人身心愉悦、健康长寿，是人们休闲度假、康体疗养的首选，也是森林旅游资源的主卖点。

从国家标准的总结以及学者们对于旅游资源评价指标选取的研究上，可以找出一些特点，可作为选取评价指标体系的参考。

根据上文的分析，森林旅游资源评价指标体系包括三大部分的内容：风景质量、环境条件及开发条件。这三部分的内容是根据前任研究的结果、相关的市场需求分析，以及现阶段森林旅游发展的状况综合分析的结果。这些指标主要以《中国森林公园风景资源质量等级评价》中的指标为基础，根据现有的森林旅游发展状况以及市场分析适当地增加了一些指标，譬如灾害性自然及天气窗口、破坏程度与污染程度、区域经济发展水平等。对指标体系进行了一定的完善。

在确定了评价指标体系后，建立层次结构，然后就是分值的确定。进行分级排序，构建综合评价模型。模型分为三个层次，包括风景质量、环境条件以及开发条件。其中风景质量的评价中应用评分参照系进行打分，其他两部分根据相关的指标进行打分。

四、森林旅游资源模糊综合评价模型

在森林旅游资源评价的过程中，模糊分析法与层次分析法是经常被用到的分析方法。但是比较关键的一点是目前应用模糊分析法或层次分析法的时候，都是只在表面给出评价结果后，对森林旅游资源的价值进行评价的，换句话说，仅仅对资源表面的属性或者特点进行评价。这难免会使资源研究中因子所造成的影响的评价不准确，还会直接影响森林旅游资源价值的评价结果。应该分析出各层次以及各层次上的评价因子的评价值，这种方法可以称为多因子分层模糊综合评价法。

（一）多因子分层模糊综合评价模型的建立

模糊数学首先是由美国控制论专家扎德于 1965 年提出的，它是一门运用数学方法研究和处理具有“模糊性”现象的数学。模糊综合评价法的基本思路遵循定性—定量—定性的步骤，即从定性研究入手，经定量加工处理，得出定性的评价结果。多因子模糊综合评价模型的构建一般分为以下几个步骤：

（1）取 $X=\{X_1, X_2, X_3, \cdots, X_n\}$ 为对象集；

（2）取 $U=\{u_1, u_2, u_3, \cdots, u_m\}$ 为指标集，由于评价指标有一定的层次，下一层指标是上一层指标的具体化；

（3）取 $V=\{V_1, V_2, V_3, \cdots, V_n\}$ 为评语集，并把其看成一个向量 C，进行赋值；

（4）确立模糊转换矩阵 $R\ (r_{ij})_{m\times n}$

$$R=\begin{bmatrix} r_{11} & r_{12} & \cdots & r_{1n} \\ r_{21} & r_{22} & \cdots & r_{2n} \\ \vdots & \vdots & \vdots & \vdots \\ r_{m1} & r_{m2} & \cdots & r_{mn} \end{bmatrix}$$

其中，r_{ij}（$i=1, 2, \cdots, m$；$j=1, 2, \cdots, n$）表示对第 i 个指标做出的第 V_j 级

评语的隶属度，一般通过专家打分得到；若总调查对象为 N 人，其中多个评价主体对同一评价对象的指标评为 V_j 等级的有 X 人，则隶属度 $r_{ij}=X/m$；

（5）取 $A=\{A_1, A_2, A_3, \cdots, A_m\}$ 为各层指标的权重集，同理，有的上层指标权重可由若干个下层指标权重代替；

（6）计算 $B=A*R$，若 $\sum B_{ij}\neq 1$，则对其进行归一化处理，即

$B_{ij}=B_{ij}/\sum B_{ij}$，得 $B=\{B_1, B_2, B_3, \cdots, B_m\}$；

（7）计算 $W=B\cdot C^T$，即为 X_i 的最后得分值。这样，对象集每一层的所有影响因子都能算出 W 值。设研究对象 X_i 的总的评价值为 W_i，第二层各指标的评价值为 $W_{2j}(i)$ $(j=1, 2, \cdots, n)$，第三层各指标的评价值为 $W_{3k}(i)$ $(k=1, 2, \cdots, n)$。通过不同研究对象之间相同指标值之间的比较，我们可以看出研究对象之间各自的资源竞争优势，而不同指标值的比较则可以找出资源之间的差异性，从而为以后竞争战略的制定提供依据。

（二）旅游资源评价指标体系的建立

旅游资源价值评价指标体系的设立要遵循科学性、层次性、整体性、可操作性以及可比性原则。科学性原则是指设立的指标要能反映旅游资源价值的内涵、计算方法科学；层次性原则是指标体系的设置应能准确反映各层次之间的支配关系，按照层次递进的关系组成层次分明、结构合理的整体；整体性原则是指采用一定的方法将各单个指标综合成一个指标，用以说明旅游资源价值的整体情况；可操作性原则是指标所需的数据易于取得、真实可靠、计算方便；可比性原则指各指标间便于纵横对比，以反映区域间旅游资源价值的差距。

本书在保继刚的资源评价指标体系的基础上又增加了两个指标，以增加评价的准确性。各指标的权重见表 5.1。其中：

资源价值 U_1：是指旅游资源开发与利用的价值，也就是对资源进行开发利用后能够产生经济效益，但不破坏生态环境的社会综合效益。

观赏价值 U_{11}：主要指自然景观的美学价值以及艺术地位。

科学价值 U_{12}：指旅游景观在自然科学、社会科学和教学上的某种研究功能。

文化价值 U_{13}：指古迹的历史意义，是评价历史文物价值的主要指标。

景点地域组合 U_{21}：是由相对集中的旅游景观组合而成的具有一定经济结构和经济形态的环境空间。不同类型旅游景观的布局和组合是旅游地资源优势和特色的重要反映。

旅游环境容量 U_{22}：指在一定时间内，在不影响旅游活动和旅游业持续发展

的基础上，旅游资源的性质和空间规模能够容纳的旅游活动量。

交通条件 U_{31}：区域的海、陆、空交通状况。包括航运频度、国际航线条数、航班密度、铁路班次、公路密度等。

表 5.1　旅游资源评价指标权重分配

综合评价顶层	综合评价二层	权重	综合评价三层	权重	综合评价四层	权重
旅游资源综合评价值	资源价值	0.54	观赏价值	0.57	愉悦感	0.48
					奇特度	0.23
					完整度	0.29
			科学价值	0.17	科学考察	0.56
					科学教育	0.44
			文化价值	0.26	历史文化	0.5
					宗教文化	0.29
					休养、娱乐	0.21
	景点模型	0.18	景点地域组合	0.56	要素聚集度	0.4
					要素协调度	0.6
			旅游环境容量	0.44		
	旅游条件	0.28	交通条件	0.54	便捷	0.6
					安全可靠	0.2
					费用	0.2
			饮食	0.18		
			旅游商品	0.14		
			人员素质	0.14		

（三）旅游资源模糊综合评价示例

1. 指标层次划分

假定有两个风景区 1 和 2。由表 5.1 将因素指标集 $U=\{u_1, \cdots, u_{13}\}$ 划分为三个层次：综合评价集 $U=\{u_1, u_2, u_3\}$ = {资源价值，景点规模，旅游条件}，权重 $A=(0.54, 0.18, 0.28)$；因素评价集 $U_1=\{U_{11}, U_{12}, U_{13}\}$ = {观赏价值，科学价值，文化价值}，$U_2=\{U_{21}, U_{22}\}$ = {景点地域组合，旅游环境容量}，$U_3=\{U_{31}, U_{32}, U_{33}, U_{34}\}$ = {交通通信，饮食，旅游商品，人员素质}，相应的权重分别为 $A_1=(0.57, 0.17, 0.26)$，$A_2=(0.56, 0.44)$，$A_3=(0.54, 0.18, 0.14, 0.14)$；因子评价集 $U_{11}=\{u_1, u_2, u_3\}$，

U_1 = {u_4, u_5}, U_{13} = {u_6, u_7, u_8}, U_{21} = {u_9, u_{10}}, U_{31} = {u_{11}, u_{12}, u_{13}}，相应权重分别为 A'_1 = (0.48, 0.23, 0.29), A'_2 = (0.56, 0.44), A'_3 = (0.5, 0.29, 0.21), A'_4 = (0.4, 0.6), A'_6 = (0.6, 0.2, 0.2)；评语集 V = {v_1, v_2, v_3, v_4, v_5} = {优，良，一般，较差，差}，可将评语集 V 中的等级视为一向量 C = (5, 4, 3, 2, 1)。

2. 对风景区 1 作综合评价

对“资源价值”作综合评价。

首先对第四层作综合评价，通过专家对各因子相对于评语集打分，得到单因素评判矩阵为 R'_1，作综合评价，用模型 $M(\cdot, +)$ 计算得 $B'_1 = A'_1 \times R'_1$ = (0.225, 0.373, 0.256, 0.123, 0.029), $W_{31}(1) = B'_1 \times C^T = 3.660$；同理

$B'_2 = A'_2 \times R'_2$ = (0.156, 0.256, 0.400, 0.100, 0.088), $W_{32}(1) = B'_2 \times C^T = 3.292$；

$B'_3 = A'_3 \times R'_3$ = (0.021, 0.121, 0.350, 0.387, 0.121), $W_{33}(1) = B'_3 \times C^T = 2.534$；

再对第三层作综合评价。

$B_1 = A_1 \times R_1$ = (0.160, 0.288, 0.305, 0.188, 0.063)；$W_{21}(1) = B_1 \times C^T = 3.306$。

对“景点规模”作综合评价，同样先对第四层作综合评价，$B'_4 = A'_4 \times R'_4$ = (0.1, 0.14, 0.360, 0.3, 0.1), $W_{34}(1) = B'_4 \times C^T = 2.840$；通过打分得到，$B'_5$ = (0.2, 0.3。0.3, 0.1, 0.1), $W_{35}(1) = B'_5 \times C^T = 3.400$；所以，$B_2 = A_2 \times R_2$ = (0.144, 0.210, 0.334, 0.212, 0.100), $W_{22}(1) = B_2 \times C^T = 3.086$。

对“资源条件”作综合评价，B'_6 = (0.14, 0.28, 0.36, 0.18, 0.04), $W_{36}(1) = B'_6 \times C^T = 3.300$；通过打分得到：$B'_7$ = (0, 0.3, 0.3, 0.2, 0.2), $W_{37}(1) = B'_7 \times C^T = 2.700$；$B'_8$ = (0.1, 0.2, 0.4, 0.3, 0), $W_{38}(1) = B'_8 \times C^T = 3.100$；$B'_9$(0.1, 0.1, 0.4, 0.3, 0.1), $W_{39}(1) = B'_9 \times C^T = 2.800$；所以，$B_3 = A_3 \times R_3$ = (0.104, 0.247, 0.360, 0.217, 0.072)；$W_{23}(1) = B_3 \times C^T = 3.094$；

最后对顶层作综合评价：$B = A \times R$ = (0.141, 0.262, 0.326, 0.200, 0.072)，总评分 $W_1(1) = B \times C^T = 3.203$。

3. 对风景区 2 作综合评价

类似风景区 1，B'_1 = (0.244, 0.254, 0.281, 0.175, 0.046), $W_{31}(2) = B'_1 \times$

$C^T = 3.475$；$B'_2 = (0, 0.156, 0.356, 0.344, 0.144)$，$W_{32}(2) = B'_2 \times C^T = 2.524$；$B'_3 = (0.050, 0.100, 0.279, 0.350, 0.221)$，$W_{33}(2) = B'_3 \times C^T = 3.608$；$B_1 = (0.152, 0.197, 0.293, 0.249, 0.108)$，$W_{21}(2) = B_1 \times C^T = 3.033$；$B'_4 = (0.06, 0.2, 0.26, 0.34, 0.14)$，$W_{34}(2) = B'_4 \times C^T = 2.700$；$B'_5 = (0.2, 0.2, 0.4, 0.2, 0)$，$W_{35}(2) = B'_5 \times C^T = 3.400$；所以，$B_2 = (0.122, 0.2, 0.322, 0.278, 0.078)$，$W_{22}(2) = B_2 \times C^T = 3.010$。$B'_6 = (0.06, 0.18, 0.36, 0.26, 0.14)$，$W_{36}(2) = B'_6 \times C^T = 2.760$；$B'_7 = (0.2, 0.3, 0.3, 0.2, 0)$，$W_{37}(2) = B'_7 \times C^T = 3.500$；$B'_8 = (0.1, 0.3, 0.4, 0.2, 0)$，$W_{38}(2) = B'_8 \times C^T = 3.300$；$B'_9 = (0, 0.2, 0.3, 0.2)$，$W_{39}(2) = B'_9 \times C^T = 2.500$；所以，$B_3 = (0.082, 0.221, 0.346, 0.246, 0.104)$；$W_{23}(2) = B_3 \times C^T = 2.928$；得到 $B = (0.127, 0.204, 0.313, 0.253, 0.101)$；$W_2 = B \times C^T = 2.997$。

4. 结论

两风景区旅游资源综合评价的结果为：风景区 1 的评价值是 3.203，风景区 2 的评价值是 2.997，所以得出来的结论是风景区 1 资源的综合价值大于风景区 2；但是风景区 2 在文化价值、饮食、旅游商品等方面的评价结果值明显大于风景区 1，这说明风景区 2 的旅游资源在这些方面具有绝对优势，因此，在开发过程及以后的市场竞争中要有意识地加以利用，以建立自己的竞争优势。

第三节　评价指标说明及测度

一、旅游资源景观价值及特征

（一）森林旅游资源景观价值

森林旅游资源的价值涉及多个方面，不能只从表面上考虑游客在旅游过程中所支出的旅游费用和旅游经营者的收入。虽然说，森林景观资源的价值就是森林景观的旅游效益。但是这种理解太过于片面，没有深入研究和考虑时间、环境以及生物多样性的因素。森林景观资源的价值应该把生物多样性、可持续发展以及旅游开发的环境等因素都考虑进去，因此还会产生一些非使用价值。

1. 森林旅游资源景观的使用价值

（1）旅游价值。游客在旅游过程中付出的费用，例如森林以及其中的水域可以打猎、露营、散步、观光、游泳、垂钓等，在这些活动中，游客支付一定的费用如门票、执照费、税收和旅行费用等，来获取这些产品中的服务。

（2）科学研究价值。是指在森林旅游区中人们能够进行科考、教学以及相关学科的研究，如生态学研究、森林群落研究、古树名木科考等而存在的价值。

（3）历史文化教育价值。因为森林旅游资源是丰富多样的，人们可以在森林中找到具有历史意义的样本，以及珍稀濒危树种的科普，让人们从实地科普学习和书本、图集、影片中体现的价值。

（4）环境价值。主要是森林资源在有机质生产、保持大气中二氧化碳和氧气的平衡，保持水土平衡，保护水源等价值。

2. 森林旅游资源景观的非使用价值

（1）选择价值。人们不仅选择支付一定的费用来获得旅游的一系列服务，而且愿意为自己未来支付一定的费用，以便把这种森林旅游服务的选择留给自己，这种为自己未来而支付的费用即为森林旅游的选择价值。

（2）遗产价值。遗产价值是指现在人们支付一定的费用去保护森林资源，让森林资源能完好地传给下一代使用。

3. 森林旅游资源景观的游憩价值

森林资源的游憩价值非常大，主要体现在森林的空气质量比城市要好、自然风景优美、森林生物物种丰富，能吸引人们进行旅游活动。森林游憩能让人们更进一步接近大自然，感受自然的美，也让人放松心情；同时，更为重要的是，随着森林游憩的开展，会给旅游地带来信息、资金、技术、人才和交通等方面的深远影响。所以，森林景观游憩价值的挖掘，是一个互利的发展过程。但是，在森林游憩的过程当中，人类的旅游活动、开发活动也会对森林资源产生一定的影响，这种影响有些是不可恢复的，如果这种影响超出一定的范围，部分森林景观资源就会遭到破坏，甚至是不可恢复的破坏。所以，在对森林景观进行开发利用时，要尽可能地减少人为干扰因素，合理运用森林旅游资源评价对森林旅游区的游憩价值做出评价并且控制其变化，在环境保护的基础上做出合理的调整，真正实现人与自然的协调。

4. 审美价值

森林旅游这种活动是一种对森林里的自然资源进行审美的活动，这种大自然的美是一种客观的存在，不会随着人的意志而改变。森林旅游资源景观功能的美学价值体现在以下两个方面：

（1）景观的优势度。指的是一种景观在某一特征上和其他景观不一样的特质。这种特质主要在景观异质性里体现，景观的异质性越强，就越有优势。主要通过人们对景观的好奇感、新鲜感、舒适感来体现，从而使人们在游憩过程中得到满足，也能美化人们的生存环境。这就是美学价值的一种体现。

（2）景观的多样性。景观的多样性是指同一森林资源景观在组成、功能及其因时间不同而变化方面的多样性。森林景观内动植物的类型和组成是森林资源景观多样性最核心的部分，森林内动植物的构成越复杂，就越能体现森林景观的多样性，也就更具有美学价值。

5. 生物多样性价值

（1）物种的多样性。森林资源景观中不止是由动植物组成的，还包括许多生活在森林中的微生物物种。这种物种的多样性的价值体现在生态系统的平衡以及物种的科研和利用上。

（2）遗传的多样性。遗传的多样性指的是森林资源景观中物种所包含的遗传信息基因的总和，是深入到基因水平的物种多样性价值的体现，它对人类开发潜在的食品、医疗资源，实现社会的可持续发展具有非常重要的意义。

森林资源给人类提供了许多选择机会以及生存保障，所以，保护森林资源就相当于保护人类本身。

（二）森林旅游资源景观特征

1. 景观存在的差异性

森林资源的分布极为广泛，由于时间和地域不同，同一森林资源类型所展现的景观和构成也会因此而不同。森林资源景观的差异往往是普遍而广泛的。

2. 景观再生的长期性

森林资源是森林景观资源最核心的构成，形成森林景观需要非常长的时间，因此森林的培育以及森林景观资源的打造是一项长期任务。

3. 景观功能的多样性

森林景观资源是由多种景观组成的，不同的景观所具有的功能也不一样，因而森林景观资源具有功能的多样性。例如，森林内的植被有吸收二氧化碳、释放氧气以及保持水土等功能，还给人们创造了一个舒适的环境，让人得到了精神和美的享受。

4. 景观管理的艰巨性

一方面，因为森林资源分布广泛，面积也非常大，所以在管理方面任务非常艰巨。另一方面，森林资源也容易受到破坏，如火灾、虫灾、盗伐等人为或自然的灾害，这些灾害也非常难以控制。这些都是景观管理艰巨性的体现。

二、生态环境条件

生态环境是指由生物群落及非生物自然因素组成的各种生态系统所构成的整体。其主要是或完全是由自然因素形成，并间接地、潜在地、长远地对人类的生存和发展产生影响。从旅游资源的角度来看，生态环境与旅游环境是互相联系的，旅游环境包含生态环境，生态环境是旅游环境中不可缺少的一部分。生态环境主要由下面几个因素构成：

（一）空气负离子

空气负离子被称为“空气维生素和长生素”。空气负离子的作用机制在于可影响 5 - HT（5 - 羟色胺）的浓度，5 - HT 是人体内具有多种功能的神经介质，空气负离子通过调节 5 - HT 的升降而影响全身各系统。国内外医学研究证明，空气负离子由肺部进入人体，在呼吸道内，能使上皮纤毛运动加速，增加血液中的氧含量，抑制血液中的 5 - HT，刺激呼吸道内感受器传导到大脑皮层，通过反射作用于人体。脑电图表明，空气负离子可以使脑电波频率加快。同时，还能使支气管平滑肌松弛，解除其痉挛，使肾、肝、脑、肾上腺等组织氧化过程加强。它通过肺泡上皮层进入血液后，放出电荷，作用于血细胞和胶体蛋白质，通过血脑屏障，进入脑脊液，直接影响中枢神经系统的功能。另外，空气负离子还可以增加红细胞和血钙含量，减少疲劳肌肉中乳酸含量，对人体健康非常有益。来自美国得克萨斯州立大学的研究报告指出空气负离子能够治疗或改善人体呼吸系统、血液和心血管系统、神经系统、内分泌系统、免疫系统、消化系统等 33 种疾病。近年来发展起来的空气负离子疗法（Negative Air Irons Treatment，NAIT）在世界各国得到了广泛的研究和使用。

森林因其特有的森林生态环境形成了产生空气负离子的良好条件，特别是森林中的各种林分、瀑布、跌水、溪流等都是产生负离子的有利条件，因而森林中的空气负离子浓度较城市要高得多。森林中富含的空气负离子吸引着大量的旅游者到森林中进行包间和疗养旅游。全面准确掌握森林旅游区中空气负离子水平的分布对合理规划旅游区、开发空气负离子旅游项目具有重要的现实意义。同时，空气负离子又是一种取之不尽的可持续利用资源，开发利用空气负离子旅游资源可以更好地维护旅游生态环境，丰富森林旅游的内容，促进旅游业的可持续发展。

（二）植物精气

植物精气拥有许多种对自然有益的功效，植物依靠精气进行自我保护，并能阻止细菌、微生物、害虫的成长蔓延，对人体也非常有益，有康体养生作用，植物精气可通过肺泡上皮进入血液，作用于延髓两侧的咳嗽中枢，抑制咳嗽中枢向迷走神经和运动神经传播咳嗽冲动，具有止咳作用；精气通过呼吸道黏膜进入平滑肌细胞内，增加细胞里环磷腺苷的含量，提高环磷腺苷与环磷鸟苷的比值，增强平滑肌细胞膜的稳定性，解除了哮喘，因而能够平喘；精气具有轻微的刺激作用，使呼吸道的分泌物增加，纤毛上皮摆动加快，所以能够祛痰；精气进入肾脏代谢时，可抑制皮质远曲小管对水的再回收，故能利尿；精气还能促进人体免疫蛋白增加，增强人体抵抗疾病的能力；精气可调节植物神经的平衡，使人体腺体分泌均衡。因此植物精气可以治疗多种疾病，对咳嗽、哮喘、慢性气管炎、肺结核、神经官能症、心律不齐、冠心病、高血压、水肿、体癣、烫伤等都有一定疗效，尤其是对呼吸道疾病的效果十分显著。

由于在医疗保健方面的独特作用，植物精气得到了人类的广泛应用。生态学家巴德认为，在又浓又绿的森林中步行，与洗温泉有着同样的效果。在德国的林区，有许多特殊的“森林医院”。这种医院设于环境优美、植被丰富的森林中，医院里既没有医生，也没有药品。病人只是在林内散步休息进行疗养。这种利用森林所散发的植物精气作为主要治疗手段的方法，被称为“森林疗法”。1982 年日本人把“森林疗法”引到亚洲，再根据植物精气可以杀菌治病的原理推行“森林浴”。到 1983 年，日本林业厅发起“入森林，沐浴精气，锻炼身心”的“森林浴”运动，大大推动了日本森林旅游业的发展。目前，俄罗斯、意大利、日本、德国、英国、法国、美国等许多国家都竞相利用植物精气资源。1985 年，我国浙江省天目山林区与上海新华医院合办了一所“天目山森林康复医院”，是我国最早利用植物精气独特包装康复功能开展“森林浴”活动的先行者。

（三）空气微生物含量

空气微生物是空气洁净程度的重要指标、环境污染状况的真实反映。生活在市区的人，由于城市空气污浊、细菌含量高，所以一有闲暇时间，就想方设法到森林中休息静养。森林中的空气微生物含量与城市中有很大区别。中南林业科技大学森林旅游研究中心层对城市闹市区与邻近的森林旅游区的空气细菌含量进行对比研究。以湖南长沙东塘广场与桃源洞国家森林公园、广东广州二沙头与增城澳洲山庄（林场）、湖南郴州市火车站与资兴东江大坝九龙峰等地为例，其检测数据如表 5. 2 所示。

表 5.2 森林旅游区与城市内微生物数据的比较 单位：个/立方米

取样地点	细菌	放线菌	酵母菌	霉菌	总菌数	取样日期	天气
湖南长沙东塘广场	9902	73	695	108	10778	1993－08－24	晴，34～38℃
湖南炎陵桃源洞礁石	113	52	10	1577	1752	1993－08－23	晴，30～35℃
江西靖安县城	3497	未检出	432	556	4485	1997－09－15	阴，21～27℃
江西靖安北河林区	172	51	70	2316	2609	1997－09－14	阴，20～25℃
广东广州二沙头	12853	75	3202	351	16481	1998－03－25	阴，20～27℃
广东增城澳洲山庄九地	346	52	89	2130	2617	1998－03－25	阴，19～25℃
湖南郴州市火车站	12191	未检出	390	178	12759	2000－03－04	阴，14～20℃
湖南资兴东江大坝九龙峰	293	47	47	314	701	2000－03－04	阴，12～18℃

从上表可以看出：森林旅游区各取样点空气中的细菌数都比城市内各取样点空气中的细菌数少，最少的只是城市中的1/90；森林旅游区各取样点的霉菌数高出城市4倍多。森林旅游区各取样点空气中微生物总数都比城市内各取样点空气中微生物总数少，个别森林旅游区取样点（如湖南省资兴市东江大坝九龙峰）只是城市内取样点（如湖南省成州市）的1/18；森林旅游区各取样点总菌数的平均数只是城市内各取样点总菌数平均数的1/7。森林旅游区各取样点的细菌平均数只是城市内的1/48；森林旅游区各取样点空气中的霉菌数都比城市内各取样点空气中的霉菌数高，有的高出城市约15倍。可见，森林旅游区是人们旅游、度假、疗养的最佳场所。

一般新的旅游景区在开放之前，都要先检查是否有病原微生物存在，否则会造成重大疾病的流行。欧洲的阿尔卑斯山山洞住着带狂犬病毒的蝙蝠，导致前往的人们发病死亡就是最典型的例子。

（四）环境放射性水平

含有放射性的大气、水、炭渣和尘埃会产生电离辐射，当α、β、γ射线与生物集体细胞、组织相互作用时，常引起物质的原子、分子电离，从而破坏机体内某些大分子结构。放射性污染进入人体主要有三种途径：呼吸道进入、消化道进入、皮肤或黏膜入侵。放射性污染进入人体后，往往积累在人体的内脏组织器官如肺、胃、肾脏、肝脏以及骨骼内，产生“内照射剂量”。在一般情况下，仅受某些微量元素污染，并不会影响健康，但是当放射性污染物种类或者数量多时，人体受到照射剂量较大时，会出现头晕、头痛、呕吐、毛发脱落、厌食、失眠、白细胞和血小板减少等现象，倘若放射性剂量大或者积累多时，则可能发生肿瘤、血液病或遗传障碍、死亡等放射性公害病。因此，为了保证旅游者的安全，必须查清森林旅游区环境放射性剂量水平，并作为一个森林旅游区的环境评价标准，为旅游开发决策提供科学的一句话，趋利避害，实现旅游业的可持续发展，把最佳的生态环境提供给旅游者。

研究表明，植物不但可以阻隔放射性物质和辐射的传播，而且可以起到过滤和吸收作用。例如，向日葵的根系悬挂在水中，可吸收和清除水中有害的放射性物质铯和锶，吊兰等和杜鹃科的花木也具有吸附放射性物质的功效。中南林业科技大学森林旅游研究中心曾对我国部分森林旅游区的环境放射性水平进行测定，研究发现，在所测的森林旅游区的景点和市内年积累量最大的流溪河国家森林公园为 1348μSv/人·年，仅为国家标限（5000μSv/人·年）的 26.1%，没有超标。其他一些森林旅游区的年积累量比流溪河更低，均未超标，这充分说明了森林旅游区的天然辐射环境良好。

（五）声环境

现代社会中，噪声对人们健康的危害、对通信的干扰，以及对大脑引起的疲劳和破坏日益严重，已经被认为是一种严重的环境污染，被列为环境公害之一。

1. 噪声对听觉器官的影响

长期在噪声严重的环境中工作，会产生听觉疲劳。随着听觉敏感性下降，听力功能不能完全恢复，听觉器官会发生器质性病变，造成听力下降甚至成为永久性耳聋。

2. 噪声对神经系统的影响

噪声具有强烈的刺激性。许多国家已把噪声引起的头昏、失眠、嗜睡、易疲劳、易激动、记忆力衰退、注意力不集中并伴有耳鸣和听力衰退等疾病统称为噪声病。在噪声环境下工作，人容易感到烦躁不安，容易疲劳，注意力难以集中，反应迟钝，差错率明显上升，所以噪声会影响工作效率，降低工作质量。

3. 噪声对社会交流的影响

噪声影响语言交谈与思考，在 65 分贝以上的噪声环境中，人们之间难以进行正常的语言交流，必须提高嗓门才能相互听得见。如果噪声在此基础上再增加5分贝，即使大喊大叫也无济于事。

此外，强烈噪声可导致机器设备或者建筑物的破坏。

森林对噪声有很强的防护作用，它是天然的消声器。这是因为噪声碰到树干时声波会破碎和散射出去，使其能量被吸收或改变传播方向。森林面积越大，林带越宽，消除噪声的功能越强。实验测得，公园或片林可降低噪声5~40分贝，比离声源近距离的空旷地自然衰减效果多5~25分贝；汽车高音喇叭在穿过40米宽的草坪、灌木、乔木组成的多层次林带，噪声可以消减10~20分贝，比空旷地的自然衰减效果多4~8分贝。中南林业科技大学森林旅游研究中心对数十个森林旅游区的环境噪声进行了测定，结果表明没有一处的噪声超过45分贝。

（六）森林小气候

森林小气候是指在相同的大气候环境范围中，在局部地区，由于地形条件、土壤条件和植被条件不一致，使该林区具有独树一帜的气候状况。森林小气候是指在森林植被影响下所形成的局部地区气候。森林旅游区由于地形遮蔽和森林覆盖，林内与林外对比，林内具有太阳辐射弱、日照少、气温低、气温日较差小，相对湿度大，静风频率大、平均风速小，气象景观丰富等特点，容易形成优越的森林小气候环境。森林旅游区一般具有以下小气候特征：

1. 日照少，日射弱

在森林旅游区里，由于地形遮蔽和森林覆盖，林内与林外相比，日照时数减少30%~70%，光照强度减弱31%~92%，太阳总辐射通量密度减小23%以上。地形越闭塞、林冠郁闭度越大，其减弱程度越大。因此，森林旅游区的许多景观地段成为全国日照时数最少、日照百分率最低的地区。这种独特的小气候环境具有独特的造景功能，孕育了森林旅游区里深邃神秘朦胧的幽景。

2. 气温低，日较差小

森林旅游区与外界邻近的依托城市相比，旅游区内的森林景观地段与裸地相比，水域和陆地相比，景区内、林冠下、水域边，夏季白天气温低、日变化缓和，气温日较差小。夏季晴天，旅游区内的日平均气温比外界低3.7~9.1℃，阴天低1.7~6.5℃。在森林旅游区内的同一地段，晴天日平均气温林内比林外低0.1~4.0℃，日最高气温比林外低0.2~24.2℃，日最低气温比林外高0.1~4.8℃（竹林除外）。水体可以使森林旅游区内的小气候更加优越，水体面积越大、林地面积越大、林冠郁闭度越高，林内外气温差异越大。森林旅游区在森林的庇护下，夏季凉爽舒适，小气候宜人。

3. 相对湿度大

森林旅游区小气候的一个显著特点是：空气相对湿度大，云雾水汽多。张家界境内年平均空气相对湿度为87%，夏季晴天为87%，阴天为98%，夜间达到90%以上，比外界高11%；流溪河境内空气相对湿度，最干燥的10月，晴天为80%，阴天为93%，夜间为85%以上。晴天空气相对湿度日变化呈单波型。林内与林外相比，林内空气相对湿度日平均值比林外高1%～6%，山上与山下相比，随海拔升高，林外空气相对湿度略有增大，林内的差异较小。

4. 静风频率大，平均风速小

森林旅游区境内的风向风速因地形起伏，林木阻挡变化很大。在山顶及山间台地，静风较少、风速较大，一般静风频率为30%～45%，瞬时风速可达到8～18米/秒。在山坡及谷地或者林冠下，静风频率为50%～93%，日平均风速0.2～4.5米/秒。同一地段，林内的静风频率比林外大21%～30%，日平均风速比林外减小0.4～2.3米/秒。

5. 气象景观丰富，美学价值高

由于森林旅游区内气温低、空气相对湿度大，水汽容易凝结，因此，森林旅游区内多云雾。张家界、流溪河、姑婆山、神农架等许多森林公园内一年四季有雾，千姿百态的云雾，变幻奇特、美妙壮观，成为特有的气象景观，增添了森林旅游区的美感。许多有瀑布的森林旅游区，瀑布直落深潭，溅起水花，形成局部蒙蒙细雾，当阳光穿过水雾、照射瀑布时，形成七色彩虹飞架溪流，艳丽多姿。例如，广西大新县的德天跨国瀑布，常会出现此景。优越的森林小气候孕育了绚丽多姿的气象景观，提高了森林旅游区的美学价值。

（七）水环境

所谓水环境，是指围绕人群空间及可直接或间接影响人类生活和发展的水体，是其实现正常功能的各种自然因素和有关的社会因素的总体。“山无云则不秀，无水则不媚”。水的形态、声色、光影及其组合变化所具有的独特表现，使其成为旅游风景的血脉。水资源在旅游中应用非常广泛，如漂流、划船、垂钓、潜水、滑雪、游泳等都是利用水资源开展的旅游活动。

森林具有涵养水源的作用。林冠能阻截10%～20%的降水，其中大部分蒸发到大气中，余下的降落到地面或沿树干渗透到土壤中成为地下水。同时，森林地表的腐质层具有很强的吸水、延缓径流功能，据计算，裸露地每小时吸收降雨还不到5毫米，草地每小时吸收降雨量只有10毫米左右，而25年生的天然林，每小时吸收的降雨量可以达到150毫米，可以将一片森林比喻为一座水库。根据日本有关研究，333公顷森林的蓄水能力相当于蓄水10400立方米的水库。

（八）大气环境

森林是空气的净化物。随着工业的高速发展，城市化进程的加快，大气环境的污染日趋严重。大气污染物二氧化硫严重影响人们的健康。在低浓度空气污染物的长期作用下，可引起上呼吸道炎症、慢性支气管炎、支气管哮喘及肺气肿、冠心病、动脉硬化、高血压、癌症（尤其是肺癌）等多种疾病。另外，空气污染还会降低人体的免疫功能，使人的抵抗力下降，从而诱发或加重其他疾病的发生。而林区由于远离污染源，加上森林净化空气的作用，保持着良好的大气环境质量，空气中的二氧化硫、二氧化氮、总悬浮颗粒物等污染物少。据研究表明，森林中空气的二氧化硫含量要比空旷地少15%～50%。

三、旅游开发条件

（一）旅游资源的特质

旅游资源是一个地区或区域旅游开发的根本，有了旅游资源，才能进行旅游开发，是旅游开发不可缺少的决定条件。特别是与其他地方不一样或者其他地方没有的旅游资源，才更能吸引游客产生旅游的想法。这也可以被打造成旅游区或者当地的旅游品牌以及旅游形象。所以在开发旅游时必须要先发掘旅游资源的特质。

（二）地理位置和交通条件

地理位置和交通条件是森林旅游资源开发利用的重要条件之一，即“进得去、出得来、散得开”。有些著名的风景旅游地发展迅速，除有引人入胜的景观之外，地理位置和交通条件也起到非常重要的作用，而交通不便利，即使景观十分诱人，可旅途花费时间长，经费支出大，使很多旅游者只能望景兴叹！只有经济发展了，交通改善了，才能吸引更多的游人来此观光旅游。

（三）自然条件

自然条件指的是土地条件和气候条件，土地条件主要考虑的是负载能力。土地上的不同景观对旅游者的吸引程度不同，旅游者滞留的时间长短不同，因此，超过一定的容量，就会使环境退化，游客享受程度降低，甚至出现危险。所以，如何达到“最佳容量”是游览区管理要解决的首要问题。

气候条件也给旅游开发带来很大的影响，这里主要是指季节性，如果当地的旅游旺季比淡季的时间短，或者当地的雨季、冬季时间长，那么开发效果就较差。

（四）原有基础

原有基础也就是指区域内以及周边的道路设施、供电设施、供水设施、排污设施等现有的基础设施，如果这些基础设施完善，那么在进行旅游开发的过程中可以对这些现有的基础设施加以利用，减少投资，让旅游区建成的时间大大减少，能更早地接待游客。

（五）客源市场条件

客源市场也是比较重要的条件之一，客源的数量直接影响到资源地旅游开发的方向、规模与形式。如果没有游客去该地旅游，其他资源再好、风景再优美，也是很难进行旅游开发的。所以，在进行旅游开发之前，必须先做好市场调查和客源市场分析，而不是仅仅对旅游资源本身进行评价，毕竟游客才是旅游的主体。旅游者的体验以及满意度也是一项不可缺少的参考指标。

第四节　广西森林旅游资源综合评价实证研究

——以广西东兰县红水河自治区级森林公园为例

一、广西东兰红水河森林公园概况

（一）自然地理概况

1. 地理位置与交通条件

东兰县位于广西壮族自治区河池市西侧，地处东经 107°5′～107°43′，北纬 24°13′～24°51′。处云贵高原南缘，红水河中游；东傍河池市金城江区，西界凤山县，南傍大化、巴马县，北邻南丹、天峨县，离自治区首府南宁市 308 公里，距河池市金城江镇 130 公里。东兰县辖 14 个乡镇，县境南北长 68 公里，东西宽 65 公里，总面积 2415 平方公里，人口 30 万人。东兰环境优美，风光旖旎，红水河过境 115 公里，风情浓郁、风景独特，是百里黄金水道；境内有红水河第一湾、坡豪湖泊、大同垂钓天堂、苏仙岩悬棺之谜、长乐梯田、江平田园、泗孟田园等大批特色景点景观，是中国最佳养生休闲旅游目的地、全国异地养老基地、中国最佳绿色生态县、中国十佳最美乡村。

广西东兰红水河自治区级森林公园位于河池市东兰县的南部，红水河的中段，地理坐标为北纬 24°25′15.6″～24°17′47.8″，东经 107°29′37.7″～107°32′35.0″，属河流峡谷地形。森林公园内红水河自坡豪南下并形成著名的“红水河第一湾”景观，红水河两侧山体均为喀斯特石山崖壁，景色蔚为壮观。森林公园北接三弄乡、长乐镇，东临大同乡，西临三石镇，主要包括红水河河道及其两侧的喀斯特山体，规划面积 2375.6 公顷。

2. 地质条件

森林公园所在区域为典型的岩溶地貌，范围内有大面积连片石山。地质构造上位于“广西山字形构造”前弧西翼中段，基本特征是以北西向构造线为主，褶皱强烈，断裂较发育。褶皱主要呈现短轴状，具有复合特征，断裂主要为南北向、北西向和近东西向三组。森林公园地处县内发育最完善的向斜构造西部。

地质年代最古老的地层是上泥盆统，嗣后地层形成的顺序是石炭系、二迭系、三迭系、第四系，森林公园境内出露较多的为二迭系，分下二迭系、上二迭系，岩性以深灰色燧石灰岩、含燧石灰岩为主，次为灰岩，下部夹泥质灰岩或页岩，地层发育较好。

3. 地形地貌

森林公园地处云贵高原的南部边缘，桂西北部山区，地势北高南低，自西北向东南倾斜；境内地形复杂，山岭连绵，山高谷深，沟壑纵横。森林公园位于峰丛洼地型岩溶地貌区内，海拔最高处为 941.8 米，为公园西面的山头，海拔最低处为 212.5 米，为第一湾河滩处。森林公园整体表现为河流峡谷地形，两侧山体均为喀斯特石山崖壁。

4. 土壤

土壤母岩主要有石灰岩、钙质页岩等，土壤种类主要有河流冲积土，此外还有棕色石灰土、红壤和黄壤等。由石灰岩发育而来的石灰土。成土母岩由石灰岩、砂岩和页岩构成，土层薄而且较为贫瘠。

根据《土壤环境监测技术规范》（HJ/T 166—2004）标准，对森林公园内的土壤进行采样检测发现，森林公园内的土壤环境质量达到Ⅰ类标准，有机质含量丰富，氮、磷养分也比较充足，符合森林公园开发要求。

5. 气候

森林公园位于北回归线北侧，所在区域位于中、南亚热带之间的季风气候区，属南亚热带山地季风气候区。气候特征为夏长冬短、热量丰富、雨量充沛、水热同期等特点。

年平均气温为20.2℃，常年最热月为7月，月平均气温27.2℃，最冷月为1月，月平均气温为11.1℃，极端最高温为39.2℃，极端最低温 -2.4℃。无霜期351天。年均日照总时数1526.7小时，属日照偏少地区。水热系数2.2，相对湿度79.0%，属湿润气候。

年均降雨量为1563.1毫米，4月中旬至5月上旬为小雨季，5月中旬以后正式进入雨季，6月至8月为降雨量最多的时段，降雨强度增加，暴雨次数增多，8月下旬夏季风开始南撤，9月雨季结束。

6. 水文

森林公园内的地表径流主要为红水河，红水河自西北向东南贯穿东兰县全境，在东兰县境内流程115公里，在森林公园范围内长17.2公里。县内流域面积2415平方公里，河面宽度为200~400米，岩滩水电站建成后，森林公园内的红水河段已成为岩滩库区范围，常年蓄水位为海拔223米，年平均流量12.19立方米/秒，最大流量1271.6立方米/秒，最枯流量2.3立方米/秒，年径流量为 3.84×10^8 立方米。

根据实际检测，森林公园内红水河水质状况总体良好。在各水质指标中TN处于Ⅲ类水标准（《地表水环境质量标准》GB 3838—2002）；NH_4-N 处于Ⅱ类水标准，主要受森林公园上游网箱养鱼、居民生活排水影响；其他水质指标均处于Ⅰ类水标准，可见森林公园范围内地表水环境质量非常好，但是也须对森林公园范围内的污染源加强管理。

（二）社会经济条件

1. 东兰县社会经济

森林公园所在的东兰县行政区域面积2436平方公里，居住着壮、汉、瑶、苗、侗、毛南、仫佬、布依等11个民族，2014年底总人口30万人，其中壮族人口占85%，是少数民族的聚居地。东兰县行政区划为14个乡镇，2个国有林场。共149个村（居）委员会（其中社区居民委员会2个），土地总面积243676公顷，林业用地面积192262公顷，占总面积的78.9%，近年来，东兰县政府对发展特色经济林高度重视，板栗、油茶、八角、核桃已成为东兰县财政和农民增收的重要新起点。2014年东兰县完成地区生产总值20.6亿元，其中，第一、第二、第三产业增加值分别为6.5亿元、5.1亿元、9.0亿元，分别增长6.4%、9.2%、8.1%，全社会固定资产投资22.3亿元，增长20.6%；财政收入1.64亿元，增长13%；工业增加值0.96亿元，增长2.2%；社会消费品零售总额11.9亿元；城镇居民人均可支配收入17359元，增长9.7%；农民人均纯收入4790元，增长11.7%。全县经济社会呈现健康发展的良好态势。2014年东兰县被列为“巴马长寿养生国际旅游区”重点县，被评为“中国长寿之乡”，全年共接待游客93.6万人次，增长25.3%；实现旅游社会综合收入8.5亿元，增长31%。

2. 森林公园社会经济条件

森林公园地跨东兰县三石镇、大同乡、长乐镇、三弄瑶族乡，全部为集体用地，范围用地涉及大同乡和龙村307.2公顷、大同乡天然村574.0公顷、三弄乡深洞村233.8公顷、长乐镇更乐村210.1公顷、三石镇长峒村122.3公顷、三石镇板文村928.2公顷用地，其中公益林为2368.4公顷，商品林为7.2公顷，近年来都处于良好的保护状态。涉及三石镇、大同乡、长乐镇、三弄瑶族乡四个乡镇共6个行政村141个生产队215个自然屯，总户数1545户，总人口数5886人，总耕地面积317.67公顷，退耕还林面积90公顷，封山育林面积2165.77公顷，经济收入以种桑养蚕、水稻、玉米、黄豆、红薯和经济林果木为主，农民人均纯收入为4188元，属贫困山区。

目前，森林公园尚未进行旅游开发建设，无任何旅游接待服务设施，但因红水河第一湾壮观瑰丽的景观吸引东兰周边摄影爱好者、艺术写生人士、自助游客慕名而来，并随着其知名度的提高逐渐为远距离游客所认知，到红水河第一湾观光游玩的人日益增多，凸显出良好的旅游发展态势。

（三）森林公园所属植物区系

一个区域现代植物区系的特点与现状，是环境对植物界长期影响和作用以及植物界对环境长期适应的结果。森林公园地处南亚热带季风气候区，其光、热充足，雨量充沛，同时红水河贯穿其中，河谷深邃，因而局部形成典型的干热河谷气候。加之地形地貌相对复杂，形成较为多样的小环境，孕育着种类极丰富的植物。

经调查，森林公园内已知有野生维管束植物1164种（含种以下等级，下同），隶属于175科608属，其各分类群尤其是科、属和种从热带、亚热带到温带类群均有分布，其中以亚热带类群所占比重有明显的优势，植物区系表现比较丰富而又复杂的地理成分。

统计分析表明，森林公园野生种子植物146科可划分为9个分布区类型，以泛热带分布科最多，达5科，占除世界分布类型外总科数的55.14%，其他依次为北温带分布21科，热带亚洲、大洋洲和中南美洲间断分布9科；而公园野生种子植物562属可划分为13个分布区类型，以泛热带分布属比重最大，达124属，占本区系除世界分布属外总属数的23.98%，其他依次是热带亚洲分布120属，旧世界热带分布55属，热带性质属与温带性质属分别为337个和134个，其比值为2.81，热带性质属明显多于温带性质属，表明森林公园野生植物区系具有明显的南亚热带性质。此外，由于区内岩溶地貌与河流水域面积均较大，故其植物区系具有典型的岩溶性质，并且水生植物种类丰富多样。

根据调查，森林公园自然植被共有植被型组8个，植被系7个，群系33个，具体如表5.3所示。

表5.3 红水河森林公园自然植被目录

植被类型	植被型组	植被系	群系
自然植被	一、阔叶林	Ⅰ. 季风常绿阔叶林	1. 富宁栎林
			2. 滇青冈林
			3. 润楠、琼楠林
		Ⅱ. 常绿落叶阔叶混交林	1. 青冈、栎类林
			2. 圆叶乌桕、粗糠柴林
			3. 石山楠、牛尾木林
	二、竹林	—	1. 簕竹林
			2. 撑篙竹林
			3. 芸香竹林
	三、灌丛	—	1. 龙须藤、老虎刺灌丛
			2. 华南云实、圆果化香灌丛
			3. 黄荆灌丛
			4. 山葡萄、红背山麻杆灌丛
	四、草丛	Ⅰ. 蕨类草丛	肾蕨草丛
		Ⅱ. 禾草草丛	五节芒草丛
	五、湿地草丛	Ⅰ. 禾草型湿地草丛	1. 假稻群落
			2. 铺地黍群落
		Ⅱ. 杂类草湿地草丛	1. 水竹叶群落
			2. 野芋群落
			3. 水蓼群落
		Ⅲ. 浅水植物湿地草丛	空心莲子草群落

续表

植被类型	植被型组	植被系	群系
人工植被	六、用材林	—	1. 香椿林
			2. 任豆林
			3. 速生桉林
			4. 喜树林
	七、经济林	—	1. 核桃
			2. 油桐
			3. 油茶
			4. 芭蕉林
	八、农作物	—	1. 玉米
			2. 木薯
			3. 黄豆
			4. 红薯

根据植被型组的不同，红水河森林公园内森林植被主要特征体现在以下几个方面：

1. 地带性植被保存完整

森林公园地带性植被为南亚热带季风常绿阔叶林，局部高海拔处出现常绿落叶阔叶混交林，由于地形变化，环境差异，出现与之相适应的多类群系，常绿阔叶林和常绿落叶阔叶混交林各有3个群系，均分布范围广，面积大，从溪旁山谷到山坡中、上部均有分布。各类植被普遍保存完整，林龄较长，结构复杂稳定。构成森林植被的主要植物包括富宁栎、滇青冈、青冈、栎属多种、润楠属多种、琼楠、石山楠、圆叶乌桕、粗糠柴、牛尾木等。多样的植被类型组成不同层次、不同色彩的景观，体现了南亚热带森林所应有的乔木层、灌木层、草本层及层间植物组成的复层植物群落景观。

2. 岩溶性质突出

森林公园范围内岩溶地貌发育成熟，面积较大，孕育了大量岩生性质的植被。森林的上层有以牛尾木、石山楠、圆叶乌桕、富宁栎等种类为主要优势构成的群落，其他岩生性质乔木种类还有岩樟、石山楠、岩生厚壳桂、任豆、岩生红豆等；灌木和藤蔓也不乏岩生种类，如青篱柴、石山巴豆、老虎刺、鸡嘴簕、龙须藤、华南云实等。

3. 湿地植物群落丰富

由于森林公园范围内水域宽广，水流平缓，河岸浅水和沼泽面积较大，因而生长了大量的湿地植被，其主要群落类型有假稻群落、铺地黍群落、水竹叶群落、野芋群落、水蓼群落、空心莲子草群落等。这些湿地植物在红水河两岸几乎随处可见，面积较大，不仅是区域植被中的重要组成部分，而且也构建了景色优美的水岸风光。

（四）植物资源

森林公园范围内原生植被属南亚热带季风常绿阔叶林地带桂中石灰岩山地植被，原生植被破坏殆尽，为人工植被所代替或退化为石山灌丛。调查统计结果，森林公园共有野生维管束植物 175 科 608 属 1164 种，其中蕨类植物 29 科 46 属 84 种，主要种类如蛇足石杉、藤石松、薄叶卷柏、深绿卷柏、笔管草、福建观音座莲、华南紫萁、华东瘤足蕨、芒萁、金毛狗、半边旗、扇叶铁线蕨、拟鳞毛蕨、渐尖毛蕨、乌毛蕨、槲蕨等；裸子植物 3 科 4 属 5 种，分别为江南油杉、马尾松、细叶云南松、岩生翠柏、买麻藤；被子植物 143 科 558 属 1075 种，被子植物中双子叶植物有 124 科 453 属 914 种，主要种类分布在大戟科、菊科、蝶形花科、蔷薇科、樟科、茜草科、荨麻科、桑科、紫金牛科、壳斗科等；单子叶植物 19 科 105 属 161 种，主要种类分布在唇形科、鸭跖草科、姜科、百合科、菝葜科、天南星科、薯蓣科、兰科、莎草科和禾本科等。在面积不太大的区域内分布相对丰富的植物物种资源，表明其植物物种多样性相对丰富。

表 5.4　广西东兰红水河自治区级森林公园野生维管束植物的科、属、种组成

分类群	科		属		种	
	数量	百分比/%	数量	百分比/%	数量	百分比/%
蕨类植物	29	16.57	46	7.57	84	7.22
裸子植物	3	1.71	4	0.66	5	0.43
被子植物	143	81.72	558	91.77	1075	92.35
其中：双子叶植物	124	70.86	453	74.51	914	78.52
单子叶植物	19	10.86	105	17.26	161	13.83
合计	175	100.00	608	100.00	1164	100.00

在区域丰富的植物资源中，不乏珍稀濒危种类，根据国务院 1999 年 8 月 4 日正式批准公布的《国家重点保护野生植物名录（第一批）》，森林公园野生维

管束植物中，有国家Ⅱ级重点保护野生植物7种，即金毛狗、地枫皮、樟树、任豆、花榈木、红椿、喜树。

根据《广西壮族自治区第一批重点保护野生植物名录》，森林公园分布有自治区重点保护野生植物40种，包括岩黄莲、金丝李、青檀、多花脆兰、花叶开唇兰、牛齿兰、白及、梳帽卷瓣兰、广东石豆兰、密花石豆兰、银带虾脊兰、三褶虾脊兰、尖喙隔距兰、红花隔距兰、栗鳞贝母兰、兔耳兰、硬叶兰、邱北冬蕙兰、束花石斛、美花石斛、罗河石斛、半柱毛兰、无叶美冠兰、高斑叶兰、斑叶兰、见血青、紫花羊耳蒜、长茎羊耳蒜、钗子股、二耳沼兰、毛唇芋兰、带叶兜兰、仙笔鹤顶兰、石仙桃、单叶石仙桃、长足石仙桃、云南石仙桃、琴唇万代兰、拟万代兰、越南香荚兰。

（五）动物资源

据初步调查，森林公园共有陆生脊椎动物4纲21目60科163种，其中哺乳类4目9科21种，鸟类14目38科114种，爬行类2目8科21种，两栖类1目5科7种。其中，国家Ⅱ级重点保护陆生野生动物13种，分别是：虎纹蛙、大壁虎、黑鸢、松雀鹰、雀鹰、红隼、白鹇、褐翅鸦鹃、小鸦鹃、草鸮、领角鸮、斑头鸺鹠、小灵猫；广西壮族自治区重点保护野生动物52种，包括黑眶蟾蜍、斑腿泛树蛙、变色树蜥、百花锦蛇、眼镜王蛇、池鹭、黑水鸡、红耳鹎、凤头鹀、赤腹松鼠、豹猫、鼬獾等。

森林公园范围内已知有鱼类7目19科61属71种，其中有国家Ⅱ级重点保护鱼类1种，即花鳗鲡，其还属濒危物种列入《中国物种红色名录》；4种易危物种，即鯮、暗色唇鲮、长臀鮠和青鳉；有广西特有鱼类1种，即叉背金线鲃。

（六）区域生态环境

1. 区域生态环境评价

广西东兰红水河自治区级森林公园地处南亚热带山地季风气候区，范围内红水河水域与两侧林地为主要的土地利用类型，森林覆盖率达到79.6%，区域生态环境优越。范围内全年相对湿度达79%，温湿的气候为林木生长提供了良好的环境，自然环境和资源得到保护。

2. 大气质量

根据《环境空气质量手工监测技术规范》（HJ/T 194—2005）及《环境影响评价技术导则——大气环境》要求，东兰县环境监测部门对森林公园北方位、南方位、中部区域分别布设了监测点，对区域内大气质量的二氧化硫（SO_2）、二氧化氮（NO_2）、PM10和总悬浮物颗粒（TSP）4个指标进行了连续监测，并且在监测时对风向、风速、气压、气温、相对湿度等气象参数进行了记录。

通过监测结果，根据《环境空气质量标准》（GB 3095—2012）的评定要求，森林公园范围内环境空气达到一级标准，属于Ⅰ类环境空气区域，环境空气良好，符合森林公园建设的环境要求。

3. 地表水质量

森林公园范围内水系主要为红水河，属于地表水范围。通过在范围内红水河上、中、下游各设监测断面，对氢离子浓度指数（pH）、环境监测氧参数（DO）、六价铬（Cr^{6+}）、总磷（TP）、总氮（TN）、氨氮（NH_3-N）、氰化物（CN_x）、石油类、高锰酸盐指数、砷（As）、汞（Hg）、镉（Cd）、铅（Pb）等14个项目进行了连续监测，同时对水温、气温等指标进行记录，并且采用《地表水环境质量标准》GB 3838—2002 进行评价。

通过东兰县环保局对监测断面的水质进行检测发现，森林公园范围内红水河水质参数中总氮（TN）处于水质Ⅲ类标准，氨氮（NH_4-N）处于水质Ⅱ类标准，出现这种现象的原因是受水系上游或者周围的网箱养鱼、居民生活排水有关；其他指标均处于Ⅰ类标准要求。总体水质为Ⅲ类水标准，属于良好范围。要保护好森林公园现有的水资源质量，必须对森林公园范围内的污染源加强管理措施。

4. 土壤质量

红水河森林公园范围内土壤母岩主要有石灰岩、钙质页岩等，土壤种类主要有河流冲积土，此外还有棕色石灰土、红壤和黄壤等。由石灰岩发育而来的石灰土。成土母岩由石灰岩、砂岩和页岩构成，土层薄而且较为贫瘠。

根据《土壤环境监测技术规范》H/J 166－2004 标准和森林公园的实际地质情况，设置不同的监测点位，对森林公园内土壤的 pH、总氮（TN）、总磷（TP）、有机质、汞（Hg）、镉（Cd）、铬（Cr）、铜（Cu）、锌（Zn）、铅（Pb）、镍（Ni）、砷（As）12个项目进行采样检测发现，森林公园内的土壤环境质量达到Ⅰ类标准，有机质含量丰富，氮、磷养分也比较充足，符合森林公园开发要求。

5. 空气负离子含量

森林公园范围内森林资源丰富，水质良好，生态环境优越。根据森林公园的地理特征，以及现有环境现状特征，在范围内设置3个负离子含量的监测点进行连续监测。

根据在森林公园北、南和中部的三个负离子监测点的监测结果，依据《森林观景中空气负离子浓度分级标准》（石强等，2002），森林公园内空气中富含的负离子含量均达到2500个/立方厘米以上，达到Ⅱ级标准，处于保健等级，非常有益于人类的生活和健康，满足设立森林公园的要求。

6. 空气细菌含量

根据森林公园的地理特征，以及现有环境现状特征，在范围内设置3个空气细菌含量的监测点进行连续监测。

根据在森林公园北、南和中部的三个负离子监测点的监测结果，红水河森林公园空气中的细菌总数在19～30个/皿范围内，低于卫生标准中规定的40个/皿，表明森林公园范围内空气干净无微生物污染现象，空气质量优秀。

7. 评价与结论

根据对红水河森林公园范围内的大气质量、地表水质量、土壤质量、空气负离子含量、空气细菌含量的监测与评价可以发现，森林公园内生态环境优秀，满足森林公园设立的要求。

二、森林风景资源调查与评价

（一）生物资源

1. 森林植被景观

（1）富宁栎林。

富宁栎林是指以富宁栎为主的栎类树种共同组成的常绿阔叶林，主要分布在山腰以上。群落外貌呈深绿色间黄绿色，郁闭度0.6～0.7，群落层次分明，树冠完整，组成种类较多，400平方米样地内有林木14种，共65株。乔木可分两个亚层。第一亚层林木高7～9米，胸径多在10～15厘米，最大达20厘米，树冠连续。该亚层共有林木8种，30株，占乔木层植物种数的57%，占株数的46.15%；优势种不明显，以富宁栎、青冈栎为共优势，其他较重要的种类还有山合欢、琼楠、海南蒲桃等。第二亚层树冠部分连续，覆盖度40%，林木高4～7米，胸径5～10厘米，组成种类7种，有林木35株，占乔木层总株数的53.85%，以麻栎、青冈栎为多；其他种类还有鼠刺、乌材、盐肤木、破布木、粗糠柴等。

灌木层植物高在2米左右，覆盖度40%左右，以上层乔木幼树为主，较常见的有麻栎、青冈栎、多穗椆、灰毛浆果楝、破布木、粗糠柴、大沙叶、枫香等，真正的灌木种类有红背山麻杆、杜茎山、扁担杆、假木豆、算盘子、余甘子等。

层间植物不多，常见的有龙须藤、网脉酸藤子、菝葜、土茯苓等。

草本层植物高 1 米以下，覆盖度 20% 左右，分布不均匀，常见的种类为金发草、芒草、扇叶铁线蕨、类芦、肾蕨、石油菜、棕叶芦、蕨菜、铁芒萁等。

富宁栎林林龄较长，物种多样性丰富，林分生长茂密且旺盛，稳定性较强。同时富宁栎和青冈栎均为树体高大、枝叶茂密、树冠圆浑、色彩浓郁；群落中的麻栎和盐肤木则秋叶金黄；林分上层林冠密接，景观价值高。

（2）滇青冈林。

在森林公园，滇青冈林多为零星分布，以它为主的森林类型分布不多。群落外貌苍绿色，覆盖度 70% 左右。乔木层可分为两个亚层，上层林木高 8 ~ 10 米，少数可达 13 米，覆盖度约 60%，以滇青冈占优势，常见的还有山合欢、琼楠、枫香、菜豆树等。下层高 4 ~ 8 米，覆盖度 30%，以山合欢、香合欢、菜豆树为优势，其他种类还有破布木、盐肤木、小化香、余甘子等。灌木层植物高 1 ~ 1. 5 米，覆盖度 50%，以灰毛浆果楝、盐肤木占优势，此外，还有蔓性千斤拔、木姜子、算盘子、栗叶算盘子、余甘子等。草本层植物种类不少，但数量不多，覆盖度不到 20%，较多的是类芦、芒草，零星分布的有肾蕨、蕨菜、蔓生莠竹、仙茅、白茅等。

滇青冈林树龄较长，结构丰富，林分生长茂密且旺盛，稳定性较强。同时滇青冈树体高大、枝叶茂密、树冠开展、色彩浓郁；林分偶有落叶种类，如枫香、盐肤木等，整体季相变化显著，艳丽多彩。

（3）黔桂润楠 + 红枝琼楠林。

黔桂润楠、红枝琼楠林主要分布在海拔 400 ~ 500 米，是该地区具有代表性的植被类群。该群落外貌常呈深绿色，种类组成和结构都较复杂，覆盖度 80% 左右，树高为 9 ~ 12 米，胸径 10 ~ 15 厘米。乔木层可分为两个亚层，第一亚层林木高 9 ~ 12 米，胸径 10 ~ 15 厘米，树冠较连续，覆盖度 65% 左右，以黔桂润楠、红枝琼楠共为优势，其他零星出现的还有菜豆树、山合欢、任豆等。第二亚层林木高 4 ~ 8 米，胸径 7 ~ 10 厘米，树冠基本连续，覆盖度 30% 左右，以红枝琼楠幼苗、阴香为多，其他较多见的还有菜豆树、山合欢、香椿、木蝴蝶等。灌木层不发达，覆盖度仅 30%，高约 2 米，主要是乔木的幼树，灌木种类较少，常见灰毛浆果楝、杜茎山、圆叶乌桕、盐肤木、余甘子、桢桐等。草本层高 1. 5 米以内，覆盖度 35%，以石山棕、蔓生莠竹占优势，其他如铁芒萁、五节芒、金星蕨、肾蕨、蕨分布也较普遍。

黔桂润楠 + 红枝琼楠林群落稳定，色彩深绿，形成浓郁的森林背景。

（4）青冈＋栎类林。

青冈、栎类林是指由青冈和麻栎、白栎等栎类树种共同组成的常绿落叶阔叶混交林，这一森林类型在森林公园分布较为普遍，而且主要分布在山腰以上的山顶区域，分布海拔为 500 ~ 650 米。

群落外貌呈黄绿色间草绿色，郁闭度 0.6 ~ 0.7，群落结构复杂，层次分明，树冠完整，组成种类丰富，400 平方米样地内有林木 19 种，共 53 株。乔木可分两个亚层。第一亚层林木高 7 ~ 10 米，胸径多在 8 ~ 12 厘米，最大达 15 厘米，树冠连续。优势种不明显，以青冈、麻栎、白栎为共同优势种，其他较重要的种类还有毛叶山胶木、琼楠、圆果化香等。第二亚层树冠部分连续，覆盖度 35%，林木高 4 ~ 7 米，胸径 5 ~ 8 厘米，组成种类 9 种，以麻栎、青冈栎、多穗椆为多；其他种类还有鼠刺、翻白叶树、乌材、盐肤木、菜豆树、粗糠柴等。

灌木层植物高 2 米左右，覆盖度 40% 左右，以上层乔木幼树为主，较常见的有麻栎、青冈栎、多穗椆、灰毛浆果楝、青篱柴、粗糠柴、大沙叶、米念芭等，真正的灌木种类有红背山麻杆、杜茎山、算盘子、崖柿、余甘子等。层间植物不多，常见的有龙须藤、网脉酸藤子、菝葜、玉叶金花、酸藤子、扶芳藤等。

草本层植物高 1 米以下，覆盖度 20% 左右，分布不均匀，常见的种类为金发草、芒草、扇叶铁线蕨、类芦、肾蕨、石油菜、鞭叶铁线蕨、蕨菜、铁芒萁等。

青冈＋栎类林层次分明，色彩丰富，以黄绿色为主，间有草绿、苍绿、灰白、深绿等，秋冬季部分落叶种类表现出强烈的色彩变化，如盐肤木、圆果化香、灰毛浆果楝、红背山麻杆等，叶子皆变黄或变红，景观价值较高。

（5）圆叶乌桕＋粗糠柴林。

圆叶乌桕、粗糠柴林主要分布在海拔 350 ~ 450 米。群落外貌常呈苍绿色间嫩红色，覆盖度 65% 左右，群落高度 7 ~ 9 米。乔木层仅有以圆叶乌桕、粗糠柴为主的一层，林木高 7 ~ 9 米，胸径 8 ~ 12 厘米，树冠较连续，覆盖度 55% 左右，以圆叶乌桕、粗糠柴占主导地位，其他零星出现的还有香椿、菜豆树等。灌木层不发达，覆盖度仅 35%，高约 1.5 ~ 2.5 米，主要是乌材的幼树，灌木种类较少，常见灰毛浆果楝、杜茎山、大叶千斤拔、盐肤木、余甘子、算盘子等。草本层高 1 米以内，覆盖度 25%，以飞机草、蔓生莠竹占优势，其他如铁芒萁、五节芒、金星蕨、肾蕨、蕨分布也较普遍。

圆叶乌桕秋叶艳红，粗糠柴嫩叶常呈粉红色，群落颇具观赏价值。

（6）石山楠＋牛尾木林。

石山楠、牛尾木林主要分布在海拔 360 ~ 450 米，是喀斯特地区具有代表性的植被类群。群落外貌常呈深绿色与灰绿色相间，覆盖度60%左右。林木处于生长期，树高为9~12米，胸径10~15厘米。乔木层可分为两个亚层，第一亚层林木高9~12米，胸径12~15厘米，树冠较连续，覆盖度50%左右，以石山楠、牛尾木为共同优势，其他零星出现的还有香椿、山合欢、任豆等。第二亚层林木高4~8米，胸径7~10厘米，树冠基本连续，覆盖度30%左右，以石山楠幼苗、乌材为多，其他较多见的还有海南蒲桃、山合欢、香椿、细子龙等。灌木层不发达，覆盖度仅30%，高约2米，主要是乔木的幼树，灌木种类较少，常见灰毛浆果楝、杜茎山、大叶千斤拔、盐肤木、余甘子、算盘子等。草本层高1.5米以内，覆盖度35%，以飞机草、蔓生莠竹占优势，其他如铁芒萁、五节芒、金星蕨、肾蕨、蕨分布也较普遍。

石山楠树形优美，枝叶茂密，树冠圆浑，新叶嫩红色；牛尾木、香椿、山合欢、任豆等树种的观赏价值也较高，整体而言，林分的景观价值高，同时其群落物种多样性丰富，稳定性强，森林整体价值高。

（7）龙须藤+老虎刺灌丛。

龙须藤、老虎刺灌丛在森林公园中常见于山脚至山腰一带，分布海拔为300~450米，面积不大，是森林遭受长期破坏后形成的次生类型。群落高2~3米，覆盖度80%~90%，以龙须藤、老虎刺为主，其中常零星分布有一些灌木或乔木幼树幼苗，如水锦树、灰毛浆果楝、红背扁担杆、菜豆树、枫香、山合欢、任豆等。由于龙须藤和老虎刺的覆盖度比较大，群落中的草本植物不多，覆盖度10%左右。在群落的边缘，常见有飞机草、白茅、五节芒等，而在藤冠之下零星分布有金丝草、肾蕨、鞭叶铁线莲、荩草等。

该群落覆盖于岩石之上，为石山地区典型植被，其中龙须藤的嫩叶和老虎刺的荚果均为红艳美丽，灰毛浆果楝、红背扁担杆和枫香也是极佳的秋色叶树种，群落整体景观价值较高。

（8）刺果苏木+圆果化香灌丛。

该植被类型在森林公园主要分布于海拔550~650米的山顶。群落的种类组成和结构都较简单，覆盖度45%左右，高度为2~4米。以刺果苏木、圆果化香为主，其中常零星分布有一些灌木或乔木幼树幼苗，如米念芭、桢桐、青篱柴、清香木、紫珠、青冈、牛尾木、枫香、圆叶乌桕、山合欢等。由于刺果苏木和圆果化香的覆盖度比较大，群落中的草本植物不多，覆盖度10%左右。在群落的边缘，常见有乌蕨、白茅、肾蕨、苎麻、石山棕、牛耳枫等；还零星分布着野葡萄、老虎刺、藤黄檀等层间植物。

该植被是森林遭受破坏后形成的次生类型，处于恢复初期，但已有不少阔叶乔木的幼树侵入，说明它的演替趋势有可能向常绿落叶阔叶混交林的方向发展，而且侵入的清香木、青冈、牛尾木、枫香、圆叶乌桕、山合欢等观赏价值较高。需加强封山育林，促进其自然演替，最终可发育成为群落较稳定、景观价值较高的常绿落叶阔叶混交林。

2. 森林植物景观

（1）绝壁兰花。

兰科植物素以其优雅的姿态、清幽的花香和奇特的花形而深受人们喜爱。森林公园分布有兰科植物37种，其中附生种类有如多花脆兰、梳帽卷瓣兰、广东石豆兰、密花石豆兰、栗鳞贝母兰、带叶兜兰、石仙桃、单叶石仙桃、长足石仙桃、云南石仙桃等。公园红水河两岸陡峭的石壁上，有不少附生兰依靠岩石缝隙中极少的土壤生存，却也开出美丽的花朵，特别是一些临近水面的石壁，其空气湿度和土壤水分更适合兰花生长，游人可乘船靠近，观赏这石壁奇兰的美景。

（2）依依翠竹。

撑篙竹林在森林公园的较多，主要分布于红水河两岸以及一些村落附近，常成片成排栽植。竹林覆盖度60%～80%，生长良好，竹竿高7～10米。撑篙竹林枝叶茂密，四季皆为青翠欲滴，一江幽幽绿水，倒映着一排排依依翠竹，真可谓一幅秀丽雅致的水墨画卷。

（3）似火木棉。

红水河两岸水边或山脚平缓处零星分布有一些木棉树，这些木棉高大挺拔，枝条开展。每年二三月间，木棉花先叶而开放，其花朵硕大，艳红似火，红木棉与碧绿的江水交相辉映，美不胜收。

（4）牛尾木群落。

牛尾木为紫葳科落叶乔木，其树姿优美，外貌呈灰绿色，树叶在阳光下略发亮。森林公园沿河两岸均分布有不少牛尾木，一般为三五成群，平均高13米左右。牛尾木最有特色的观赏价值为其果实，它的蒴果呈圆柱形而稍弯曲，一条条细长下垂，长达85厘米，像极了牛的尾巴，令人称奇。

（5）红背山麻杆。

红背山麻杆为大戟科落叶灌木，是著名的秋色叶观赏植物。公园的石山坡上，分布有大量的红背山麻杆，每到秋冬季节，其宽大的叶片逐渐转为鲜艳的红色，景色颇为美丽壮观。

3. 野生动物景观

森林公园良好的自然环境孕育着数量繁多的野生动物，其中观赏价值较高的当数鸟类，因为鸟类羽毛色彩斑斓，飞行姿态优美，鸣声婉转多变，给人视觉和听觉上美的享受，是深受人们喜爱的动物。森林公园内红水河水面、滩涂及岸边草丛、灌丛中经常可见野鸭、白鹭、雀鹰、红隼、白鹇、褐翅鸦鹃、小鸦鹃、草鸮、翠鸟等鸟类觅食栖息，天空中还不时飞过成群的白鹭、池鹭等，这些小生灵给山水间增添了无尽的生机与活力。在森林公园众多的鸟类中，有部分是捕食害虫的益鸟，如多种杜鹃、啄木鸟、雀类等，它们是不可缺少的护林卫士，是森林生态系统食物链上重要的环节，在熙攘纷繁的生物舞台上扮演着重要的角色。

（二）地文景观

1. “U”形大峡谷

从坡豪沿红水河南下十余公里，至三石镇板文村一带，红水河河道斗转 180 度，形成一个“U”形大峡谷，河道狭窄，两岸峡谷深切耸立，从南向北俯视，左、中、右均是高高耸立的山峰绝壁，直插云天，其高均在 700 米以上，与水面落差高达 500 米，山势宏伟壮观，震撼人心，大气恢宏，称为“红水河第一湾”，景色壮美。

2. 龙袍峡谷

位于森林公园北面，紧邻坡豪国家湿地公园，峡谷自北向南延伸至第一湾处，长 10 公里，峡谷两岸均为喀斯特山峰，峡谷两岸山峰壁立高耸、群峰姿态万千、植被葱郁茂盛、河水清澈碧绿，山峰与谷底的相对落差最大可达 700 米，雄伟壮观、神奇秀美。

3. 峰从洼地

森林公园属喀斯特峰丛地貌，山体的海拔大都在 700 ~ 900 米之间，是典型的岩溶地貌，红河水两岸重峦叠嶂、高低错落、峰丛逶迤、山际线变化丰富、曲折优美，山水相依，具有较高的观赏价值，森林公园南部峰从围绕形成多处洼地，犹如世外桃源。

4. 龟山

“U”形大峡谷的中部山峰连绵起伏，最南端的三座山峰组合形成了惟妙惟肖的龟山，由西向东望去，像一只驮着高壳的乌龟爬在岸边，形象跃动。

5. 乾尔坳

红水河第一湾景观壮丽秀美，吸引了区内外众多游客前去观赏、探幽，而乾尔坳是观赏红水河第一湾的最佳自然观景地，当地村民利用自然的地形，在乾尔坳设置最佳观景点和摄影点。

6. 孤峰怪石

森林公园范围内均为喀斯特石山，受雨水的常年冲刷和侵蚀作用，很多山体四周怪石嶙峋，形似奔马、狮子、骆驼……不同角度、不同的光线下可看到不同的形象。

（三）水文景观

1. 红水河

红水河是珠江流域西江水系的干流，发源于云南省沾益县的马雄山。红水河从天峨县流入东兰县，自东兰县北部金谷乡板丁村向南流经巴畴、长江、隘洞、长乐、三弄、三石、大同等乡（镇），从森林公园的南部流入大化县境内，流经东兰县境内115公里。森林公园范围内红水河长17.2公里，河道蜿蜒曲折，河岸翠竹葱葱，两岸奇峰异谷，层峦叠嶂，河水清澈碧绿，朝晖夕阳，气象万千，山光水色扑朔迷离，幽幽绿水，倒映着醉人美景，不高不低的山峰倒立在江中，形态万千的岸岩倒映河中，滴翠的竹木、绚丽的花草倒立在江中，每年三月木棉红，似火的红木棉与碧绿的江水交相辉映，美不胜收。“两岸美景处处，河中美景满江”即是对红水河风景的真切描述，引人入胜。

2. 蝴蝶河滩

因红水河常年冲积，在“U”形河湾的河滩处留下一个个或深或浅的水潭湿地，最多时有120个，水潭呈现出深浅不一、色彩多变的美丽景致，从空中俯瞰，水潭相叠，像神秘的怪圈，在河湾码头处，河滩自然形成蝴蝶状，令人称奇，河滩是白鹭等湿地候鸟栖息的天堂。红水河两岸还不时伴有灵猴低鸣，鸟集鳞萃，蔚为壮观。

（四）人文景观

1. 现代工程

（1）拉平排洪隧道。

拉平排洪隧道进口位于东兰县三石镇巴王村拉平屯，隧道有两条，拉平隧道起源于拉平村旁，出口便是红水河第一湾的板文村，全长12公里，另一条为支隧道是拉平通纳合村排涝隧道，全长1.5公里。拉平排洪隧道是国家扶贫项目，总投资1.2亿元，是我国目前最长的排洪隧道，是较为壮观的水工建筑设施。

（2）板文村寨。

板文村位于森林公园的南部，地势相对平缓，均为壮族，地处山弄深处，处于相对偏僻闭塞的状态，人流和车流较少，保留了较为完整的自然生态环境，生态环境十分优越，气候舒适宜人。同时，也较完整地保留了古朴的壮族生态村落和壮族民俗风情等人文资源，赋予了森林公园独具地域色彩的自然和人文魅力。

2. 民俗风情

（1）红水河民俗风情。

红水河流域聚居着壮族等9个少数民族，有“民族长廊”之称。森林公园范围内主要聚居着壮族民众，勤劳勇敢的壮族人民在长期的历史发展进程中创造了璀璨的、独具民族特色的民俗风情文化，且许多文化遗产闻名于世。红水河流域壮民族风情在语言、饮食、建筑、生产、生活到民间习俗、民间艺术、民间工艺等方面，无不展现出浓厚的骆越文化底蕴和鲜明的壮族文化色彩。红水河民俗风情具有丰富性、多样性、独特性和稀有性，是森林公园较具特色、具吸引力的旅游资源，应予以充分的挖掘利用，展现其独特魅力。

（2）东兰壮族铜鼓习俗。

东兰铜鼓习俗是壮民族文化的重要组织部分，是壮族民间文化的典型代表，已被列入第一批国家级非物质文化遗产保护名录。红水河流域的东兰各壮族村寨的传统节庆活动中，如蚂拐节、铜鼓舞、猴鼓舞等，仍保存着使用铜鼓的古老习俗，并从不同侧面反映了红水河流域使用铜鼓的壮民族经济状况、文化面貌和心理素质，以及他们在漫长的历史进程中为适应自然环境而产生的独特创造力，为绵延千古的铜鼓文化留下了“活化石”，成为一种活着的文化遗存。

（3）蚂拐节。

红水河岸边的巴畴、长江、金谷、隘洞、东兰、长乐、大同等乡镇的壮族都盛行该节日，也称“娃婆节”“青蛙节”，它是通过祭祀、埋葬青蛙来预测年景、祈求人畜兴旺、风调雨顺的民俗活动。节日从正月初一开始，历时各地不一，有的5~7天，有的长达一个月。节日程序为：找蚂拐、祭蚂拐、葬蚂拐、对歌。东兰县红水河畔沿袭下来的蚂拐歌圩有100多处，最为著名的是巴畴乡的巴英村，节庆时日为一个月，活动的原生态性保存完整，风情独特，每次活动都能吸引万人以上。

3. 历史沿革

红水河在东兰县全长115公里，河道蜿蜒曲折，平均水面宽度200~300米。红水河在森林公园范围内全长17.2公里。自2000年1月下游大化瑶族自治县境内的岩滩水电站竣工后，森林公园内红水河段已成为岩滩库区范围，水位上升，常年蓄水位为海拔223米，形成了大面积的水面，与两岸喀斯特岩壁森林相呼应，形成了绝美的河流峡谷景观，“红水河第一湾”胜景闻名遐迩。

东兰红水河森林公园的建设得到了自治区林业厅、东兰县政府、东兰县林业局的高度重视，自治区林业厅领导亲自到森林公园考察和指导工作，东兰县领导班子也多次到公园内考察和指导工作，并把东兰红水河森林公园列为东兰县的重点建设项目。已先后对森林公园进行了植被与植物资源调查、森林公园可行性研究等多项举措，并积极开展护林造林、红水河沿线环境整治等措施，为森林公园的申报和建立奠定了基础。

（五）天象景观

1. 红水河第一湾云雾

森林公园海拔较高，林茂水丰，气象万千，变化无穷，范围内“南面雨，北面晴”的奇景常伴随着游人的旅程，云雾大多聚集在海拔 650～900 米处，不仅四季变幻，一日里的景象经常也变幻莫测，云雾弥漫，缭绕峰巅，原本清明的景观，不一会儿云雾袭来，时而山顶“戴帽”，时而“飘带纳腰”，时而座座山峰如海中仙岛，云来云散，群峰若隐若现，游人仿佛置身于仙境中。薄雾、浓雾、微风、大风等自然因素，互相交织，形成种种瞬息万变的气象景观，且出现频率较高，变化多样，游人容易欣赏到红水河第一湾云聚云散的整个过程，最佳观景点为森林公园南面乾尔坳处。

2. 红水河第一湾晚霞

红水河第一湾山环水绕，气象万千，日出日落，晚霞夕照时，山巅撒金，金光四射，倒映水中，波光粼粼，金、绿、蓝三色相映，壮丽秀美，天色暗淡后朦胧中增添了几分神秘，给人无限的美感享受。

（六）重要森林风景资源

1. 国内罕见、广西独有的“U”形山水河湾峡谷景观

森林公园位于河池市东兰县的南部，红水河的中段，红水河在东兰县境内流过 115 公里，平均宽 200～300 米，红水河从坡豪南下十余公里，至三石镇板文村一带，红水河河道扭转 180 度，形成一个特大“U”形大峡谷，景象壮观，从三石镇四合村俯视红水河第一湾，“U”形的两头连接着遥远的天际，群山连绵起伏，左、中、右均是高高耸立的山峰绝壁，直插云天，其高均在 700 米以上，与水面落差高达 500 米，目所能及河道长约 4 公里，河面最宽处为 300 米，两岸高山耸立，形成峡谷风光，峡谷深切，山势宏伟壮观，震撼人心，大气恢宏，雄伟险峻的喀斯特石山崖壁与恬静温婉的红水河湾交相辉映，构成了广西的母亲河——红水河最大的弯道，被誉为“红水河第一湾”，是广西最具代表性、震撼

人心的山水河湾峡谷景观，因地形复杂、景象经常变幻莫测，或是云雾缠绕聚散，或是红霞漫天，或是雨过天晴彩虹飞渡等蔚为壮观，是寻奇、览胜、探幽难得的胜地。

国内同类的“U”形河湾景观有黄河第一湾、长江第一湾、怒江第一湾、金沙江第一湾等，其中黄河第一湾位于山西省吕梁市石楼县，黄河自唐古拉山开始，流经四川、甘肃、宁夏，在晋陕大峡谷中部陡然向东，出现一个大转弯，西窄东宽，尾部圆满，南北相称，恰似葫芦状，河湾全长 8 公里；长江第一湾位于云南省丽江县，从青藏高原奔腾而下，到了香格里拉县的沙松碧村，突然来了个 100 多度的急转弯，转向东北，形成罕见的“U”形大湾，有“江流到此成逆转，奔入中原壮大观”之说，江面水平如镜、绿柳夹岸、群山座座、整齐划一的田畴和炊烟袅袅的村镇，形成高原上难得一见的江南水乡般景致；怒江第一湾位于云南省怒江州贡山县，由于王箐大悬岩绝壁的阻隔，江水的流向从由北向南改为由东向西，形成了一个半圆形大湾，湾中心地势平坦，构成三面环水的半岛状小平原；金沙江第一湾位于滇藏三省区结合部的得荣县子庚乡境内，金沙江围绕金字塔般的日锥峰形成了一个“Ω”形的马蹄形大拐弯，河水曲流深切，两壁危岩峭立。

综上所述，红水河第一湾可与国内知名的黄河第一湾、长江第一湾、怒江第一湾、金沙江第一湾等相媲美，可见其具有区域典型性和代表性，是全国罕见，广西独有。

2. 石山森林

森林公园地处南亚热带季风气候区，其地带性植被为南亚热带常绿阔叶林，因范围内及周边喀斯特地貌面积较大，故其植被具有典型的岩溶特性，不仅因其难以再生性和脆弱性而具有较高的研究和保护价值，而且，其外貌形态观赏性也较高。从整体看，区域内石山植被生长旺盛，处处皆是生机勃勃、郁郁葱葱，森林覆盖率达 79.6%，植物群落类型多样、结构复杂，既有高大挺拔的复层乔木林，又有茂密的石山灌丛和藤蔓，还有众多生命力顽强的植物在陡峭的岩石缝隙中扎根、茂盛生长，它们共同组成了风景优美的石山森林景观。具体而言，森林的主要建群种类樟科与壳斗科植物群落外貌常呈浓郁的深绿色，形成区域森林植被的基调色彩，主要种类有如石山樟、润楠、琼楠、富宁栎、滇青冈等；种类多样的落叶树种丰富了森林的色彩，如红背山麻杆、黄牛木、圆叶乌桕、枫香、黄连木、盐肤木、漆树等，随着秋冬季节来临，它们的叶色陆续转为不同程度的黄色、红色、橙红、紫红等，这些绚丽的色彩点缀在茫茫森林中、奇峰峭壁上，构成了色彩斑斓、景色秀丽的石山森林风景资源。

3. 红水河

红水河是珠江流域西江水系的干流，发源于云南省沾益县的马雄山。红水河从天峨县流入东兰县，自东兰县北部金谷乡板丁村向南流经巴畴、长江、隘洞、长乐、三弄、三石、大同等乡（镇），从森林公园的南部流入大化县境内，流经东兰县境内115公里。森林公园范围内红水河长17.2公里，水面宽广，水流缓急适中，河水碧绿清幽，河岸蜿蜒曲折，不仅景色优美，还为湿地植物的生长繁殖创造了极佳的自然环境，两岸湿地植物种类丰富，共有37科63属77种，群落类型多样，它们与水的空间关系也各有不同，长于水边沼泽地的有如铺地黍群落、空心莲子草群落、野芋群落等；挺立于浅水中的有水竹叶群落、水蓼群落、假稻群落等，其他主要种类还有繁缕、破铜钱、香附子、稗、碎米莎草等。这些湿地植物或成片布满河岸弯折处，或呈长带状镶嵌于水边，它们与幽幽绿水巧妙地交织在一起，浓淡相宜，疏密有致，构成一幅优美的水岸画卷。

三、森林风景资源质量评价

根据《中国森林公园风景资源质量等级评定》（GB/T 18005—1999），通过专业技术人员对广西东兰红水河森林公园的风景资源质量、区域环境质量和旅游开发利用条件三方面进行逐项评价、打分，本森林公园综合得分为40.5分，符合省/自治区级森林公园风景资源的标准，详情见表5.5～表5.7。

表5.5　广西东兰红水河森林公园风景资源质量评价

资源类型	评价因子	评分值	实得分值	权数	加权实得分值	资源基本质量加权值	资源质量评价值
地文资源	典型度	5	4.0	20	3.2	22.0	25.5
	自然度	5	4.0				
	吸引度	4	3.0				
	多样度	3	2.0				
	科学度	3	3.0				

续表

<table>
<tr><th>资源类型</th><th>评价因子</th><th>评分值</th><th>实得分值</th><th>权数</th><th>加权实得分值</th><th>资源基本质量加权值</th><th>资源质量评价值</th></tr>
<tr><td rowspan="5">水文资源</td><td>典型度</td><td>5</td><td>4.0</td><td rowspan="5">20</td><td rowspan="5">3.1</td><td rowspan="20">22.0</td><td rowspan="22">25.5</td></tr>
<tr><td>自然度</td><td>5</td><td>4.0</td></tr>
<tr><td>吸引度</td><td>4</td><td>3.5</td></tr>
<tr><td>多样度</td><td>3</td><td>2.0</td></tr>
<tr><td>科学度</td><td>3</td><td>2.0</td></tr>
<tr><td rowspan="5">生物资源</td><td>地带度</td><td>10</td><td>9</td><td rowspan="5">40</td><td rowspan="5">14.0</td></tr>
<tr><td>珍稀度</td><td>10</td><td>9</td></tr>
<tr><td>多样度</td><td>8</td><td>7</td></tr>
<tr><td>吸引度</td><td>6</td><td>5</td></tr>
<tr><td>科学度</td><td>6</td><td>5</td></tr>
<tr><td rowspan="5">人文资源</td><td>珍稀度</td><td>4</td><td>3.0</td><td rowspan="5">15</td><td rowspan="5">15</td></tr>
<tr><td>典型度</td><td>4</td><td>3.0</td></tr>
<tr><td>多样度</td><td>3</td><td>2.0</td></tr>
<tr><td>吸引度</td><td>2</td><td>1.0</td></tr>
<tr><td>利用度</td><td>2</td><td>1.0</td></tr>
<tr><td rowspan="5">天象资源</td><td>多样度</td><td>1</td><td>0.8</td><td rowspan="5">5</td><td rowspan="5">0.2</td></tr>
<tr><td>珍稀度</td><td>1</td><td>0.8</td></tr>
<tr><td>典型度</td><td>1</td><td>0.8</td></tr>
<tr><td>吸引度</td><td>1</td><td>0.8</td></tr>
<tr><td>利用度</td><td>1</td><td>0.8</td></tr>
<tr><td>资源组合</td><td>组合度</td><td>1.5</td><td colspan="4">1.5</td></tr>
<tr><td colspan="2">特色附加分</td><td>2</td><td colspan="4">2.0</td></tr>
</table>

表 5.6 广西东兰红水河森林公园旅游开发利用条件评价

项目评价		指标描述	评价分值	得分	合计
公园面积		森林公园规划的面积大于 500 公顷	1	1	7.0
旅游适游期		大于或等于 240 天/年	1.5	1.5	
		在 150 天/年至 240 天/年之间	1		
		小于 150 天/年	0.5		
区位条件		距省会城市小于 100 公里，或以公园为中心、半径 100 公里内有 100 万人口规模的城市，或 100 公里内有著名的旅游区	1.5		
		距离省会城市或著名旅游区（点）100～200 公里	1	1	
		距离省会城市或著名旅游区（点）大于 200 公里	0.5		
外部交通	铁路	50 公里内通铁路，在铁路干线上，中等或大站，客流量大	1		
		50 公里内通铁路，不在铁路干线上，客流量小	0.5	0.5	
	公路	国道或省道，有交通车随时可达，客流量大	1		
		省道或县级道路，交通车较多，有一定客流量	0.5	0.5	
	水路	水路方便，客运量大，在当地交通中占有重要地位	1		
		水路较方便，有客运	0.5	0.5	
	航空	100 公里内有国内航空港或 150 公里内有国际航空港	1	1	
内部交通		区域内有多重交通方式可供选择，具备游览的通达性	1		
		区域内交通方式较为单一	0.5	0.5	
基础设施条件		自有水源或各区通自来水，有充足变压电压供应，有较为完善的内外通信条件，旅游接待服务设施较好	1		
		通水、电，有通信和接待能力，但各类基础设施条件一般	0.5	0.5	

综合评价：广西东兰红水河森林公园拥有国内罕见“U”形河湾峡谷景观、丰富的石山森林植被、优良的自然生态环境，浓郁的壮民族风情、奇特的铜鼓文化等内涵丰富的红水河文化底蕴，融自然山水与人文景观于一体，旅游资源组合度好、特色鲜明、品位高、开发价值大，是国内罕见的景观，具有区域独特性和垄断性，森林公园的建设将促进红水河国际生态养生度假区红水河观光休闲游旅

表 5.7 广西东兰红水河森林公园区域环境质量评价

项目评价	指标描述	评价分值	得分	合计
大气质量	达到《环境空气质量标准》（GB 3096—1996）一级标准	2	2	8.0
	达到《环境空气质量标准》（GB 3096—1996）二级标准	1		
地面水质量	达到《地表水环境质量》（GB 3838—2002）一类标准	2		
	达到《地表水环境质量》（GB 3838—2002）二类标准	1	1	
土壤质量	达到《土壤环境质量标准》（GB 15618—1995）一级标准	1.5	1.5	
	达到《土壤环境质量标准》（GB 15618—1995）二级标准	1		
负离子含量	旅游旺季主要景点其含量为 5 万个每立方厘米	2.5		
	旅游旺季主要景点其含量为 1 万至 5 万个每立方厘米	2	2	
	旅游旺季主要景点其含量为 3 千至 1 万个每立方厘米	1		
	旅游旺季主要景点其含量为 1 千至 3 千个每立方厘米	0.5		
空气细菌数量	空气细菌含量为 1000 个每立方厘米以下	2		
	空气细菌含量为 1000 至 1 万个每立方厘米	1.5	1.5	
	空气细菌含量为 1 万至 5 万个每立方厘米	0.5		

游线路的开发，即大化（红水河八十里画廊）—岩滩电站—北景—东兰红水河第一湾—坡豪—天峨（龙滩水电站），森林公园是广西重点打造的三大国际旅游目的地之一——巴马长寿养生国际旅游区的重要组成部分，是红水河游览线路上的重要节点，是东兰县经典旅游线路的重要景区，森林公园的建设将有利于保护地带性天然植被，促进东兰县社会经济发展及生态文明建设，在推动东兰县生态旅游集群式开发等方面发挥着巨大的作用，应加强保护，科学规划，合理开发利用，实现森林公园的生态、社会、经济的协调可持续发展，通过对东兰红水河森林公园风景资源质量等级的评定，说明东兰红水河森林公园具备成为自治区级森林公园的条件，将其建设成自治区级森林公园十分必要和迫切。

第六章　广西森林旅游开发研究

第一节　广西森林旅游环境质量评价研究

——以广西岑溪市吉太森林公园为例

森林旅游作为特殊的旅游方式，随着经济的发展，目前趋向于大众化，在生态环境敏感性较低的旅游区会因游客超出旅游区的生态容量和非生态的旅游行为影响生态环境。森林旅游区的开发是以良好的生态环境和多样性的森林资源为基础的，独特的森林资源和生态环境是吸引游客的重要资产。因此通过建立森林公园生态环境评价指标体系，进行生态环境质量评价，对促进森林旅游发展和生态环境的保护之间的协调很有必要。

一、建立评价指标体系的原则

（一）科学性原则

评价指标的选取能够客观地反映森林旅游区的最基本特征，指标有清晰的概念、科学含义，每个指标之间既要有内在的联系，同时又要避免重复。所选取的指标能够反映森林旅游景区的空气、负离子、细菌数、土壤酸碱度等与生态环境质量相关的参考指标。

（二）规范性原则

评价体系中，指标的选取应符合国内外相关的规范、标准，遵循公认的指标和计算方法、使用规范单位的原则进行选取，使用常见、易统计的指标，指标在实际应用中具有代表值，便于横向、纵向比较。

（三）层次性原则

在评价体系中，为了进行科学评价，可分为多个系统进行评价。

（四）综合性原则

森林旅游涉及社会、经济、自然三个方面，评价体系中的指标应综合体现社会、经济、自然的主要属性和相互关系。指标体系可以反映出局部和整体的特征，单项和多项的特征，当前的特征和未来的趋势，指标体系既要有微观的指标又要有宏观的指标。

（五）动态性原则

森林旅游的发展是随着市场的需求不断变化的，在评价体系中，指标的选取随着森林旅游的改变而调整，指标能够符合当前森林旅游的发展中动态变化和度量未来的发展。

（六）实用性原则

森林旅游景区或者是公园生态环境质量评价指标体系的主要目的在于实时地监测景区或公园的生态环境，所以评价指标体系需要真实地反映森林景区或者公园的实际情况，所选取的指标必须具有实用性、可行性和可操作性。

二、指标体系及测度方法

森林旅游环境是森林景区或者公园内的水、空气、土壤、动物、植物等实体物质因素，还有其他管理制度、行为准则等非物质因素，是一切因素里物质和非物质的总和，森林旅游环境受到自然因素和人文因素的影响。从旅游者的角度，主要需要评价的指标体系是景观规模、生态景观质量、旅游资源的丰富度、空气质量、空气中细菌数、土壤酸碱度、负离子浓度、水的清洁度等与旅游者切身体验相关的参数。从生态经济的角度，主要评价体系指标是生态容量、接待人数、游客消费水平、景区或者公园的投入、收益等与景区利益相关的参数。

测量的方法需要环境领域的专家到景区或者公园实地取样，带回实验室测量，或者是在景区或者公园实地的测量，因评价指标的特性，有些数据则需要长期、定期测量。

三、森林旅游景区环境质量指标评判标准

对森林旅游景区环境质量单体指标要素的评判标准主要采用定量和定性的方

法，如表6.1所示。

表6.1 环境质量指标体系、测度方法及评判标准

指标层	要素层	测度及方法	评判标准				
			10～8	8～6	6～4	4～2	2～0
环境质量	空气环境质量	GB 3095—2012；实测或当地环保部门提供	国家一级	国家二级	国家三级	三级以下	严重污染
	水体环境质量	GB 3838—2002；实测或当地环保部门提供	国家一级	国家二级	国家三级	三级以下	严重污染
	声环境质量	GB 3096—2008；实测或当地环保部门提供	国家一级	国家二级	国家三级	三级以下	严重污染
	废弃物处理达标率/%	GB/T 18005—1999；实测或由各旅游区提供	100	99～96	95～90	94～90	<89
	自然植被覆盖率/%	GB/T 18005—1999；旅游部门或由各旅游区提供	90	80～90	70～80	60～70	<60
	土壤质量	GB 15618—1995；实测或当地环保部门提供	Ⅰ	Ⅱ	Ⅲ		
	负离子质量	实测或当地环保部门提供	Ⅰ	Ⅱ	Ⅲ	Ⅳ	Ⅴ
	空气细菌质量	实测或当地环保部门提供	Ⅰ	Ⅱ	Ⅲ	Ⅳ	Ⅴ

根据相关的研究，森林旅游景区空气质量评价标准如表6.2所示。空气质量标准值通常采用两种形式的标准值，一是空气污染指数（核心景区为50，一般景区为60，服务区为80），二是各项污染物浓度。

表6.2 森林旅游景区空气质量评价标准 单位：毫克/立方米

污染物	取值时间	浓度极值		
		核心景区	一般景区	服务区
二氧化硫（SO_2）	年平均	0.02	0.04	0.06
	日平均	0.05	0.08	0.12

续表

污染物	取值时间	浓度极值		
		核心景区	一般景区	服务区
总悬浮颗粒物（TSP）	年平均	0.08	0.10	0.15
	日平均	0.12	0.16	0.20
氮氧化物（NO_x）	年平均	0.05	0.05	0.05
	日平均	0.10	0.10	0.10
一氧化碳（CO）	日平均	3.50	3.80	4.11
臭氧（O_3）	1h 平均	0.12	0.14	0.16
铅（Pb）	年平均	1.00	1.00	1.00
	季平均	1.50	1.50	1.50
苯并［a］芘（BaP）	日平均	0.01	0.01	0.01
可吸入颗粒物（PM10）	年平均	0.04	0.06	0.08
	日平均	0.05	0.10	0.12

水体环境质量评分标准如表 6.3 所示。其基本要求是：

表 6.3 森林旅游景区地表水环境标准 单位：毫克/升

分类	核心景区	一般景区	服务区
pH	6～8		
溶解氧	7.5	6.0	5.0
高锰酸盐指数	2	4	6
化学需氧量（COD）	15	15	20
五日生化需氧量（BOD5）	3	3	4
氨氮（NH_3-N）	0.15	0.50	1.00
总磷（以 P 计算）	0.02	0.10	0.20
总氮（湖、库以 N 计）	0.2	0.5	1.0
Cu	0.01	1.00	1.00
Zn	0.05	1.0	1.0
氟化物（以 F 计算）	1.0	1.0	1.0
Se	0.01	0.01	0.01

续表

分类	核心景区	一般景区	服务区
As	0.05	0.05	0.05
Hg	0.00005	0.00005	0.00005
Cd	0.001	0.005	0.005
Cr^{6+}（六价）	0.01	0.05	0.05
Pb	0.01	0.01	0.05
氰化物	0.005	0.050	0.200
挥发酚	0.002	0.002	0.005
石油类	0.05	0.05	0.05
阴离子表面活性剂	0.20	0.02	0.20
硫化物	0.05	0.10	0.20
粪大肠菌群（个/升）	200	2000	10000

自然状态下的水体不应用下述物质：①沉淀物、漂浮物、水生生物等物质；②有颜色、臭味或浑浊度的物质；③对人类、动植物有毒、有害或带来不良生理反应的物质。人为造成的环境水温变化（周平均最大升温、最大降温）应限制在1℃以内。声环境质量评分标准如表6.4所示。

表6.4 森林旅游景区声环境质量评分标准 单位：dB（A）

类别	标准		
	核心景区	一般景区	服务区
一类	昼间30	昼间35	昼间40
	夜间25	夜间30	夜间35
二类	昼间35	昼间40	昼间45
	夜间30	夜间35	夜间40
三类	昼间40	昼间45	昼间50
	夜间35	夜间40	夜间45
四类	昼间>40	昼间>45	昼间>50
	夜间>35	夜间>40	夜间>45

四、吉太森林公园环境质量评价指标

（一）主要环境指标

根据岑溪市近年对吉太森林公园内的环境质量的例行检测，空气质量、水体环境质量、声环境质量均优于评判标准，其评价结果如表6.5所示。

表6.5　吉太森林公园旅游主要环境指标质量

景区	空气质量		水体环境质量		声环境质量	
	实测	赋分	实测	赋分	实测	赋分
吉太森林公园	国家一级	10	国家一级	10	国家一级	10

（二）自然植被覆盖率

根据吉太森林公园管理委员会和岑溪市林业局提供的资料，吉太森林公园自然植被覆盖率为93%以上。自然植被覆盖率评分标准参照绿化指数的相关标准规定。

（三）游客容量指数

旅游容量是指某景区在单位时间里不超过旅游环境阈值的前提下所能承受的最大游客接待量。根据实际测算吉太森林公园理论年容客量是543.31万人次，由于森林公园生态敏感度较高，为更好地保护好区域的自然环境，应充分考虑森林公园的环境承载力和生态敏感度，将森林公园的日生态容量按日环境容量的50%进行控制，则年接待游客控制在271.65万人次以内。

五、生物多样性指标

生物多样性是指在一定范围内，该区域动物、植物、微生物种类的多样性，物种遗传的多样性和生态系统的多样性，生物多样性是用来描述一定范围内生物群落结构特征和物种丰富程度。生物多样性是森林旅游的亮点，生物多样性越丰富，可开发的项目则越多，直接影响森林旅游效益的高低。通过查阅岑溪市植物志和数据统计，吉太森林公园生物多样性的情况如表6.6所示。

表 6.6　吉太森林公园生物多样性

旅游区	动物		植物		综合赋分
	多样性	赋分	多样性	赋分	
吉太森林公园	森林公园范围内有兽类动物 45 种，鸟类 87 种，爬行类 22 种，两栖类 31 种，属于国家二级保护的野生动物有穿山甲、水獭、小灵猫等；广西地方重点保护的野生动物有华南兔、果子狸、八哥、画眉、金环蛇、银环蛇、眼镜王蛇等	10	森林公园范围内有维管束植物 214 科，986 种，其中属国家二级保护野生植物有桫椤、樟树、任豆、格木、喜树、观光木等，属于广西重点保护野生植物的有罗汉松、苏木等	10	10

六、森林公园示范效应指标

森林公园示范效应指标主要是从为周边的社区的居民提供的就业岗位、社区的收入、生活水平的改善、生态保护功能、科普研学教育功能、经济效益等要素进行评价，其分值均分为 10 分。

七、社区居民消耗结构指标

社区居民消耗结构指标主要是从社区居民使用的沼气、太阳能、木材和其他这四个方面进行评价，其能耗结构比分别为 20%、1%、26%、50%，其综合赋值为 5 分。

八、景观质量及指标

景观质量指标分为可视景观、可感觉景观和气候适应性三部分。

（一）可视景观质量

吉太森林公园可视景观质量评价指标及结果如表 6.7 所示。

表 6.7 吉太森林公园可视景观质量评价

项目	规模	丰度	优美度	空间组合度	建筑与环境协调性	圈层结构	季相变化
赋分	10	10	10	10	8	10	10
评价	大	丰富	优美	好	协调	明显	大

（二）可感觉景观质量

可感觉景观质量主要指在森林旅游景区或者公园内身体能够感受到的因素，比如空气质量、空气中负离子浓度、水的清洁度等。经研究证明，空气中的负离子浓度达到一定的程度，可以调节人的心情，有助于缓解人抑郁的情绪，长期在空气负离子含量高的地区生活，对疾病的治疗有辅助的作用，对于健康的人来说，空气负离子浓度达到1000个/立方厘米以上时具有保健作用。8000个/立方厘米以上就可以治病。所以空气中的负离子有“长寿素”之称。一般森林、瀑布、海滨的负离子浓度可达 2×10^4 个/立方厘米以上。城市公园负离子浓度为400～800个/立方厘米，街道绿化地带为100～200个/立方厘米，办公室为100个/立方厘米，城市居室更低至40～45个/立方厘米。泉水中的喷泉水体高速向上运动，负离子的浓度可达 4.8×10^3 个/立方厘米。吉太森林公园负离子浓度的级别如表6.8所示。

表 6.8 吉太森林公园负离子浓度等级表

评价因子	评价依据	赋值	得分
空气中负离子水平（20分）	主要景点平均浓度700个/立方厘米以上，局部地段达到60000个/立方厘米以上	17～20	10
	主要景点平均浓度700个/立方厘米以上，局部地区达到30000个/立方厘米以上	13～16	
	主要景点平均浓度700个/立方厘米以上，局部地区达到10000个/立方厘米以上	9～12	
	主要景点平均浓度700个/立方厘米以上，局部地区达到3000个/立方厘米以上	5～8	
	主要景点平均浓度700个/立方厘米以下	0～4	

（三）吉太森林公园气候适应性

英国学者洪特（Houghom）、亚格洛（Yaglou）因建筑上的需要提出了有效温度的概念，即在不同的温度、湿度和风速的综合作用下所产生的热感觉指标。20 世纪 70 年代，盖奇等（Cage）提出了新有效温度，随后他又根据生理条件制定出标准有效温度（Standard Effective Temperature，SET）。目前比较常用的气候生理指标有温湿指数（Temperature Humidity Index，THI）和风效指数 K，THI 通常采用下式来计算。

$$THI = t - 0.55\ (1 - f)\ (t - 14.4) \tag{6-1}$$

式中，t——气温/℃；f——相对湿度。

当 THI > 25.0 时，闷热；20.0 ~ 25.0，暖；15.0 ~ 20.0，舒适；10.0 ~ 15.0，凉；< 10.0，冷。

一年内人体感觉凉、舒适、暖的日数之和为旅游适游期，经计算，吉太森林公园的适游期为 280 天（见表 6.9）。

表 6.9　吉太森林公园气候适应性统计

月份	气温/℃	相对湿度/%	THI	人体感觉
1	9	76	7.23	冷
2	10	74	9.28	凉
3	12	79	10.31	凉
4	19.4	86	14.21	凉
5	19.4	87	18.03	舒适
6	21.5	91	20.12	暖
7	23.6	83	22.17	暖
8	23.7	84	21.98	暖
9	22.3	82	20.16	暖
10	17.2	80	16.10	舒适
11	10.1	83	10.37	凉
12	8.5	72	8.54	冷
适游天数	280 天			

九、吉太森林公园环境质量总体评价结果

根据上述吉太森林公园环境质量评价及其赋值，采用专家系统法和模糊数学综合评价方法，对吉太森林公园质量进行总体评价，结果如表6.10所示。

表6.10　吉太森林公园环境质量总体评价结果

<table>
<tr><th rowspan="2">目标层</th><th rowspan="2">指标层（权重）</th><th rowspan="2" colspan="2">要素层</th><th colspan="4">总体评价结果</th></tr>
<tr><th>权重</th><th>要素层指数</th><th>指标层指数</th><th>目标层指数</th></tr>
<tr><td rowspan="20">吉太森林公园生态景观质量</td><td rowspan="8">主要环境要素（0.3）</td><td colspan="2">空气环境质量</td><td>0.2</td><td>10</td><td rowspan="8">9.8</td><td rowspan="20">8.543</td></tr>
<tr><td colspan="2">水体环境质量</td><td>0.2</td><td>10</td></tr>
<tr><td colspan="2">声环境质量</td><td>0.2</td><td>10</td></tr>
<tr><td colspan="2">废弃物处理达标率/%</td><td>0.1</td><td>9</td></tr>
<tr><td colspan="2">自然植被覆盖率/%</td><td>0.2</td><td>10</td></tr>
<tr><td colspan="2">土壤质量</td><td>0.2</td><td>10</td></tr>
<tr><td colspan="2">负离子质量</td><td>0.2</td><td>10</td></tr>
<tr><td colspan="2">空气细菌质量</td><td>0.2</td><td>10</td></tr>
<tr><td rowspan="2">旅游生态效益（0.3）</td><td colspan="2">景区生物多样性</td><td>0.3</td><td>8</td><td rowspan="2">7.5</td></tr>
<tr><td colspan="2">景区示范效应</td><td>0.2</td><td>6</td></tr>
<tr><td rowspan="10">景观质量（0.3）</td><td rowspan="7">可视景观质量（0.6）</td><td>景观规模</td><td>0.1</td><td>10</td><td rowspan="10">9.7</td></tr>
<tr><td>旅游资源丰富度</td><td>0.2</td><td>10</td></tr>
<tr><td>旅游资源优美度</td><td>0.1</td><td>10</td></tr>
<tr><td>旅游资源空间组合</td><td>0.2</td><td>8</td></tr>
<tr><td>旅游景观季相变化</td><td>0.2</td><td>8</td></tr>
<tr><td>建筑与环境的协调性</td><td>0.1</td><td>7</td></tr>
<tr><td>景区的圈层结构</td><td>0.1</td><td>9</td></tr>
<tr><td rowspan="3">可感觉景观质量（0.4）</td><td>负离子浓度</td><td>0.3</td><td>10</td></tr>
<tr><td>景区气候适应性</td><td>0.3</td><td>10</td></tr>
<tr><td>旅游氛围</td><td>0.2</td><td>8</td></tr>
</table>

第二节　森林旅游开发的SWOT分析研究

——以广西金秀县大瑶山森林公园为例

对森林公园进行SWOT分析，通过评价和分析森林公园内在的优势、劣势、外在的机遇和挑战，把握有利的机会，避免不利的环境威胁。将森林景区或者公园置于市场中进行内部优劣势的比较，从竞争激烈的市场中制定森林景区或者公园发展定位和发展规划，通过树立品牌、创造特色、满足游客对旅游产品的需求，从而保持在市场竞争中的竞争力。运用SWOT分析方法，对广西发展森林旅游的内外环境进行分析，并进一步提出开发的对策。

一、优势分析

（一）景观资源丰富，全国少有

大瑶山国家森林公园的地文景观与生物景观资源特色突出，全国少有。地文景观以砂岩峰林地貌景观为特色，构造奇特，面积宽广，类型复杂，形成了奇异的砂岩峰林风景带，具有很高的观赏价值；生物景观以亚热带常绿阔叶林垂直带谱为特色，森林植被保存完好，拥有大面积的原始古林，有世界最大“银杉王”，还有瑶山鳄蜥、南方红豆杉、长苞铁杉等丰富的珍稀野生生物资源，公园内的银杉是我国银杉分布纬度最低点，也是最南点，其银杉具有最老、最多、植株最大的特点；公园内的银杉群落，是继广西龙胜县、四川、贵州等地之后发现的又一银杉群落，具有很高的科普价值。

（二）生态环境优良，得天独厚

森林公园地处山区，海拔高，气温偏低，具有显著的亚热带山地气候特点，年平均气温17.0℃，最热7月平均气温仅23.9℃，比周边的来宾市和柳州市低3~4℃，夏无酷暑，旅游舒适期长达244天，空气负离子含量平均为9200个/立方厘米，最高达60400个/立方厘米，是不可多得的避暑度假生态旅游胜地。优良的生态环境造就了金秀的长寿现象，金秀现有百岁以上老人共15人。2012年11月，金秀瑶族自治县荣获“中国长寿之乡”称号，为森林公园发展生态旅游奠定了基础。

（三）瑶族民俗文化独特，组合优势

森林公园所在地为金秀县瑶族自治县，瑶族文化、瑶族服饰、瑶族民居、瑶族民歌、瑶族民俗丰富多样，地方特色明显。目前世界人类学研究的两个热点，其中一个就是瑶族。大瑶山瑶民族文化对游人具有极大的吸引力。此外，金秀现有400多位瑶医，药用类植物达千余种，形成了金秀独特的瑶医瑶药文化。独特民俗文化与优美的自然景观资源组合发展，为大瑶山国家森林公园发展旅游提供了良好的条件。

（四）各级政府高度重视，有力支撑

森林公园所在的金秀是广西“十二五”期间旅游重点发展区域，自治区领导十分重视金秀旅游业的发展，制定多项政策，采取各种有力措施加快旅游业的发展。金秀县政府确立了“生态立县、旅游强县”的总体战略，突出发展瑶乡特色生态旅游业，提升第三产业发展水平。政策上的综合优势，为森林公园发展提供了强有力的支撑。

二、劣势分析

（一）交通设施建设滞后，可进入性较差

尽管森林公园近几年交通设施有所改善，但总体来看，交通网络不完善，公路网技术等级低，交通配套设施不足，尤其是通往景区的道路路况较差，可进入性差，景区内山高路陡，交通不便。此外，森林公园部分区域属于大瑶山国家级自然保护区，修建公路容易对生态环境造成破坏，因此，交通成了制约森林公园发展的瓶颈。

（二）资源开发粗放，缺乏精品

森林公园建设多年，由于资金投入有限，良好的旅游资源仅停留在原有基础上，没有进行深度开发，旅游产品类型单一，配套服务设施建设工程粗放，没有精品，仍以观光旅游产品为主，旅游开发程度与资源的丰富度不成正比关系，旅游资源开发缺乏深度，缺乏科普宣教旅游工程，竞争力不强。

（三）可建设用地相对匮乏，一定程度上制约了旅游的发展

森林公园地处山区，为砂岩峰林地貌，在景观资源较丰富的区域通常都比较陡峭，可利用的土地资源相对较少，影响了旅游基础设施和接待服务设施的建设，旅游发展可拓展的空间有限，在一定程度上制约了森林旅游的发展。

（四）金秀县总体经济水平偏低，旅游产业基础较弱

金秀县是国家扶贫开发工作重点县，因受生态保护的长期约束，工业发展缓慢，规模企业小，经济基础底子薄，总体经济水平偏低。2011 年，全县完成地区生产总值22.06 亿元，只占来宾市 GDP 的4.3%。经济基础薄弱导致了金秀县对旅游基础设施投入不足，在很大程度上制约了森林公园的建设发展。

三、面临的机遇与挑战

（一）机遇分析

1. 国家多重政策叠加，为森林公园发展创造了良好的发展环境

《国家林业局国家旅游局关于加快发展森林旅游的意见》（林场发〔2011〕249 号）和《中共广西壮族自治区委员会广西壮族自治区人民政府关于加快旅游业跨越发展的决定》（桂发〔2013〕9 号），2015 年11 月自治区林业厅、自治区旅游发展委员会《关于推进广西森林旅游发展的合作协议》（2015 年11 月），这为大瑶山森林公园的旅游提供了有利的发展环境。

2. “中国—东盟”自由贸易区的建成和多区域经济合作发展框架的逐步形成为森林公园旅游提供了广阔的空间

随着中国—东盟自由贸易区的建成、广西北部湾经济区的开放开发和广西积极参与大湄公次区域经济合作和中越“两廊一圈”、南宁—新加坡经济走廊的构建，“9 +2”泛珠三角区域合作机制的建立，对外开放将推进到一个新阶段，将给大瑶山森林公园旅游开发提供广阔的空间。

3. 广西加快“旅游强区”建设步伐，自治区领导对金秀旅游业的高度重视对森林公园旅游起到巨大推动作用

广西壮族自治区党委、自治区人民政府高度重视旅游业的发展，相继出台了《广西壮族自治区人民政府关于加快建设旅游强区的意见》（桂政发〔2010〕92号）、《中共广西壮族自治区委员会广西壮族自治区人民政府关于加快旅游业跨越式发展的决定》（桂政发〔2013〕9 号）。2013 年召开的广西旅游发展大会明确提出将广西建设成为全国一流、世界知名的区域性国际旅游目的地和集散地。自治区领导十分重视金秀旅游业的发展，抓住旅游扶贫的契机，将金秀瑶族自治县作为旅游扶贫联系县，提出以生态旅游资源为依托，深度挖掘浓郁的民族文化资源发展旅游，从而实现当地群众脱贫致富的旅游扶贫思路。随着扶贫开发和生态旅游相结合，扶贫基金和旅游发展基金将整合使用，这将为大瑶山国家森林公园

的旅游发展提供有力的经济支持，对大瑶山森林公园的发展起到巨大的推动作用。

4. 森旅合作为森林公园的旅游开发提供了有力的保障

为贯彻落实《国务院关于加快发展旅游业的意见》，国家旅游局和国家林业局签署了《关于推进森林旅游发展的合作框架协议》，着力加快林业产业与旅游业的融合发展，培育精品森林旅游产品，切实促进林业转型和旅游业升级的战略性对接，实现兴林富民和旅游惠民。广西林业厅与旅游局签署了《关于推进广西森林旅游发展的合作框架协议》，林业厅与旅游局将在推进全区森林旅游发展、打造森林旅游品牌、建立合作机制等八个方面加强合作，加快森林旅游发展。这给大瑶山国家森林公园的旅游开发建设提供了强有力的保障。

5. 未来全新交通格局的构筑为森林公园提供了难得的契机

“十二五”期间规划建设的巴马—贺州高速公路、柳州—梧州高速公路、柳州—肇庆铁路经过金秀，将形成全新的区域大交通格局，有利于推动桂中旅游圈与桂北旅游圈和桂东旅游圈的衔接，形成北接大桂林旅游圈，南接桂东的区域旅游线路，其区位优势进一步凸显，这必将给森林公园的旅游发展带来新的机遇，为森林公园开拓区内外客源市场提供良好的条件。

（二）挑战分析

1. 旅游投入的经济性有待提高

森林旅游的开发需要资金的投入，融资途径与融资时间需要得到相应的保障。基于森林公园的保护价值，其特色在于森林生态文化的挖掘和科普宣教，不宜一味地追求经济效益，具有一定的公益性，其投资回收期会比一般的旅游区更长，就目前的投资渠道而言，这对森林公园的建设是一个较大的压力。

2. 旅游支出的环境成本高

大瑶山森林公园的核心卖点是良好的生态环境和丰富的动植物资源，如过度开发会破坏生物栖息地和生态系统，背离生态机制的约束，生态系统就会失去平衡，最后导致生态危机。环境成本将是大瑶山森林公园开发成功与否的关键因素。大瑶山森林公园属砂岩峰林地貌类型，部分区域为国家级自然保护区范围，生态环境保持着很好的原始性，同时，原始的生态环境往往具备较高的敏感性特征，过度的人为活动可能会对生态环境造成不良的影响。建成后将会吸引大量游客涌入，频繁的旅游活动对当地的环境承载能力产生冲击，过度的压力将有可能给森林公园较原始的生态环境造成破坏。因此，大瑶山森林公园旅游需要协调好旅游开发与生态环境保护之间的关系，使森林公园的旅游发展既能保证经济效益，又能对其所依赖的生态环境进行有效的保护，是森林公园旅游发展面临的一大挑战。

3. 社会成本高

森林公园开发受到经济发展、社会状况、经营观念、管理方法以及季节、天气状态的影响，众多的不确定因素导致了开发生态旅游具有较大的社会风险。此外，旅游开发后，当地居民和旅游者的文化差异和社会差异也会触发社区稳定，这会给森林公园旅游开发带来深远影响的社会成本。

4. 旅游市场竞争激烈

森林公园的开发受到同类景区的竞争，同时也受到周边地区旅游市场的激烈竞争，威胁与机遇同在。从国内同类资源竞争上看，森林公园的资源价值可与湖南张家界媲美，但其市场知名度和资源开发程度远不如张家界，竞争力较弱。从周边同类资源竞争上看，平南县大鹏景区同样为砂岩峰林地貌，现正在大力开发，欲争夺市场份额，森林公园正面临着激烈的竞争，此外，象州、荔浦、鹿寨等周边旅游市场的激烈竞争，在目前各地大力发展旅游业、争夺市场份额的激烈竞争中，森林公园的特色竞争优势有待发掘和突出。

四、综合分析

根据上述分析，大瑶山森林公园机遇、挑战、优势、劣势同在，它们在一定条件下是可以相互转化的。充分应用分析结果，结合各部门，将劣势转为优势，将挑战转为机遇。由于森林公园所在地是生态敏感区，一旦游客超过生态容量，容易造成环境破坏等不良的影响。此外，随着森林旅游不断进行个性化的开发，有可能会造成森林资源退化。因此，在开发森林旅游以及游客需求不断变化的过程中，如何保护生态环境和生物多样性，实现资源可持续利用，对政府、公园管理部门来说是一个重大的挑战。

（一）建立开发机制，加强政府的干预和管理

大瑶山森林旅游开发是一个复杂的工程，涉及资源、市场、政府、开发商等。因此在市场主导下，政府给予政策支持，实现资源配置多元化，形成市场主导型旅游开发运作机制。在机制运行中，政府干预开发过程中面临的问题、机会和风险；在资金筹措、环境影响、发展速度等方面，加强宏观管理。

（二）科学规划，统筹发展

对大瑶山进行森林旅游开发，会对其生态系统造成不同程度的影响。在开发规划时，应注意对生态系统影响最小化，以保护生态环境为前提，坚持保护优

先，协调发展，使经济效益、社会效益、生态效益相统一，实现科学规划，统筹发展。按照大瑶山森林公园的功能分区，合理开发项目，体现森林旅游的生态性。

（三）多渠道筹集资金

大瑶山森林公园的开发需要大量的资金，资金是制约开发的瓶颈之一，所以解决资金来源是当务之急。森林旅游的开发和建设需要民间资本的参与，同时政府部门、个人、集体相结合，动员社会力量，参与到森林公园的开发中来。国家建立专项资金，鼓励有潜力的公司或者个人进入到森林旅游开发中。通过不同的渠道和形式筹集资金，解决资金不足的问题。

（四）加强以交通为核心的旅游设施建设

大瑶山森林公园自然环境比较原始，开发较晚。森林公园内硬件条件较差，基础设施中的交通设施、接待服务设施建设都比较薄弱。交通不便利，可进入性较差，制约了开发的进程和森林公园的发展。作为森林旅游发展的最基本条件，交通条件需要加快完善的脚步，加大投入的力度，才能解决大瑶山发展的路障，促进大瑶山森林公园的快速发展。

（五）加强旅游资源保护

森林旅游资源是发展森林旅游的基础，是森林旅游产品的核心。大瑶山森林公园开展活动时，应重视对公园内旅游资源的保护。首先是对已开发的资源、景点控制好客流量，并对游客进行生态环境、森林公园资源保护宣传教育，在重要的景区节点竖立保护动植物温馨提示标识牌。其次是在开发过程中坚持生态优先协调发展，尽量保持原始性，避免大规模建设，实现资源、景区可持续发展。最后是公园内的垃圾、废水进行无害化处理，减少对公园环境的影响。

（六）增强环保意识，强化法制观念

树立环保意识，在日常生活中，加强森林旅游生态环境保护的宣传保护，提高人们保护环境的意识。在景区设立保护生态的宣传栏或者是进行播音提示教育。除了对环保知识的宣传外，还可通过立法或者制定相应的规定，限制游客的行为严格执行和遵守我国的《环境保护法》《森林法》《野生动植物保护法》等与森林旅游相关的环境保护法律和法规，并针对森林公园环境影响有潜在性、持续性和累计性的特点，增加补充规定。

第三节 森林旅游潜在客源市场研究
——以广西南宁市大明山森林公园为例

一、南宁入境客源市场分析

(一) 总体规模及增长态势

南宁市是广西壮族自治区的首府，是广西壮族自治区的政治、经济、文化、科技、教育、金融和信息中心。近年来，南宁市旅游业得到较快发展。2011 年以来南宁入境旅游的游客数量逐年增长，推动了入境旅游的发展，每年保持两位数的年增长率，2018 年全市共接待境外旅游者 64.43 万人次，其中，外国游客 40.66 万人次，境外旅游者中，来自东盟国家的有 24.65 万人次，港、澳、台游客 23.77 万人次（见图 6.1、图 6.2）。

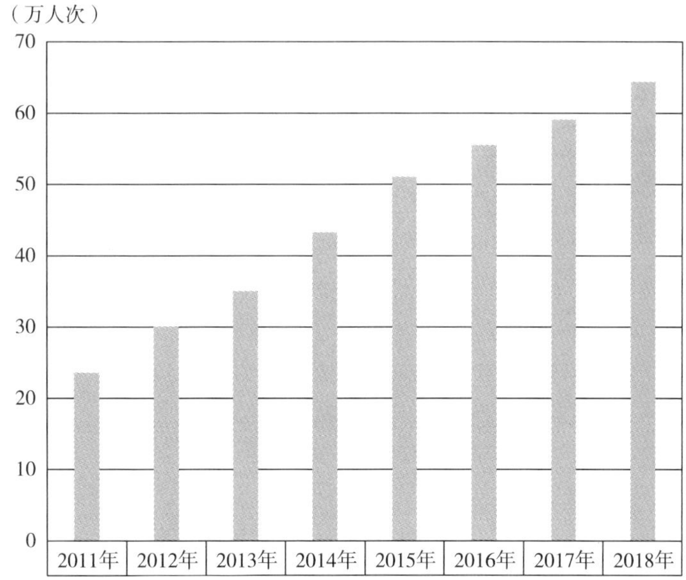

图 6.1　2011 ~ 2018 年南宁市入境旅游人数及增长情况

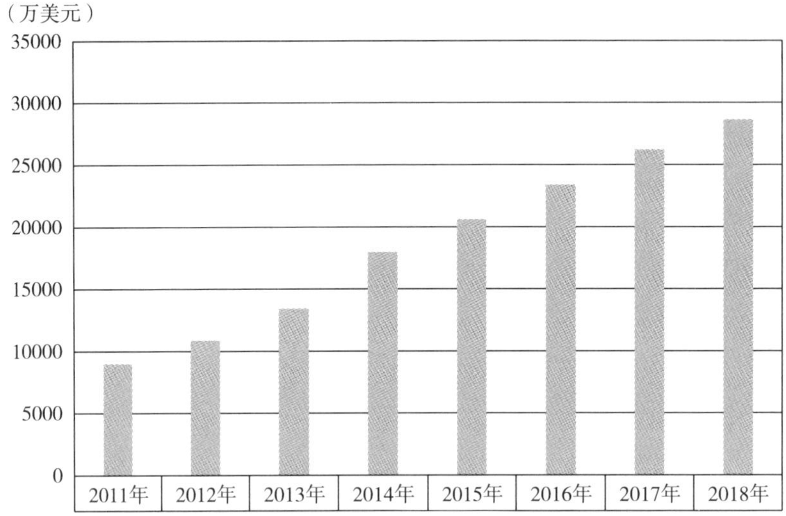

图 6.2　2011～2018 年南宁市入境旅游（外汇）收入及增长情况

（二）入境市场特征分析

1. 入境旅游者按客源地划分

从表 6.11 中 2011～2018 年的统计数据得出，2011～2018 年每年外国游客平均占 70.08%，而港澳台入境旅游者平均占 29.92%，南宁入境旅游者中外国游客比较多，而港澳台的地理位置比较好，同样占有重要的地位。2011～2018 年南宁入境旅游者人数及其比重见表 6.11。

表 6.11　2011～2018 年南宁入境旅游者人数及其比重

年份	旅游人数/万人次		旅游人数比重/%	
	外国游客	港澳台游客	外国游客	港澳台游客
2011	16.17	7.44	68.49	31.51
2012	20.98	9.08	69.79	30.21
2013	23.33	11.78	66.45	33.55
2014	30.96	12.34	71.50	28.50
2015	39.63	11.46	77.57	22.43
2016	42.26	13.28	76.09	23.91
2017	40.77	18.36	68.95	31.05
2018	40.66	23.77	63.11	36.89

2. 入境旅游者人数按月度划分

从2016年全年南宁市接待入境旅游者的时间分布看，6～10月是游客入境高峰，由于每年的10月为南宁市举办两会一节时期，对旅游业尤其是入境旅游起到了较为明显的带动作用，其中主要是对东盟国家客源地的入境旅游产生的影响较大。该月份接待的入境旅游者达68753人次（见图6.3）。

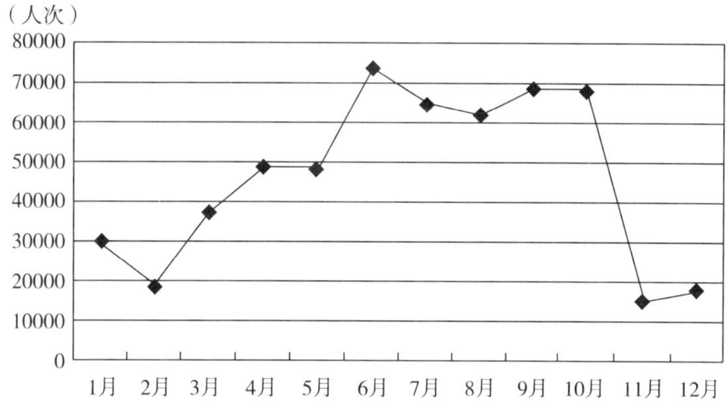

图6.3　2016年南宁市接待入境旅游者月度情况

3. 十大入境客源国排名分析

2016年，外国旅游者占全市入境旅游者总数的比重达76.09%。按人数多少排位，前十名的客源国是：韩国、泰国、新加坡、马来西亚、印度尼西亚、菲律宾、越南、印度、日本、蒙古。与2015年、2017年、2018年相比，前十大旅游客源国基本上变化不大，占入境外国游客总数比例均超过50%（见表6.12）。值得一提的是，连续三年排名前五位的国家中仅东盟国家就占据三个，分别是新加坡、印度尼西亚、马来西亚，东盟国家在入境旅游市场中具有举足轻重的地位。

4. 旅游者人均停留时间分析

从2014～2018年南宁市入境旅游者停留情况的统计数据来看，每年南宁市入境旅游者的平均停留时间均不足三天，以2018年为例，全国入境旅游者人均停留天数（包括外国游客、港澳台游客）均在2.33天左右，其中外国游客平均停留天数为2.47天，香港游客为2.09天，澳门游客为2.09天，台湾游客为2.06天（见表6.13）。较短的入境旅游者人均停留时间直接导致南宁入境旅游外汇创收能力有限，如何延长旅游者停留时间，这在旅游项目和旅游产品的设计上应予以考虑。

表 6.12 2016～2018 年南宁市十大入境客源国 单位：人次

2016 年			2017 年			2018 年		
国家	游客量	名次	国家	游客量	名次	国家	游客量	名次
韩国	54348	1	泰国	34587	1	越南	58523	1
泰国	40656	2	新加坡	34148	2	泰国	34969	2
新加坡	39262	3	马来西亚	33896	3	马来西亚	34375	3
马来西亚	30328	4	越南	32623	4	新加坡	31726	4
印度尼西亚	27838	5	印度尼西亚	30678	5	印度尼西亚	30552	5
菲律宾	26384	6	菲律宾	30182	6	菲律宾	29355	6
越南	25428	7	韩国	28574	7	印度	17954	7
印度	20231	8	印度	20751	8	蒙古	12225	8
日本	13337	9	蒙古	13461	9	韩国	11112	9
蒙古	11468	10	日本	13283	10	美国	8925	10

表 6.13 2014～2018 年南宁市入境旅游者停留情况 单位：人天，天

年份	外国游客		香港游客		澳门游客		台湾游客	
	人天数	平均停留	人天数	平均停留	人天数	平均停留	人天数	平均停留
2014	680983	2.20	79092	2.27	55043	2.31	143101	2.21
2015	826788	2.09	75256	2.00	46789	2.00	112899	2.11
2016	827932	1.96	96930	2.16	62205	2.09	120039	2.06
2017	897141	2.20	139330	2.07	94849	2.09	148007	2.08
2018	1003833	2.47	186961	2.09	127135	2.09	180162	2.06

5. 平均每一入境旅游者消费额分析

从表 6.14 中不难看出，南宁市平均每一入境旅游者消费额仅为 2902.5 元，较低的消费额与入境旅游者强大的出游消费能力显然不成正比。

表 6.14 各地平均每一入境旅游者消费额 单位：元

年份	2015	2016	2017	2018	平均
南宁市	2728	2844	2989	3049	2902.5

6. 小结

（1）旅游者构成特征：入境旅游总人数以外国游客为主，从十大入境客源国来看，东盟市场份额所占比例较高；在时间上每年的5~10月入境旅游者人数最多。

（2）旅游消费特征：旅游外汇收入项目构成上的不平衡；旅游者人均停留时间短；平均每一入境旅游者消费额较低。

二、南宁市国内旅游市场

（一）总体规模及增长态势

近年来，南宁市不断加强对旅游设施的建设，加快推进3A级以上的旅游景区提升改造进度，不断提高旅游产品的档次，以游客的需求为导向，推进全域旅游的服务体系建设，加大了南宁市旅游的宣传推广力度，旅游人数越来越多，旅游经济得到了较高的提升。

2011年国内旅游人数达4374.74万人次，至2018年国内旅游人数达13094.6万人次，旅游收入从578.65亿元增至1368.42亿元（见图6.4、图6.5）。

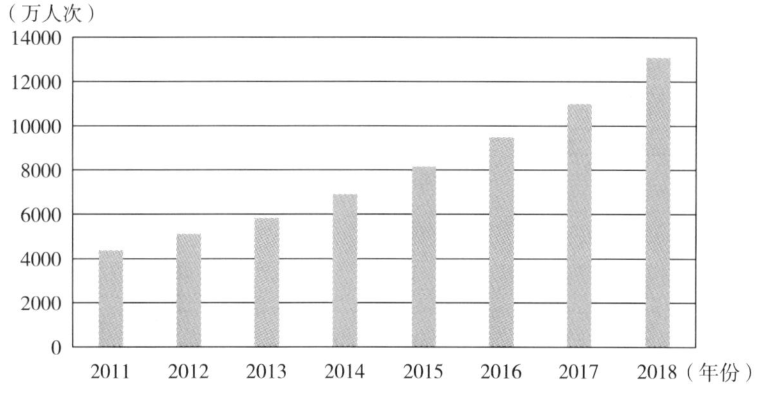

图6.4 2011~2018年南宁市国内游客增长情况

（二）国内旅游市场特征分析

1. 国内旅游者按职业划分

2017年到南宁市旅游的游客中企事业管理人员、服务销售人员、专业/文教科技人员、离退休人员、工人所占比例最大，分别为15%、14%、13%、13%、

12%，2017 年南宁市国内游客按职业划分情况见图 6.6。

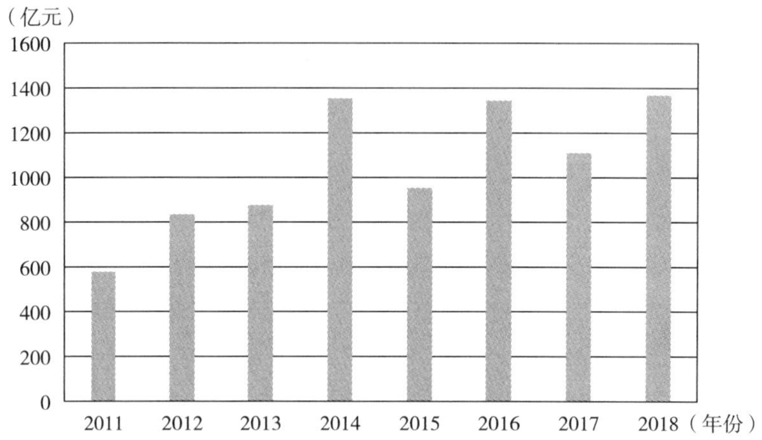

图 6.5　2011～2018 年南宁市国内旅游收入增长情况

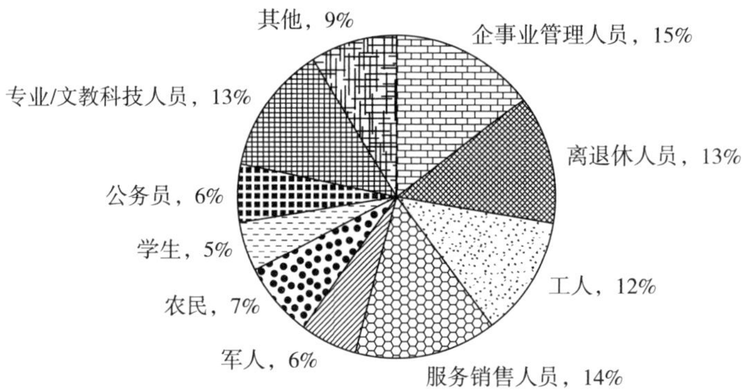

图 6.6　2017 年南宁市国内游客构成情况（按职业划分）

2. 国内旅游者按是否是城镇居民划分

2017 年到南宁市旅游的游客中城镇居民占 71.36%，非城镇居民占 28.64%。

3. 国内旅游者按来邕目的划分

2017 年到南宁市旅游的游客主要以观光游览、休闲度假、商务为主，所占比例分别为 37.91%、17.87%、13.03%。2017 年南宁市国内游客按来邕目的划分情况见图 6.7。

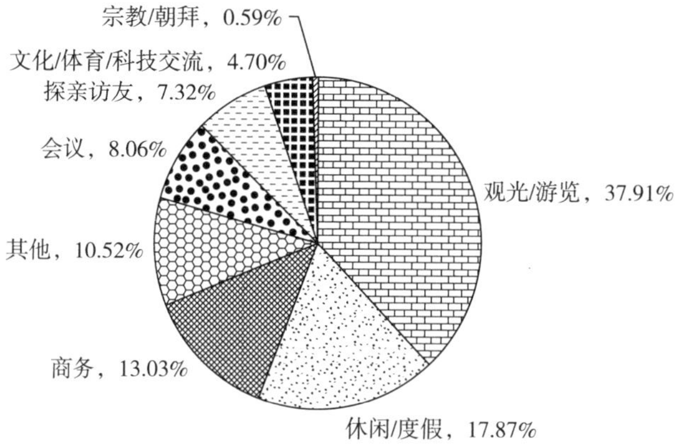

图 6.7 2010 年南宁市国内游客构成情况（按来邕目的划分）

4. 国内旅游者按来源划分

2017 年到南宁市旅游的游客以广西区内为主，占总客源的 53.74%；区外游客分布在我国 30 个省、市、自治区、直辖市。2017 年南宁市区外游客主要客源地前十位的为广东省、湖南省、贵州省、四川省、重庆市、云南省、湖北省、上海市、北京市、浙江省（见表 6.15）。2017 年南宁市接待区外游客按来源地划分见图 6.8。

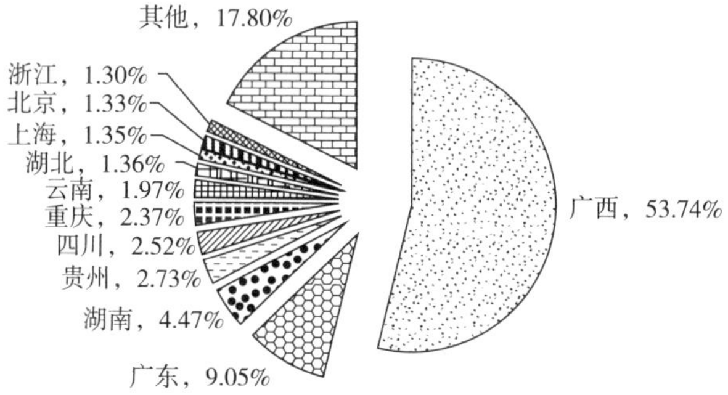

图 6.8 2010 年南宁市国内游客构成情况（按来源地划分）

5. 国内旅游者按来本市旅游方式划分

2017 年南宁市国内旅游者的来邕旅游方式主要以自驾车为主，占 33.89% 的比例，其次为旅行社组织和其他，分别占 31.97% 和 34.14%，详见图 6.9。

表 6.15　2015～2017 年南宁区外客源地前十位变化情况

2015 年	2016 年	2017 年
广东省	广东省	广东省
湖南省	湖南省	湖南省
湖北省	贵州省	贵州省
贵州省、四川省	四川省	四川省
北京市	云南省	重庆市
云南省	重庆市	云南省
重庆市	河南省	湖北省
浙江省	上海市	上海市
河北省	浙江省	北京市
福建省	北京市	浙江省

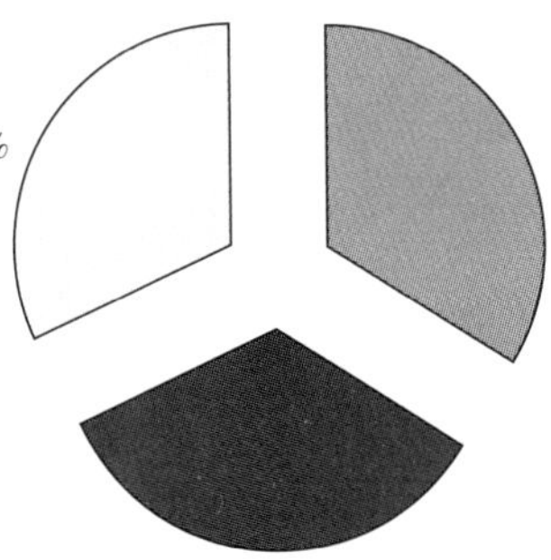

图 6.9　2017 年南宁市国内游客构成情况（按来邕旅游方式划分）

6. 国内旅游者在南宁市停留天数情况

2017 年国内旅游者在南宁市平均停留天数低于全国水平，仅为 1.53 天。

7. 国内旅游者花费情况

与入境旅游者旅游花费项目构成的不平衡性明显不同，在 2017 年南宁市国内游客的花费构成中，长途交通费、住宿、购物和餐饮所占比例相当，分别为 24%、16%、19% 和 16%。另外，长途交通中飞机、火车、长途汽车、轮船四种出行方式花费的比重分别为 52.42∶27.68∶18.9∶1.01（见图 6.10）。

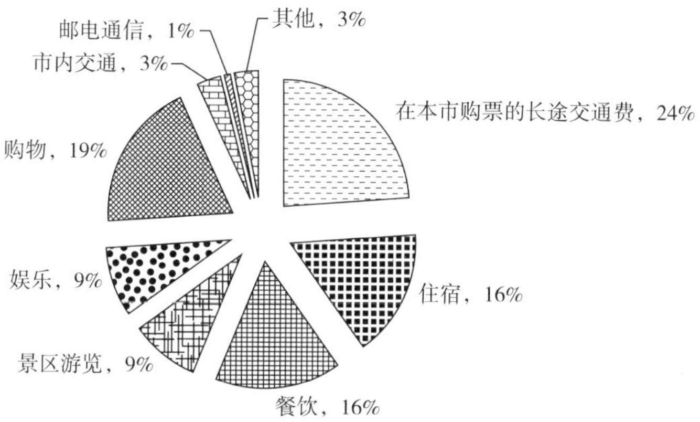

图 6.10　2017 年南宁市国内游客花费构成情况

8. 国内旅游者按自驾车旅游方式划分

近年来选择自驾车旅游方式的旅游者呈现出不断上升的趋势。自驾车游客在被调查游客中所占比重为 28.65%，南宁市本市游客中选择自驾车出游的比重为 40.12%。

三、大明山客源市场分析

（一）大明山旅游市场总状况

大明山自 1984 年开始在山上的森林开展旅游，到 20 世纪 90 年代，游客达到了每年 1 万多人次，随着政府保护力度的加强，基础设施建设投入的加大，山上的旅游设施不断完善。2000 年，兴建了龙腾宾馆、云林阁饭店、野菜馆、度假村木屋群、商店医疗点等服务设施，推动了大明山旅游的迅速升温。2002 年“广西第三届森林旅游登山节”暨“大明山首届杜鹃花节”，在大明山国家级自然保护区举行，扩大了知名度，游人增长率有了明显提高，到 2011 年，大明山接待旅游者人数达到了 8.59 万人次。2016 年 4 月至 2018 年 10 月，大明山封山建设上下山公路，完善基础设施，两年多未有收入，到 2018 年下半年整改后开放，2018 年下半年游客量达到 4.32 万人次。经过 20 多年的发展，大明山已经初步形成了以南宁、武鸣、马山、上林以及区内附近城镇居民为主的客源市场格局（见表 6.16）。

表 6.16 大明山 2011～2015 年旅游接待量表

年份	游客人数/万人次	年增长率/%	旅游收入/万元	年增长率/%
2011	8.59	—	1476.29	—
2012	10.76	25.26	1572.42	6.51
2013	11.31	5.11	1753.83	11.54
2014	13.56	19.89	1437.98	-18.01
2015	14.46	6.64	1811.99	26.00

大明山森林旅游的游客接待量具有很大的季节变化，月平均接待量为 4000～6000 人次，旅游旺季为 3～5 月，杜鹃和灯笼花（吊钟花）是主要吸引景观，淡季为 11 月和 12 月，元月看结冰和雾凇又能够引发小的旅游热潮。

（二）大明山旅游市场分析

从大明山目前的旅游市场来看，大明山旅游者主要来自于周边县市的城镇居民，也包括一部分到南宁的商务客人；目前旅游产业的状况是初级旅游产品对应旅游初级市场，大明山生态旅游区与周边四县的丰富的旅游资源还远未转化为丰富的旅游产品，还无法满足游客的需求。特别是在旅游产品的开发中对文化底蕴展示及民族文化包装不够，使现有的旅游产品文化内涵低，品位不高，旅游市场停留在低产出阶段，旅游产品的性质仍是“观光型”，旅游收入“门票型”阶段。旅游产品与周边地区和省份有较大的雷同性，缺乏具有较大影响力的旅游品牌和产品，依然没有形成一个旅游目的地。单一的旅游产品使大量的资源被闲置，旅游业应有的效益与拉动经济的潜能得不到发挥。

1. 客源地域分布

问卷调查显示，大明山客源以国内游客为主，客源地以南宁市、武鸣县和周边县市居多，约占游客总数的 85%。

2. 性别、年龄结构

大明山旅游者游客性别比例相差不大，男性市场占 55.5%，女性市场占 44.5%。年龄结构上以中青年市场、大中小学生市场及老年市场为主，分别占整个市场的 62%、16%、12%，其他市场占 10%。

3. 文化程度、职业结构

来大明山旅游的旅游者以大专及其以上文化程度的占大多数，约占整个市场份额的 51%；职业构成以政府工作人员、企事业管理人员和专业技术人员居多，约占 72%，学校师生占 16%。

4. 停留时间

旅游者在大明山停留以 4～8 小时居多，以一日游为主，约占 90%；住宿游客约占 10%。

5. 平均日消费

旅游者在大明山的人均消费在 200～400 元不等，消费主要在游览、吃住、交通等方面，约占 85% 以上。

6. 满意度

在 16 年以前，由于大明山的基础设施落后，可进入性差，90% 的游客是自驾游，游客对大明山的风景、环境、气候等满意度较高，而对大明山的导览标识系统、配套设施、购物商店、旅游餐饮、游览步道等基础设施满意度较低，但在 2018 年整改开放后，游客满意度有所提高。

7. 交通方式

大明山的游客主要是以短途观光、休闲、养生游为主，游览方式多以家庭、公司、组织等小团体结伴而行，他们一般是自助游。90% 游客是自驾。2018 年后基础设施的改善，特别是修建了盘山路，大明山的散客人数也不断增加，大明山森林旅游将会有长足的发展。

8. 出游目的

大明山的游客出游目的，根据不同的游客分类其目的也不相同。南宁市及周边居民以观光、度假为目的，他们在大明山停留的时间短，具有重复观景的特点。中老年人以避暑、度假为目的，停留时间长，消费高，具有明显的季节性，对服务质量要求比较高。专业技术型游客主要是以科研科考为目的，具有停留时间短，消费水平低，出游频繁，季节性变化大等特征。散客或者结伴行的团体主要是以研学为目的，具有停留时间长、消费水平低的特征。还有一些游客是以森林康养为目的，在大明山上疗养，他们的消费高，停留时间长，出游频繁，是大明山增收的主要力量。

（三）大明山旅游市场总体特征

（1）大明山和南宁市旅游接待持续增长。

（2）以周边客源市场为主，市场辐射范围小。

（3）游客停留时间短，以一日游为主，旅游经济效益不高。

（4）以中青年市场为主，中老年市场主要以休闲度假为主要旅游目的。

（5）自驾车游客所占比例较大。

四、旅游市场发展趋势

（一）休闲度假型市场日趋彰显

随着科技的进步，生活水平的提高，人们闲暇时间越来越多，健康养生的意识不断增强，消费观念也正在不断往健康方向转变，人们寻求高雅的享受，返璞归真地体验自然的乐趣，追求康体养生、强身健体的森林、生态旅游活动，森林旅游逐渐成为热潮。目前我国旅游人数跃居世界前列，是旅游大国，目前休闲经济已具备了相当规模，且呈现出蓬勃发展的势头，尤其是在建设资源节约型、环境友好型和谐社会背景下，森林、康体等旅游发展将会呈现更快的趋势。中国旅游需求正处于休闲旅游向度假旅游转型升级，未来我国旅游需求将越来越高，到 2030 年旅游需求将主要以度假需求为主。

（二）家庭和自驾车旅游将成为全球流行趋势

现在汽车已经进入大部分的家庭，人们短途出行方式主要是以自驾车为主，长途则以动车、飞机为主。自驾车出游增加了人们出行的频率。目前省内游主要是以自驾车游为主，家庭自驾车游是节假日旅游市场主要的客源。城郊周边普遍有家长带孩子出游的现象。

五、客源市场定位

（一）区域定位

1. 入境客源市场定位

基于上述对南宁市入境旅游市场和大明山旅游市场的综合分析，将大明山森林公园的入境目标客源市场细分为一级目标市场、二级目标市场和机会市场三个层次。

（1）一级目标市场：中国港澳台地区、东盟国家。

中国港澳台地区、东盟各国家近年一直是南宁市重要的客源市场。由于南宁市与这些国家和地区有一定的地缘关系和血缘关系，文化方面也有共同的因素（语言、民俗等）。同时，随着中国—东盟博览会永久落户南宁，使商务旅游兴起吸引了众多东盟客商来邕考察、旅游，未来东盟国家旅游市场的总体规模和发展潜力巨大；中国港澳台地区尤其是台湾入邕旅游者人数的快速增长主要是由于广西与之经贸合作比较密切，特别是近年来南宁经常举办经贸合作洽谈会等吸引投资商前来投资，在旅游和经贸合作方面联系比较紧密，凭借其发达的经济水平、高消费水平、高出游频率以及地理区位等优势，中国港澳台地区确定为大明山景区客源市场中的核心目标市场。

（2）二级目标市场：日韩及英美等发达国家。

日本、韩国、美国、英国等发达国家一直都是中国入境旅游客源市场的重要组成部分。其中，2017 年韩国入境旅游者人数达 28574 人次，美国、日本和英国入境旅游者人数分别为 6801 人次、13283 人次和 6449 人次，在南宁入境旅游市场中占据主要地位，另外加上这些国家其具有较为强大的出游能力，因此列为二级目标市场，其市场潜力仍有待进一步挖掘。

（3）机会市场：欧美等远程客源市场。

一级市场、二级市场以外的客源市场，可作为南宁旅游国外客源的机会市场，由于受地域距离太远（距离衰减规律影响）、文化差异、旅游目的等因素的影响，对于南宁来说，除一些发达国家外，其他国家一般占南宁入境市场份额较小，因此把欧美远程市场作为机会市场。短期开发不宜作为重点，可在进一步调查研究的基础上加以适度开发。

2. 国内客源市场定位

（1）一级市场。

一级客源市场是以南宁市为主的广西区内各市。随着人们生活水平的不断提高，消费观念与消费结构有所改变，周末的短途旅游成为现代城市居民普遍喜爱的消遣方式。全国实行的放假制度，全年有许多小长假，比如元旦、清明节、五一劳动节、端午节、十一国庆节等，广西计划在 2020 年基本实现全区“市市通高铁”，基本建成以南宁为中心的“12310”高速铁路交通圈，1 小时通达南宁周边城市，2 小时左右通达区内其他设区市，3 小时左右通达周边省会城市，10 小时左右通达长三角和环渤海地区主要中心城市。南宁市无疑成为大明山的首要核心市场，另外广西区内各个城市交通方便，可达性强，且历史文化、风俗习惯、消费行为大体相近，人民之间往来密切，有强烈的休闲旅游消费需求，选择在周末及小假期来邕的游客将持续增长，这一区域必将成为大明山的核心客源地。

（2）二级市场。

二级客源市场是以周边省（市）和经济强省为主，具体以广东、湖南、云南、四川、浙江等省份的游客为主。这些地区城市交通方便，人口众多，大中城市的经济也较发达；相对距离较近的地理优势和日臻完善的交通体系，非常有利于这部分市场的开拓，其具有的巨大市场潜力仍有待于进一步挖掘。

（3）机会市场。

机会市场为国内各省区。随着旅游宣传促销力度不断加大和旅游产品的不断丰富，使南宁市旅游整体形象得到不断提升，旅游目的地形象更加鲜明，吸引了八方游客来邕旅游，尤其是中国—东盟博览会永久落户南宁，泛北部湾区域经济合作的加强，南宁市在国内的知名度不断提升，吸引国内市场大量游客，受到广大旅游者的青睐。大明山可依托南宁市这一重要客源市场，在原有一级和二级客源市场基础上，将国内客源市场规模逐渐扩大。

（二）客源层次定位

市场类型定位：森林旅游市场、自然生态旅游客源市场和休闲度假客源市场。

消费层次定位：以中高档为主，低档消费以本地市场为主；中档消费以森林旅游、观光游览和科学考察等游客为主；高档消费以休闲度假和商务会议游客为主。

旅游方式定位：以团体为主，散客为辅，家庭和好友自助式旅游、自驾车旅游份额将逐渐上升。

旅游者年龄定位：以中青年游客为主。

旅游者职业定位：休闲度假型游客主要为收入较高的私营企业家和白领阶层及公务员；山地旅游、观光游览、生态旅游和农业旅游为大众游客，其中山地旅游游客着重定位学生群体；文化旅游游客主要为公务员、大中学校师生和专业人士。

第四节　森林旅游开发模式研究

我国森林资源丰富，森林旅游的开发是以森林资源为载体的，森林资源功能非常多，旅游价值也相对较大，按照旅游价值导向开发是我国旅游景区目前最常见的开发模式，根据功能分区允许的旅游活动，进行不同类型的旅游开发。深层次生态旅游活动类型的开发强度较小，主要是以科考、探险为开发的价值导向模式，其森林公园的环境容量少，开发主要是以保护环境优先。浅层次的生态旅游活动类型开发程度一般，主要是以环境教育、度假、康体、养生为价值导向的开发模式，环境容量中等，以经济、社会和环境的可持续发展为开发理念进行开发。大众旅游活动类型开发强度大，环境容量大，以观光、休闲娱乐为价值导向，以经济、社会和环境的可持续发展为开发理念进行开发。根据以上的分析，以下给出不同价值导向模式的具体内涵。

一、科考旅游价值导向开发模式

科考旅游价值导向开发模式是指以森林中的珍稀资源为基础，进行以科学考察为导向的旅游开发。开发目的在于考察森林旅游区的生态状况、珍稀动植物种群及其生活环境等，并起到完成科学考察任务、满足自身强烈求知欲望的一种深层生态旅游开发模式。科考价值导向开发模式的旅游活动特点主要包括：①以科学考察活动为主，属于专业性较强的深层森林旅游活动；②以科学考察为目标，对基础服务设施要求较低；③出游方式主要为科考团形式；④在科考范围内，以步行为主，适当以环保型交通工具作为辅助，最大限度地保护生态环境。

二、探险旅游价值导向开发模式

探险旅游价值导向开发模式是指借助森林中的资源，利用森林的奇、幽、险、特等特点及高品质的环境进行的以探险为导向的旅游开发。开发目的在于吸引那些具有冒险精神的游客前来观赏、体验、参与，并满足自身强烈求知与体验欲望的一种深层生态旅游开发模式。

探险价值导向开发模式的旅游活动特点主要包括：以探险活动为主，属于参与性较强的深层森林旅游活动；以探险为目标，对基础服务设施要求较低；出行方式主要为小群体结伴形式；在探险区范围内，以步行或单车为主，若需住宿，则很可能采取野外露营形式。

三、科普、环境教育旅游价值导向开发模式

科普、环境教育旅游价值导向开发模式是指借助森林中的自然资源，学习森林中的自然资源、动植物资源及其他环境要素，并以科普、环境教育与学习为导向的旅游开发。开发的目的在于通过对森林及其资源的欣赏、观察、了解、学习，从而实现认识森林、保护森林的一种浅层生态旅游开发模式。

环境教育导向开发模式的旅游活动特点主要包括：以科普、环境教育为主，属于参与性一般的浅层生态旅游活动；以科普、环境教育为目标，对旅游接待服务设施要求一般；出行方式主要为团队形式；在观赏区范围内，以步行为主，适当以环保型交通工具作为辅助，尽可能保护森林生态环境。

四、度假、康体养生旅游价值导向开发模式

度假、康体养生旅游价值导向开发模式是指以森林景观资源及生态环境资源为基础，利用森林优美的景观环境，以及对人体有益的生态环境因子，如空气负离子、植物精气、局地气候、水环境、大气环境等进行的以度假、康体养生为导向的旅游开发。开发目的在于通过享受和利用森林资源，从而实现身心愉悦及康体保健的一种浅层生态旅游开发模式。

度假、康体养生旅游价值导向开发模式的旅游活动特点主要包括：以度假为主，属于参与性一般的浅层森林旅游活动；度假、康体养生旅游对接待服务设施的要求比较高；出行方式为个人或小群体形式；在旅游区范围内，以步行为主，适当以环保型交通工具作为辅助，尽可能保护森林生态环境。

五、观光、休闲娱乐旅游价值导向开发模式

观光、休闲娱乐旅游价值导向开发模式是指以森林中的生态资源为基础，利用森林景观及清新的环境进行的以观光、休闲娱乐为导向的旅游开发。开发目的在于通过欣赏、体验森林资源，从而实现身心愉悦及了解自然的一种大众旅游开发模式。

观光、休闲娱乐旅游价值导向开发模式的旅游活动特点主要包括：以观光、娱乐为主，属于参与性较强的大众旅游；以观光或娱乐为目标，对旅游接待服务设施要求较高；出行方式主要为散客或团体形式；在旅游区范围内，以步行、观光电瓶车或其他环保型交通工具为主。

六、旅游价值导向开发原则

（一）森林资源保护优先原则

这一原则主要体现在生态旅游活动区域，虽然生态旅游活动对环境的影响较

小，但对于部分环境较脆弱的地区仍然有影响，因此在旅游开发时务必注意资源保护优先。

（二）旅游安全原则

由于森林旅游区面积相对较大，因此在比较危险或可能产生危险的区域都应该设置安全防护措施，同时在旅游活动产生之前对旅游者进行必要的安全教育。

（三）设施建设与森林环境协调原则

森林属于典型的自然资源，在旅游开发时需进行必要的旅游设施建设，森林旅游基础设施的风格应与周围环境相协调、统一，游览步道和凉亭应保持原生生态的风格，游客服务中心的建筑风格应与周边社区的建筑风格相协调。

（四）市场导向原则

在对森林休闲娱乐活动的旅游资源开发时，可以针对旅游者的爱好、需求特点进行游乐项目的开发与建设，这样可以增加大众旅游活动的丰富性，吸引更多的游客。

第七章　森林科考旅游价值导向开发模式研究实践

第一节　科考旅游简介

一、科考旅游定义

科考旅游是从资源类型与学科研究角度出发，将科学考察性质与旅游性质相结合的考察旅游活动。科学研究等级介于科普和科研之间，相比于科普教育，研究深度有所上升。相比于科学研究，停留时间过短，形成了区域内短暂性研究的“旅游性质”。在森林科考旅游开发中，通常也囊括森林旅游资源的林林总总，常见的有动植物、地质、农林行业、人文遗迹、宗教民族文化等专业性研究。

二、广西科考旅游研究导向

2018 年广西森林覆盖率达 62.31%，具有大量珍稀的森林旅游资源。广西科考旅游可针对特有珍稀动植物、湿地、喀斯特地质、人文等方面设置科考旅游，具体有红树林滩涂、天坑溶洞、壁画、壮医瑶药等专题。通过科考旅游价值导向开发，开辟广西各森林旅游地区的科考便捷通道，为高校学生、专家学者提供良好的科学平台，可加强国内、国际的科学考察合作交流，并协同促进森林旅游资源的维护、修复与可持续发展研究，在国内、国际地区形成独特的科考影响力。

第二节　动植物科考旅游

一、广西动植物资源

（一）广西动物资源

广西野生动植物资源十分丰富。目前，全区共发现陆生野生脊椎动物1149种，其中，两栖纲3目，11科，109种；爬行纲2目，21科，177种；鸟纲23目，81科，685种；兽纲11目，36科，178种；国家Ⅰ级保护野生动物23种；国家Ⅱ级保护野生动物140种。白头叶猴、弄岗穗鹛等10余种属广西特有品种。野生动物资源普查每10年进行一次，广西于2011年全面开展了广西第二次陆生野生动物资源调查前期准备工作。此次调查时间为2011～2016年，历时5年，共调查268种，占全国调查528种的50.8%。调查物种分别纳入常规调查、专项调查、同步调查三种方式。2017年6月28日，国家林业局对外发布《人工繁育国家重点保护陆生野生动物名录（第一批）》，同年，广西林业局发布《国家重点、地方重点、三有野生动植物保护管理名录》，其中《广西壮族自治区重点保护的野生动物名录》如表7.1所示。

表7.1　广西壮族自治区重点保护的野生动物名录（147种）

类别	动物名称
两栖类	双带鱼螈、中国蝾螈、黑斑肥螈、黑眶蟾蜍、黑斑（侧褶）蛙、沼蛙、泽蛙、棘腹蛙（山蚂拐）、棘胸蛙（石蛙）、大树蛙、斑腿树蛙、花姬蛙（三角蚂拐），爬行类诸如大头平胸龟（鹰嘴龟、大头龟）、大头乌龟、乌龟、黄缘闭壳龟、黄喉水龟、锯缘摄龟、缅甸陆龟、变色树蜥、长鬣蜥、白尾双足蜥、盲蛇、百花锦蛇、三索锦蛇、滑鼠蛇、乌梢蛇、金环蛇、银环蛇、眼镜蛇、眼镜王蛇、蝰蛇、尖吻蝮
鸟类	池鹭、苍鹭、绿鹭、大麻鳽、灰胸竹鸡、蓝胸鹑、白额山鹧鸪、环颈雉、黄脚三趾鹑、苦恶鸟、红胸田鸡、董鸡、黑水鸡、骨顶鸡、水雉、凤头麦鸡、彩鹬、白腰杓鹬、丘鹬、四声杜鹃、大杜鹃、小杜鹃、八声杜鹃、乌鹃、绿嘴地鹃、白胸翡翠、蓝翡翠、夜蜂虎、三宝鸟、戴胜、大拟

续表

类别	动物名称
鸟类	啄木鸟、蓝喉拟啄木鸟、棕腹啄木鸟、栗啄木鸟、星头啄木鸟、赤红山椒鸟、粉红山椒鸟、白头鹎、白喉红臀鹎、红耳鹎、绿翅短脚鹎、橙腹叶鹎、栗背伯劳、红尾伯劳、黑枕黄鹂、鹊色黄鹂、黑卷尾、灰卷尾、发冠卷尾、丝光椋鸟、灰背椋鸟、八哥、林八哥、鹩哥、灰蓝鹊、红嘴蓝鹊、喜鹊、灰树鹊、大嘴乌鸦、白颈鸦、松鸦、橙头地鸫、乌鸫、黑脸噪鹛、黑喉噪鹛、白颊噪鹛、棕颈钩嘴鹛、锈脸钩嘴鹛、画眉、银耳相思鸟、红嘴相思鸟、小蝗莺、大苇莺、黄眉柳莺、黄腰柳莺、长尾缝叶莺、纯蓝仙鹟、鸲鹟、王鹟科、寿带鸟、大山雀、凤头鹀
哺乳类	中缅树鼩、赤腹松鼠、红白鼯鼠、橙足鼯鼠、白斑鼯鼠、棕鼯鼠、中华竹鼠、扫尾豪猪、豪猪、黄鼬、青鼬、鼬獾、猪獾、果子狸、缟灵猫、椰子猫、红颊獴、食蟹獴、豹猫、赤狐、貉、赤麂、小麂、毛冠鹿、华南兔、鲥鱼、刁海龙、马氏珠贝、背瘤丽蚌、多瘤丽蚌、东方鲎

（二）广西植物资源

广西拥有大量的珍稀植物可作为科考旅游资源，具体用途有科学研究、景观园林、药用、用材等。广西森林里面有已成活上千年的古树，2017 年广西全区第二次古树名木普查录入 12.67 万株古树。还有贺州市的千年凤尾草、金秀的银山王，广西还有植物界的大熊猫——银杉，均以其稀有而闻名于世。广西部分珍贵树种如表 7.2 所示。

表 7.2　广西部分珍贵树种

序号	树种	科	属	保护级别	备注
1	观光木	木兰科	观光木属	国家珍稀濒危二级保护植物	广西濒危树种
2	马尾树	马尾树科	马尾树属	国家二级保护稀有植物	广西濒危树种
3	元宝山冷杉	松科	冷杉属	国家一级重点保护野生植物	广西濒危树种、特有树种
4	伯乐树	伯乐树科	伯乐树属	国家一级重点保护野生植物	广西濒危树种
5	单性木兰	木兰科	木兰属	国家一级重点保护野生植物	—
6	花榈木	蝶形花科	红豆属	国家二级重点保护野生植物	—
7	喜树	蓝果树科	喜树属	国家二级重点保护野生植物	—
8	大果木莲	木兰科	木莲属	国家二级重点保护野生植物	—
9	红椿	楝科	香椿属	国家二级重点保护野生植物	—
10	白豆杉	红豆杉科	白豆杉属	国家二级重点保护野生植物	广西濒危树种

续表

序号	树种	科	属	保护级别	备注
11	海南椴	椴树科	海南椴属	国家二级重点保护野生植物	—
12	狭叶坡垒	龙脑香科	坡垒属	国家一级保护野生植物	—
13	华南锥	壳斗科	锥属	国家二级保护野生植物	—
14	海南石梓	马鞭草科	石梓属	国家二级保护野生植物	—
15	紫荆木	山榄科	紫荆木属	国家二级保护野生植物	—
16	银杏	银杏科	银杏属	国家一级重点保护植物	广西濒危树种
17	红豆杉	红豆杉科	红豆杉属	国家一级重点保护植物	—
18	南方红豆杉	红豆杉科	红豆杉属	国家一级重点保护植物	—
19	大叶榉	榆科	榉属	国家二级重点保护植物	—
20	闽楠	樟科	楠属	国家二级重点保护植物	广西濒危树种
21	任豆	豆科	单种属	国家二级重点保护植物	—
22	格木	豆科	格木属	国家二级重点保护植物	—
23	金花茶	山茶科	山茶属	国家一级保护植物	—
24	云南穗花杉	红豆杉科	穗花杉属	国家一级保护植物	—
25	合柱金莲木	金莲木科	合柱金莲木属	国家一级保护植物	广西特有树种
26	降香黄檀	蝶形花科	黄檀属	国家二级保护植物	—
27	柄翅果	椴树科	柄翅果属	国家二级保护植物	—
28	蚬木	椴树科	蚬木属	国家二级保护植物	—
29	鹅掌楸	木兰科	鹅掌楸属	国家二级保护植物	广西濒危树种
30	香木莲	木兰科	木莲属	国家二级保护植物	广西濒危树种
31	华南五针松	松科	松属	国家二级保护植物	广西濒危树种
32	长苞铁杉	松科	长苞铁杉属	国家二级保护植物	广西濒危树种
33	伞花木	无患子科	伞花木属	国家二级保护植物	—
34	掌叶木	无患子科	掌叶木属	国家二级保护植物	—
35	香樟	樟科	樟属	国家二级保护植物	—
36	香果树	茜草科	香果树属	国家二级保护植物	—
37	土沉香	瑞香科	沉香属	国家二级保护植物	—
38	五针松	松科	松属	国家二级保护植物	—
39	青钱柳	胡桃科	青钱柳属	国家二级保护植物	—

续表

序号	树种	科	属	保护级别	备注
40	细子龙	无患子科	细子龙属	国家三级保护植物	—
41	鸡毛松	罗汉松科	鸡毛松属	—	广西濒危树种
42	资源冷杉	松科	冷杉属	—	广西濒危树种
43	大叶木莲	木兰科	木莲属	—	广西濒危树种
44	银杉	松科	银杉属	—	广西濒危树种

数据来源：中国林业网。

根据《广西壮族自治区重点保护野生植物名录》（林业·第一批），有蕨类植物金丝条马尾杉，裸子植物诸如黄枝油杉（石山油杉）、矩鳞油杉、铁杉（南方铁杉）、长苞铁杉、海南五针松（海南松）、黄山松（台湾松、大明山松）、鸡毛松、长叶竹柏、百日青（脉叶罗汉松）、小叶罗汉松、宽叶粗榧、海南粗榧、穗花杉、木兰科，被子植物诸如粗梗木莲、红花木莲（美木莲）、香籽含笑、乐东拟单性木兰、观光木（香花木）、蕉木、沉水樟、五桠果叶木姜子、十万大山润楠、短萼黄连（鸡爪黄连）、八角莲（独脚莲）、广西地不容、马山地不容、竹叶马兜铃、葫芦叶马兜铃、广防已（藤防已）、凹脉马兜铃、岩黄莲（石生黄堇）、假山龙眼、大叶龙角（广西大风子）、细柄杨桐、圆籽荷、金花茶（所有种）、猪血木紫茎、大果核果茶（六瓣石笔木）、锯叶竹节树、角果木、锈毛红厚壳、广西藤黄（广西山竹子）、金丝李、桂滇桐、银叶树、粗齿梭罗、粘木、蝴蝶果、顶果木、苏木、厚荚红豆、小叶红豆（紫檀木）、吊皮锥（青钩栲）、广西青冈、青檀（翼朴）、见血封喉（箭毒木）、白桂木、舌柱麻、火麻树（麻风树）、广西幪树、细子龙（田林细子龙）、野生荔枝、干果木、银鹊树（瘿椒树）、辛果漆、冬杧、喙核桃（喙嘴核桃）、青钱柳（摇钱树）、马蹄参（大果五加）、羽叶参（羽叶田七）、竹节参（野生田七）、大橙杜鹃、银钟花、白辛树、木瓜红、石山桂花、茜草科巴戟天、异裂菊、海菜花、长萼兰花蕉、剑叶龙血树（山海带）、兰科植物（所有种）。

二、广西珍稀动植物科考旅游及开发研究

（一）大明山科考旅游导向研究

1. 大明山简介

广西大明山国家级自然保护区总面积16994公顷，森林覆盖率为93%，平均

海拔1200米。同时也是国家4A级旅游景区，荣获“中华特色养生名山”“最美森林旅游景区”等称号。南宁大明山风景旅游区管理委员会为南宁市人民政府管理的事业单位，内设党政办公室、财务科、规划建设科、科学研究科、旅游发展科、经营管理科、资源保护科、安全生产监督科、人事科、宣传法规科、综合管理科、接待办公室、纪检监察室13个科室（处）和西燕护林防火站、天坪护林防火站、铜矿护林防火站、汉江护林防火站4个护林防火站，并设立大明山水源林保护区管理处。南宁大明山景区，每天限客600人次，自2018年10月1日重新对外开放以来至2018年底，景区共计接待游客约4.2万人次。据大明山2012年调查显示，野生脊椎动物数量在广西占比33%，有31目90科208属294种，其中两栖类19种、鱼类22种、爬行类42种、哺乳类60种、鸟类151种。还有国家一级保护动物黑叶猴、金钱豹、林麝、蟒，二级保护动物有苏门羚、黑熊、白鹇、原鸡、虎纹蛙等33种，国家“三有”动物170种，列入《中国濒危动物红皮书》物种48种，广西壮族自治区区级保护动物83种。大明山在壮族山歌、骆越文化、鸟类、白头叶猴、黑叶猴、兰科花卉、野生菌等方面均具有科考旅游价值。

2. 黑叶猴

广西同时拥有丰富的野生动物资源，黑叶猴是国家一级重点保护野生动物，被列为《濒危野生动植物种国际贸易公约》附录Ⅰ和IUCN濒危物种红色名录的“濒危”等级，主要分布在我国西南地区。黑叶猴常年活跃在大明山海拔1500米的高处，实属罕见。2017年11月6日，广西南宁大明山国家级自然保护区将5只人工繁育的黑叶猴野化放归，这是全球首次野化放归人工繁育的黑叶猴，标志着我国黑叶猴保护进入以人工繁育种群反哺野外种群的新阶段。

3. 花卉植物

大明山植物至少有2025种，其中药用植物1331种，国家保护植物有钟萼木、桫椤等16种。野生花卉至少105科196属276种，花卉种类在市场上分类为盆栽、室内观叶、庭园花卉、切花花卉、草坪与地被植物、花坛花卉、垂直绿化植物、岩生花卉、水生花卉等，将野生花卉进行市场化培育研究，开办花卉培育基地，开展科考旅游。

4. 大明山“天然药浴”山泉水形成研究

大明山泉水呈茶色，一则因为涌出的泉水常年浸泡在植物落叶中，析出内含物质，二则因为大明山土壤中含有丰富的矿物质，从而形成了人们所称的

“天然药浴水”，含有许多对人体有益的微量元素，开发有“SPA”项目。大明山环山三县平均每10万人拥有百岁寿星10.46人，超过“长寿之乡”7.5人的标准，结合大明山独特的泉水，与大明山桶（瓶）装矿泉水公司进行合作，配备科考旅游相关设备，可进行水质与长寿康养科考研究。另外，大明山水源林保护区管理处可协助开展广西水质与长寿研究、江河水源地保护科考旅游。

5. 大明山文化

大明山横跨四县，汇集武鸣、上林、马山、宾阳多地文化，包括骆越文化、民歌文化、土司文化、镆铘古道、特色婚俗、传统音乐与舞蹈、节庆文化、山水景观文化等，大明山管理局已组织完成《广西大明山及周边地区文化资源普查报告》上、下两册。其中以骆越文化为典型，壮族、侗族、黎族、毛南族、仫佬族、水族都公认骆越人是自己的祖先，他们的文化都带有骆越文化的深刻痕迹，骆越文化包含石铲文化、稻作文化、青铜文化、玉石文化、歌舞文化、巫医文化、丧葬习俗、特掘信仰等。

6. 大明山科考旅游开发导向

大明山科考旅游以动植物研究为主要开发导向，对大明山进行珍稀动植物调查研究，采集信息，记录生长信息、生长分布轨迹，在保护区管理局的指导下开辟科考路线，内部建设科考资料展览馆，保护区外围建设培育基地，开展加工产业，配套旅游服务业，并配备科考设施。面向科考团队在动植物、山水、文化、地质地貌等方面提供科考旅游服务。

（二）十万大山动植物科考旅游研究方向

十万大山国家级自然保护区主要分布在防城港上思县，功能分区为核心区、缓冲区、实验区，总面积58277.1公顷，森林覆盖率64.8%。其中植物种类1458种，野生动物300多种。国家Ⅰ级保护野生动物5种，国家Ⅱ级保护野生动物18种，广西重点保护动物22种。列入中国脊椎动物红色名录极危等级的物种12种，濒危19种，易危20种。列入CITES附录Ⅰ的1种，列入附录Ⅱ的20种。植物有楠木、紫荆木、桃金娘等，动物有小灵猫、穿山甲、山瑞鳖等。2002年广西十万大山自然保护区管理处编制了《广西十万大山自然保护区综合科学考察报告》，十万大山科考旅游开发可通过建立科学考察站，规划考察路线，搜集相关学科信息，针对科考旅游团队给予一定的优惠政策。

第三节 山水矿产科考旅游

一、湿地科考旅游及开发模式

中央财政高度重视湿地保护工作，2013～2016年安排50亿元资金支持我国湿地保护。湿地保护中科学考察是不可或缺的一部分，加强科学考察旅游，有助于推动国家湿地保护工作的开展。具体可在湿地保护与恢复、促进改善湿地生态状况、退耕还湿、候鸟迁飞路线、湿地生态服务功能等方面开展科考旅游专题。

（一）广西湿地公园开发现状

按照《湿地公约》中的定义，湿地为天然或人工、长久或暂时性的沼泽地、泥炭地或水域地带，临接湿地的河湖沿岸、沿海低潮时水深不超过6米的水域，以及湖泊、河流、森林沼泽、草本沼泽、滩地河滩、湖滩、沿海滩涂、盐湖、红树林和河口等类型地带。广西有国际重要湿地2处，包括广西山口红树林、北仑河口，另有国家级湿地公园24处，详见表7.3。

表7.3 广西地区国家湿地公园汇总（截至2016年）

序号	国家级湿地公园名单	科考旅游方向
1	广西北海滨海国家湿地公园	湿地生态保护保育区、合理利用区、科普宣教展示区、恢复重建区和管理服务区5个功能区；沿岸红树林以及浅海区域（近海和海岸湿地）
2	广西会仙喀斯特国家湿地公园	有河流湿地、湖泊湿地、沼泽湿地、人工湿地四大类湿地；维管束植物108科316种，陆生脊椎动物共有234种，浮游动物95种，国家二级重点保护植物野生稻原生种
3	广西横县西津国家湿地公园	湿地类型以河流湿地、沼泽湿地、人工湿地为主体。湿地公园划分为湿地保育区、恢复修复区、宣教展示区、合理利用区和管理服务区5个功能区；有湿地保护、湿地恢复、科普宣教、科研监测、合理利用、基础设施、保护管理基础能力建设七大工程；湿地资源监测点10个、水质监测点10个、鸟类监测平台（亭）2座

续表

序号	国家级湿地公园名单	科考旅游方向
4	广西富川龟石国家湿地公园	有管理服务、合理利用、科普宣教、湿地保育、生态恢复这5个功能区；兼合灌溉、发电、防洪、旅游等综合效益
5	广西都安澄江国家湿地公园	湿地管理中心、旅游服务中心、生态度假项目、湿地科普设施、生态旅游步道、旅游娱乐设施、农耕DIY活动项目
6	广西靖西龙潭国家湿地公园	是桂西南典型"森林—湖（库）—河流—地下河"复合生态系统；是构成世界第三大跨国瀑布——德天瀑布的主要河流
7	广西百色福禄河国家湿地公园	是云贵高原与华南丘陵山地之间鸟类迁徙的重要通道；所在区域历史人文资源丰富，有红色革命文化、百越古道文化、福禄古镇文化、百年古树文化、壮歌壮剧文化、壮乡民族特色稻作文化等
8	广西凌云浩坤湖国家湿地公园	划分为湿地保育区、恢复重建区、宣教展示区、合理利用区和管理服务区5个功能区；主要开展滨湖游憩、景观游览、岩溶洞穴及天坑体验、民族文化展示等活动
9	广西平果芦仙湖国家湿地公园	规划区包括永久性河流湿地、洪泛平原湿地、库塘和水产养殖场4个类型湿地
10	广西大新黑水河国家湿地公园	分为生态保育、恢复重建、科普宣教、合理利用、管理服务5个功能区；是桂西南喀斯特地貌永久性河流湿地的典型代表，也是鸟类、两栖类及鱼类等生存繁衍的理想场所
11	广西龙州左江国家湿地公园	主要由岩溶山体、库塘湿地、稻田湿地组成；分布山水风光、响水瀑布、人间仙境、紫霞洞天、棉江花山岩画、岩壁悬棺等人文山水资源
12	广西东兰坡豪湖国家湿地公园	分为铜鼓文化区、蚂拐科普区、梯地花田区、栈桥漫行区四大建设区；生态保育与修复工程、科普宣教工程、科研监测工程、生态旅游开发工程、基础设施工程五大工程
13	广西荔浦荔江国家湿地公园	有永久性河流、洪泛平原湿地、季节性河流、喀斯特溶洞湿地、稻田5种湿地类型
14	广西龙胜龙脊梯田国家湿地公园	包括湿地保育、恢复重建、宣教展示、合理利用和管理服务五大区
15	广西南丹拉希国家湿地公园	可开展湿地保护、恢复、科研、监测、生态旅游等活动
16	广西梧州苍海国家湿地公园	"库塘—沼泽—森林"复合湿地生态系统，分为保护保育、恢复重建、宣教展示、合理利用以及管理服务五大功能区域
17	广西南宁大王滩国家湿地公园	主坝高37.3，长670米，副坝10座，发电站3座，集防洪、灌溉、发电、旅游等多功能为一体的大型水库

续表

序号	国家湿地公园名单	科考旅游方向
18	广西全州天湖国家湿地公园	分为湿地保育、恢复重建、宣教展示、合理利用、管理服务五大区
19	广西灌阳灌江国家湿地公园	是河流湿地—森林复合生态系统，分布有国家二级重点保护野生植物6种，濒危兰科植物8种，南岭特有种4种，其中湿地植物252种。野生脊椎动物30目76科232种，列入国家二级重点保护动物10种；国际贸易公约濒危野生动物18种，中日候鸟保护物种有30种，中国特有动物56种；另有11个中国传统村落，落瑶族文化、桂剧文化、红色文化、农耕文化底蕴浓厚
20	广西贺州合面狮湖国家湿地公园	分为合理利用、管理服务、湿地保育、恢复重建、宣教展示这五大分区
21	广西昭平桂江国家湿地公园	分为永久性河流湿地、人工河塘湿地；建有管理服务、湿地保育、湿地生态功能展示、湿地体验四大功能分区
22	广西怡城乐滩国家湿地公园	可在生物多样性、喀斯特石漠化生态环境改善、水资源保护、科研监测、湿地资源可持续利用等方面开展科考旅游
23	广西合山洛灵湖国家湿地公园	可以水库、地表河流、沼泽湿地及喀斯特溶洞为科研对象
24	广西兴宾三利湖国家湿地公园	分为河流湿地、沼泽湿地和人工湿地三大湿地类，以永久性河流、喀斯特溶洞湿地、草本沼泽、库塘、水产养殖场和稻田六大湿地类型为研究对象

其中以广西南宁大王滩国家湿地公园为代表的湿地公园，拥有度假村、客房、文体娱乐休闲广场，为游人提供住宿、餐饮、游船、游泳、烧烤、会议室、歌舞厅、钓鱼及各项文体娱乐等服务。但湿地公园总体缺乏针对科考旅游的配套，因此广西区湿地科考旅游路线开发迫在眉睫，尤其针对国际性重要湿地广西山口红树林、北仑河口，更应加强科考旅游配套，争取国内外高校学生、研究工作者客源，同步推动湿地的保护工作。

（二）广西湿地科考旅游导向案例研究

1. 广西山口红树林

2018年广西区通过了《广西山口红树林生态自然保护区和北仑河口国家级自然保护区管理办法》，规定保护区划分为核心区、缓冲区和实验区三部分。核心区禁止任何单位和个人进入；缓冲区只准进入从事非破坏性的科学考察活动；实验区可以进入从事科研、教学、考察、旅游、驯化、繁殖珍稀濒危野生动植物等活动。

广西山口红树林国家级自然保护区有红海榄、木榄、秋茄、桐花树等12种红树林植物可作为科考旅游重点研究方向。北仑河口国家级自然保护区有红树林植物10科13种，形成12种红树林群落，木榄纯林和大面积老鼠勒纯林群落连片，还有滩涂和丰富的沿海渔业资源可作为科考旅游研究对象。

2. 广西凌云浩坤湖国家湿地公园

（1）广西凌云浩坤湖国家湿地公园简介。

广西凌云浩坤湖国家湿地公园位于广西百色市凌云县东南的浩坤湖及周边区域。整个湿地公园南北长约9公里，东西宽约7公里，包括浩坤湖、浩坤湖上游澄碧河地下河段及浩坤湖周边喀斯特石山第一汇水面坡范围内的山地。根据湿地生态系统特征进行功能分区，浩坤湖湿地公园划分为管理服务、合理利用、宣教展示、湿地保育、恢复重建五个功能区。

湿地公园为国内外相关研究单位和高等院校开展桂西石灰岩地区洞穴鱼类研究、珍稀濒危特有物种研究、湿地生物多样性研究和喀斯特湿地生态系统演替规律研究提供基地，为东南亚国家及各种相关国际组织开展湿地保护提供合作平台和机会。

（2）科考旅游开发条件。

①动植物。

浩坤湖湿地已知有维管束植物104科275属336种（含变种、亚种和亚型），其中蕨类植物19科26属37种，被子植物85科249属299种。被子植物中，双子叶植物73科185属227种，单子叶植物有12科64属72种。其中，国家Ⅱ级重点保护野生植物2种，广西重点保护植物8种，CITES附录Ⅱ种类8种，主要为兰科植物；红色名录评估物种11种。浩坤湖湿地已知有陆生脊椎动物5纲27目81科245种，其中哺乳类6目11科23种，鸟类13目42科139种，爬行类1目7科23种，两栖类2目6科11种，鱼类5目15科49种。国家Ⅱ级重点保护野生动物17种，广西重点保护野生动物57种；《中国物种红色名录》极危种1种，濒危种1种，易危种14种，近危种5种；CITES附录Ⅰ物种1种，CITES附录Ⅱ物种17种，CITES附录Ⅲ物种1种。

②水生植物多样性恢复工程。

水生植物多样性恢复工程拥有面积达12.0公顷的湿地保育区、合理利用区，可更好完善湿地生态系统结构，完善生态链，提高水体的自净能力，打造良好的水生生态系统，提升湿地生态功能，在认真细致调查的基础上，坚持以“自然恢复为主，人工促进恢复为辅”的原则，选择乡土植物，在湿地公园浩高—三合合理利用区以及浩坤屯东南侧浩坤湖的浅水区，进行湿地植物恢复和营造。沉水植物选取苦草、马来眼子菜、金鱼藻、菹草、黑藻、海菜花、石龙尾、穗花狐尾藻、水车前等；挺水植物选取芦竹、菖蒲、水莎草、芋、香蒲、野荸荠、水蓼、慈姑等；乔木荷灌木树种选取秀丽海桐、细叶水团花、马甲子、风箱树、黄荆、海桐、水杨梅、水翁、水柳、樟树、竹类、乌桕、杜英、水杉、枫杨、枫香、秋枫等。

③生态养殖示范基地。

利用在浩高屯南侧浩坤湖东南岸湿地生态及喀斯特石山植被恢复小区内湖汊开展生态养殖实验，面积 30.0 公顷，主要实施补助与引导，并提供鱼苗、技术等支撑，分 5 年实施。通过在湖汊口围栏（网），进行“人放天养”的生态养殖研究与实践，达到水质保护与经济效益同步的目标，人工放养适宜数量的鱼类，优化湖区鱼类种类结构，构建并维持合理的生物群落结构，完善食物链。浩坤湖将传统的“以渔为中心”转移到“以水为中心”湿地环境保护研究，成功实践“以渔治水、以渔养水”，采用不投饵的天然渔业生产方式，保障良好的水域生态环境。建立无公害渔业生产基地，提高水产品的品质，打造绿色生态食品品牌，树立“浩坤湖”渔业特色品牌，同时兼顾开发旅游观光、休闲垂钓渔业等，增加产品附加值。

④湿地经济。

湿地公园管理部门应加强对湿地公园周围居民的接待意识教育引导，结合当前的新农村建设，通过风貌改造和环境建设，打造成为独具当地特色的民居接待设施，提供富有广西地方特色的餐饮、住宿以及旅游商品和土特产品的购物服务。湿地公园范围内的生态旅游开发企业应优先吸收当地农民到企业上班，成为企业的员工，经过对他们进行培训后使他们成为生态旅游区的服务人员、管理人员和经营人员。按照自愿参与的原则，生态旅游开发企业应吸收一定比例的社区居民的股份，转换社区居民的角色，让他们参与到生态旅游业的管理中来，并按股份比例每年年底分发红利。

（3）科考旅游研究导向。

结合湿地公园的实际情况，可开展湿地科考旅游的考察范围有：凌云金线鲃等种特有洞穴鱼类群、湿地保护与恢复技术、湿地公园建设环境影响、湿地资源动态变化、湿地文化资源及旅游价值、湿地公园社区共建共管、岩溶湿地生态系统、湿地社会价值综合评价等。

根据高校、研究单位的研究内容，湿地公园和有关单位共建考察站点，搜集相关考察信息，湿地公园有针对性地在考察工具、食宿、交通、导游、考察点等方面协助科考旅游的开展。

二、地质科考旅游及开发模式

广西地质资源丰富，山林地区喀斯特地貌、矿产资源分布范围广泛，均属于卓越的森林旅游科考资源部分。具体可针对溶洞、天坑、峡谷等地貌开展科考旅游，或在石漠化森林旅游地开展石漠化综合治理考察。矿产资源方面可针对矿产行业进行科学考察，并利用矿坑遗址，建立矿山公园，将矿山公园与科考等旅游相结合。

（一）广西喀斯特地貌科考旅游开发导向

1. 广西喀斯特地貌资源丰富

（1）广西地貌——喀斯特特点。

喀斯特地貌是具有溶蚀力的水对可溶性岩石（大多为石灰岩）进行溶蚀作用所形成的地表和地下形态，也称岩溶地貌，喀斯特地貌可分6种。地表水沿裂隙面发生溶蚀形成溶沟（或溶槽）、石柱、石笋；沿灰岩裂缝向下溶蚀形成落水洞；横向溶蚀形成溶洞；塌陷形成的漏斗、陷塘；溶蚀与塌陷结合形成坡立谷和天生桥；原溶洞和地下河上升干谷和石林，如桂林的象鼻山。除了喀斯特地貌，广西地区还偶见丹霞地貌，如广西玉林北流市东郊铜石岭，丹霞地貌和喀斯特地貌两种地质奇观并融，广西地貌具有极高的科考价值。

（2）广西地区国家地质公园分布（见表7.4）。

地质公园是指拥有稀有自然属性和较高美学观赏价值的特殊地质，合理分布一定规模和范围的地质遗迹景观，且融合其他自然景观与人文景观的自然区域。既是地质遗迹景观和生态环境的重点保护区，地质科学研究与普及的基地，又可为人们提供具备科学成分的观光旅游、度假休闲、保健疗养、文化娱乐。

地质公园分为市级地质公园、省级地质公园、国家地质公园、世界地质公园。设立地质遗迹景点是营造地质公园氛围、保护珍贵的地质遗迹、发挥地质公园科学普及功能的重要手段，也是地质公园有别于其他公园的关键所在，在提升公园科学地位、丰富游憩游览项目、吸引客源、提升公旅游收入等方面都具有不可估量的价值。

表 7.4 广西地区国家地质公园分布（截至 2019 年）

县市	国家地质公园名称	地质科考旅游资源导向
凤山县	广西凤山国家地质公园（乐业凤山世界地质公园）	天坑、溶洞、峡谷、暗河、高峰丛
乐业县	广西乐业大石围天坑群国家地质公园（乐业凤山世界地质公园）	集天坑、溶洞、高山、森林、瀑布于一体
大化县	广西大化七百弄国家地质公园	洼地、峡谷、岩溶洞穴、地下暗河、古生物化石等，世界上洼地最多最密的岩溶峰丛区
浦北县	广西浦北五皇山国家地质公园	高山草坪、茶园、梯田、花岗岩奇石、溪流瀑布、亚热带季雨林、野果野菜、傩舞（跳岭头）等
鹿寨县	广西鹿寨香桥喀斯特国家地质公园	岩溶峰林、天生桥、地下河、塌陷峡谷、天窗、天坑、竖井、漏斗、水平洞穴、溶蚀洼地等
桂平市	广西桂平国家地质公园	丹霞、花岗岩、砂岩峰丛、峡谷等地貌
北海市	广西北海涠洲岛火山国家地质公园	是中国最年轻的火山岛，国家级火山地质公园，多火山地貌、海蚀地貌的玄武岩和火山碎屑沉积岩，以海蚀地貌为主，海岸主要由火山岩及火山碎屑岩构成，由于长期受海浪、潮汐的交相侵蚀以及风化作用，形成海蚀洞穴、海蚀崖、海蚀平台及海蚀柱
资源县	广西资源国家地质公园	丹霞地貌，具体有寨型山、峰型山、石柱、丹霞石、巷谷、龙脊、洞穴、带、迷宫、壁画

资料来源：世界地质公园网。

2. 广西森林喀斯特科考旅游专线

在国内 10 个世界级洞穴大厅中，凤山占了 5 个。当地独特的岩溶地貌造就世界上唯一的水上天坑群——三门海，世界上最长的地下廊道——约 120 公里江洲地下长廊，世界第一高的洞穴廊道——马王洞廊道，此外还有鸳鸯泉、鸳鸯洞、穿龙岩等世界级的自然地质遗迹和景观，被众多地质科考工作者誉为地质科学研究的“天堂”，探险者的乐园。

以乐业—凤山世界地质公园为核心，联合百色、河池、桂林为广西片区主体范围，延伸开发广西地区的喀斯特科考旅游专线。分别整合六大类型的喀斯特地貌典型分布点，开发六大类型科考路线，从中筛选出喀斯特地貌资源整合度较高的 12 个布局点，作为广西地区喀斯特地貌研究的典型考察点。

结合典型考察点和科考旅游市场的需求，具体结合研究方向、考察时间、客源地区、研究偏好、食宿要求等需求情况，为科考旅游群体定制对应地科考旅游路线，丰富科考旅游中考察团需要的信息。

（二）广西矿产类科考旅游

（1）广西矿产资源分布。

广西地质资源丰富，被称为“有色金属之乡”，2015 年累计矿产 168 种，占据全国矿种的 77.2%。其中锡、锑、铝土矿、锰、钛等 12 种产量有色金属全国第一。矿产资源集中分布在局部地区，如在于崇左市和百色市的锰矿资源储量占全区的 82%，百色市的铝土矿资源在全区占比 96%，河池市锡矿资源比例达 67%，柳州市和来宾市的重晶石资源占 79%，北海市高岭土资源储量达到广西区的 88%。

（2）开发案例借鉴——广东韶关芙蓉山国家矿山公园。

截止到 2018 年末，经联合国教科文组织批准世界地质公园 37 处，国家地质公园 270 处、国家矿山公园 88 处。广东韶关芙蓉山国家矿山公园是中国首批 28 个国家矿山公园之一，曾有过光辉的煤矿和石灰岩矿开采历史，至今残余大量采矿遗址。如今根据矿产、矿业遗址、地质遗址等自然环境和人文历史资源，建立以矿山为主题的公园。内部有广场、园林景观、博物馆等景点。在为游客提供自然风光游览的同时，还可进行地学、古生物、矿业等方面的研究。

园区通过开采遗址进行科考旅游，相关科考内容有采煤矿井、开辟平峒和斜井、煤矸石堆、采煤设施、辅助建筑、运煤巷道、采煤区、石灰岩露天采石场、采矿废渣、采矿装备等。

在地质考察方面，通过地质遗址科考旅游，研究海相生物化石、峰丛—洼地岩溶、岩溶洞穴系统、洞穴沉积物、石炭系剖面、倒转背斜、断层、节理等丰富的地质构造遗址。

（3）广西矿产类科考旅游导向。

截至 2018 年，国家公布了 4 批国家矿山公园名单。2010 年，广西合山国家矿山公园和广西全州雷公岭国家矿山公园入选国家第二批国家矿山公园。其中广西全州雷公岭国家矿山公园拥有锰矿资源，在八角寨丹霞、岩溶峰丛峰林地貌资源，矿山公园有建立生态恢复休闲区、矿山体验区、矿业遗迹展示等。

①广西合山国家矿山公园。

公园位于广西来宾市，是“广西煤都”，占据区内 1/3 以上的矿产资源。广西合山国家矿山公园人文资源与自然资源相结合，自然资源方面人称“合山奇石”，有玉屏山、寨山、司烟山和黑水河。人文资源除了矿业遗迹，还有龙王古建筑群、壮瑶婚嫁礼仪等少数民族文化遗产。矿业遗迹有采矿遗迹的修缮和改造、道路修筑、煤田博物馆、煤矸石城的综合治理以及参观区等。矿山公园分煤矿生产遗迹区、合山煤田科普教育区、坑口电站区、治理恢复示范区等。园区集历史、矿业、生态、地质、科考科普、旅游、休闲为一体，人们可通过公园开展煤矿勘查、开采历程、采煤设施等方面的旅游。碳酸盐岩台和快速盛衰的成煤泥炭沼泽，形成罕见的合山组含煤地层。20 世纪 30 年代，冯景兰、乐森璕和张文佑等地质学家曾多次到合山开展地质矿产调查，并创立“合山煤系”，修订后创立“合山组”地层。

②矿产类科考旅游开发。

矿产类科考旅游主要以矿业遗迹为主题，将矿坑以池塘、植树等方式进行景观性修复，同步挖掘地域内出类拔萃的地质地貌、民风民俗等自然和人文景观。建立锡、锑、铝土矿、锰、钛等不同矿种主题的矿山公园，在矿产种类、矿产勘探技术、开采技术、矿坑二次利用技术、修复研究、地质地貌等方面开展研究。广西各地区可开展矿山科考旅游开发，将矿坑进行景观性修复，并确定科考旅游开展专题。分布地区诸如百色市平果铝业矿坑，广西北海高岭土矿区打造湿地公园和海产养殖，2017 年南宁园博园将 7 个矿坑打造为峻崖潭、飞瀑湖、台地园、岩石园、落霞池等 7 个水域或庭院型的矿坑花园。

第四节　人文科考旅游

一、壁画科考旅游

（一）世界文化遗产——左江花山岩画艺术文化景观

1. 简介

花山岩画遗产区面积 6621 公顷，分为宁明县、龙州县、江州区和扶绥县三个遗产区，同时广西宁明花山崖壁画也是国家重点文物保护单位，共 38 个岩画点、109 处岩画、4050 个图像，图像多为人物、器物、动物。

2. 岩画分布

宁明县（珠山、花山、龙峡、高山、达佞山）；龙州（鼻镜山、那邑山、洪山、紫霞洞山、岩洞山、沉香角、宝剑山、水岩山、对面山、三洲头山、三洲尾山等)；崇左（双对机山、驮角山、陇娘山等）；扶绥县（闸口山、小银瓮山、七星山等）；大新县（画山等）。其中以宁明县驮龙镇区，左江和明江两岸断岩峭壁上的壁画为典型，合计 50 多处 1770 余幅。

3. 科考价值

壁画表达的含义历来是谜，或狩猎、宗教祭祀、练兵习武、欢庆丰收，人们莫衷一是。加上它的绘制方法、绘画工具、绘画风格、美学价值等均笼罩着神秘面纱，成为千古之谜。水上交通方面从宁明县城的码头坐船到花山大概需要一个多小时，有花山游船码头，但船只数量连年减少。

（二）花山岩画科考旅游开发与提升

1. 壁画遗址考察路线联动

整合广西岩画分布区域，形成“龙州—宁明—崇左—扶绥”的岩画科考路线，分别设置科考旅游考察点，针对科学考察团的需求制定评估报告，并完善考察团在游线、交通、住宿、餐饮、科考物质配备等方面的需求。针对高校学生、国内国际研究机构等不同类型的科考旅游团，丰富科考旅游配套要素。

2. 区域内部科考资源整合，突显科考旅游价值

花山风景名胜区（宁明县）内部建有花山民族山寨、花山风情楼，附近分布有左江生态旅游公园、陇瑞国家级自然保护区。除了花山壁画，在地质地貌江河流域、动植物资源、民风民俗等方面，也具备非凡的科考旅游价值，利用成熟的科考旅游开发模式，形成内容形式丰富多样的科考旅游。

二、其他人文科考旅游形式开发

广西森林地区其他人文科考类型还有艺术写生、文人游迹探寻、龙母文化、骆越文化、少数民族风俗、饮食文化等，均具有较高的科考旅游价值。

（一）艺术写生类科考旅游行

广西优美的喀斯特地貌、红树林滩涂地带山水类型，能给艺术文人、园林规划带来创作灵感，高校时常围绕各个森林旅游地开展写生行、实地考察行。艺术写生类往往选择山美、水美的各大旅游地，喀斯特地貌以桂林为典型，仰视山势高耸、俯瞰山河林立，湿地景区可选林海葱郁红树林、山湖交界处。

（二）文人游迹探寻

古代文人游历山水，留下名篇著作，具有文学考察价值。在广西地区，以徐

霞客、苏东坡为代表的文人，以山水为型，寄托情怀，表露心迹。1637 年徐霞客在广西游历跨时 6 个月，从桂北的兴安灵渠启程，游漓江、阳朔，再到桂南的上林、崇左和凭祥友谊关，著有《粤西游日记》。

文人寻踪乃根据著作原型和文人踏足之地开展的文学科考之旅，在文人停留区域，挖掘文学价值要素，打造名人研究科考游线，组建名人游记研究协会，带动更多的文学研究爱好者共同开展文学研究之旅。

（三）龙母文化、骆越文化科考旅游开发

以西瓯、骆越文化为典型，开展广西森林旅游地区的文化遗迹科考游。骆越文化中包含铜鼓文化、冶炼制造文化、太阳文化、稻作文化、象形方块字、龙母文化、崖壁画文化、玉器文化、柱子文化、巫文化、三界观、棉纺织文化、航运文化等。以文物出土地区、壁画、龙母庙、骆越王庙等遗迹文化景观，探寻古代文明起源、发展、兴盛与衰落。

骆越文化科考游中以大明山为最佳考察对象，多方学者认为骆越古国的发祥地和国都在大明山南麓的武鸣区，陆斡镇原名骆越镇，武鸣河原名骆越水，武鸣可通过结合大明山景区开发联动优势，修复并建立骆越古都旅游景区。大明山上方骆越王庙宇渊源已久，通过结合武鸣三月三万人开展的公祭骆越祖母王活动，以及相关的骆越祭祀民俗表演《唱娅王》《娅浦巡兵》，骆越民间舞《谷神祭》《耕田歌》等民俗活动，开展古代文化探寻之旅。

古文化科考旅游路线开发，以记录古代文明的著作、文化遗迹点挖掘与整合等方面，开发古文明遗迹探索路线图，给古代文化研究学者提供便利的科考旅游条件，做好古代文化的继承。

（四）广西森林科考旅游与饮食、民族、医药文化

广西是一个多民族聚居点，各民族在长久的山林中生活，形成独特的饮食文化、医药文化，以壮医和瑶医最为出名。在广西的深山老林中往往蕴藏着深不可测的医药文化，蕴藏着无价之宝的中草药。通过各森林旅游地的中药材分布范围研究，组织医药领域的人们进行科学考察旅游，将神奇疗效的壮医、瑶药原理进行科学化分析。合理利用森林旅游地中的珍稀中草药，并进行人工推广种植研究。将广西各森林旅游地中蕴藏的医药文化广为传播，创造森林旅游地蕴含的医药价值，发扬广西优秀的医药文化，同时给人们带去福音。

1. 壮医瑶药知多少

壮医瑶药中常见的有瑶族圣药“巴马茶”，遗失的圣药“火麻茶”。壮医瑶药中的用药以分布于山林地带的药性最佳，“野性”十足的中草药“道地性”

越足。

壮医中植物用药 4064 种，动物药 509 种，矿物药 50 种，在山林地带大多探寻。常用的有广豆根、广西血竭、广金钱草、金银花、扶芳藤、大黑山蚂蚁、灵香草等。

瑶药合计 1236 种，其中最常用的“五虎”“九牛”“十八钻”“七十二风”共 104 种，如田七、鸟不站、青蒿、尖尾风、香叶、薰衣草、收山虎、黄柏、金银、雪朋仲。

2. 医药科考游路线定制

以良凤江、三门江、龙潭、大桂山、元宝山、八角寨、十万大山、龙胜温泉、姑婆山、大瑶山、黄猄洞天坑、飞龙湖、太平狮山、大容山、九龙瀑布群、平天山、红茶沟、阳朔、龙滩大峡谷、狮子山、龙峡山等一批国家森林公园为资源分布点。调查动植物资源分布明细，根据医药文化研究学者、高校学生的研究方向，定制专门的科考旅游路线。

第五节　森林科考旅游价值导向开发模式小结

一、研究价值

科考旅游可开发山林地区的无形价值，同时可利用观光资源不是特别突出，但行业优势明显的林地、山地开展森林旅游。在旅游地的资源定性评价研究中，相比于观光价值，行业研究价值更具有市场竞争力。

二、可进入性

鉴于科考旅游不属于科研类活动，但具备一定的研究性质，所涉及的旅游偏好与一般游客有所区别。所以在针对保护地区的踏足区域，管理政策方面应确定踏足区许可范围区域。

三、定制化

科考旅游的客源通常来自高校、研究机构等行业团体，可通过长期合作，保持稳定的科考旅游客源。为丰富科考旅游的开发类型，接待的往往是不同行业、不同领域的游客，科考旅游专题不同，考察方式不同，就要根据实际情况在科考旅游游线、安全保障等方面开展定制化。

四、配套性

科考旅游中，部分游客往往需要借助考察工具和科研平台，所以在科考旅游开发中，研究站、展示厅是硬件配套，有助于提升科考旅游开发的实力。建立科研平台，无疑是争取国内、国际科考旅游客源的一大优势。

第八章　森林探险旅游价值导向开发模式研究实践

探险旅游是从游客猎奇、惊险、好奇的心理需求出发，利用旅游地的丰富性、神秘感、刺激性，打造的一项侧重于满足游客探险需求的旅游活动。在森林旅游中，常见的探险旅游分为两类：自然依托型、人工设施型。

自然探索型侧重于利用自然本身的丰富的自然性，如热带森林、神奇地貌、独特动植物、神秘的原始遗迹，激发游客对自然的好奇心理，从而开展徒步等大自然探索体验；人工设施型指根据旅游地的景观、地形特点，因势利导增加部分人工设施，打造诸如玻璃桥、蹦极、攀岩类型的刺激惊险游玩项目。

第一节　自然探索型探险旅游

一、徒步森林探险

（一）徒步探险森林旅游地导向

徒步是开展自然探索型探险旅游的典型项目，2017 年国家也公布了第一批国家森林步道名单，得到社会各界的热烈关注和认可，由此可见，徒步游是探索自然的绝佳方式。广西森林旅游探险资源有亚热带森林、天坑、峡谷、溶洞、悬棺等，以森林步道的整合模式，整合广西奇险的森林旅游资源，从游客探险需求心理出发，开发出各式各样的广西森林探险旅游路线。

（二）徒步旅游探险——以通灵大峡谷为例

1. 通灵大峡谷简介

广西通灵大峡谷是 4A 级风景区、全国生态旅游示范区，属于南亚热带地区，位于广西百色靖西市湖润镇内，峡谷内荟萃了举世罕见的瀑布群、地下河、峡谷、溪流、洞穴、石垒、悬葬、2000 多种原始植被等自然景观与人文景观，是徒步探险的好去处。

（1）崖棺洞葬。

在峭壁悬崖隐蔽洞穴处安置棺柩，区别于一般的洞外的悬崖峭壁悬棺葬，此崖葬在洞内不见光。古有“活人居干栏，以避瘴疠，死人行悬棺，可望延年”的说法。崖棺洞葬边乳石酷似佛祖叠做宣经，棺前生长小柱如立像观音，栩栩如生，有“升官发财”之誉。崖棺洞葬放置千年依然完好，洞葬神秘莫测。

（2）念八峡。

溶洞内钟乳石形态各异，千奇百怪，藤类植物自由倒挂，光线忽明忽暗的光影，景物若隐若现，神奇梦幻。

（3）通灵瀑布。

中国落差最大的瀑布，走 600 多级阶梯到通灵峡谷中观赏瀑布，还可看到峡谷内奇异的植被、溪流和山洞，人称“通灵奇观”。瀑布跌落处深潭，汇集了峡谷溪流和溶洞暗河，又形成巨大的地下暗河流往另一个峡谷成为新的瀑布，暗河入口处有四个巨大的溶洞，溶洞深邃曲回。各种暗河、溶洞、惊险瀑布，成为人们探险的好去处。

2. 徒步路线布局

通灵大峡谷环状徒步路线为：“游客中心/通灵山庄—半山观景亭—观光车候车亭—民俗表演场—念八峡—对歌楼—风雨长廊—下藏金洞—崖棺洞葬—龙泉圣水—地下河泉口—念八河隧道—宝洞瀑布—暗河隧道入口—通灵峡—通灵大瀑布—水帘洞—洞中九叠瀑布—鸳鸯潭—山神庙—游客中心/通灵山庄。”

广西通灵大峡谷风景区由广西通灵大峡谷旅游有限责任公司靖西分公司经营管理，官方网站平台建设有完善的虚拟旅游、导览图、路线导航，为游客自助徒步导游提供了便利条件，但存在内部徒步路线精细化程度不足的情况。

（三）广西徒步探险项目提升

1. 精细化步道生态建设

生态步道可分为步行道、骑行道、观光车道，采用生态环保型材料，做到与周边生态自然环境协调，减少人工设施布局及非环保生态型建筑。

步行道通常位于景点外围、景点内部、未开发处女地等地带，以不泥泞、不积水为基准，尽量采用与区域内接近的材质如鹅卵石为原料，铺设过程尽量不显露人工痕迹；骑行步道为观光车无法进入区域，相对于步道显得更宽，可作为山地骑行用道；观光车道宽度至少满足两辆观光车并排驶过。

2. 徒步与休憩设施配套服务

路线开发中针对徒步探险项目，配套相应的休憩站、自助售卖机、充电站、避难小屋等服务设施。给游客提供休憩、补给的驿站场所，规避游客徒步中出现体力不支、缺水、无处避雨、迷路等情况。

二、溶洞类探险

溶洞是碳酸钙成分岩石发生可逆化学反应，从硬质到溶解，而后又硬化形成的奇观。碳酸钙与水和二氧化碳反应后形成可溶性碳酸氢钙，溶质的碳酸氢钙，后期释放出水和二氧化碳后又复原为硬质的碳酸钙。加上分布地点位于暗无天日的洞穴内，本身具有一种未知的神秘色彩。

广西溶洞的分布数量在国内名列前茅（见表 8.1），和贵州一起占据了中国溶洞景区的半壁江山。整体而言，目前溶洞有三种分布状态：一种是已开发成景点溶洞，一种是未开发但严格保护的溶洞，还有这一种是不受保护的一般性溶洞。

（一）溶洞现状

表 8.1　广西较为出名的溶洞

桂林	银子岩、芦笛岩、七星岩、冠岩、蝴蝶泉
河池	巴马水晶宫、巴马百鸟岩、凤山马可波罗洞
南宁	马山金伦洞
柳州	柳州都乐岩
崇左	大新龙宫仙境
百色	德保吉星岩、乐业莲花洞、百鸟岩、乐业红玫瑰大厅
贺州	紫云洞（有藏酒）

广西还有许多神秘未知的洞穴，乐业县红玫瑰大厅在世界最大洞穴中排名第六位，长 300 米，宽 200 多米，高约 200 米，洞底投影面积 7 万平方米，容积 7 万立方米；凤山县已成功举办包含“2010 中国凤山世界地质公园探险旅游节”在内的多届探险旅游节，来自英国、美国、澳大利亚、匈牙利、日本及中国等国

际权威洞穴探险协会的专家、探险家云集凤山，凤山探险旅游极具国际性、刺激性、民族性、艺术性和趣味性，开展江洲乡地下长廊16昼夜的探险活动、惊险的SRT探险技术国际表演、独具特色的黑衣壮、蓝衣壮、蓝靛瑶技艺表演等。其中马克波罗洞属于中国乐业—凤山世界地质公园的凤山园区，容量世界排名第九位，洞长348米，宽168米，高100米，总面积为5.8万平方米，容积达到200万立方米。至2010年中英已联合开展23次科考探险活动，广西俨然已成为世界级地质科考探险旅游胜地；2015年法国洞穴探险联盟协会开展为期15天的中意法联合国际洞穴科考探险活动；2016年中法两国科考探险专家团队在东兰武武篆镇、兰木乡、泗孟乡发现一处洞穴，巨大的地下河廊道上下交错，支洞错综复杂，洞穴沉积物精美奇特令人震撼，有罕见的洞穴生物布甲，深度约420米，暗河中生存着珍稀鱼类紫色金线鲃。

（二）溶洞类探险案例——以广西黄猄洞天坑国家森林公园为例

1. 广西黄猄洞天坑国家森林公园简介

广西黄猄洞天坑国家森林公园由广西区直国营雅长林场管辖，广西黄猄洞天坑国家森林公园风岩天坑景区、黄猄洞天坑景区、花坪景区、盘古王景区、西南民俗风情园、一沟景区，有蟒蛇、黑熊、黑豹、斑林狸、穿山甲等国家级重点保护野生动物43种，原始莽林中，有拉雅松、榉木王，还有70多种珍贵野生兰花；既有“活化石”之称的桫椤，又有鹅掌楸、大百合、楠木、榉木等珍稀植物32种，还有天麻、首乌、杜仲等100多种野生名贵药材。公园内部除了各种喀斯特地貌和各种原始森林自然风景点，还有神话传说、古生物化石、西南民俗风情等。

2. 广西黄猄洞天坑国家森林公园探险开发导向

风岩天坑景区中，大石围岩溶洞穴的地下原始森林面积为世界第一，居世界同类大型岩容漏斗第二，容积也处于世界第二位。在周边有黄猄、风岩穿洞等20多个石围形成的“天坑群”，“天坑群”周边有30多个溶洞景点，快班直达景区，交通便利。在黄猄洞天坑景区内已建立了天坑攀岩、速降基地，开发三条国家级攀岩线路，速降线路也由2条增加到4条，SRT速降线路达180米高，吸引着攀岩探险爱好者，游客逐年上升。攀岩探险基地附近有落差一百多米的季节性瀑布，加上蛙王护洞和七仙女下凡的传说，为探险旅游平添了许多神秘感、美感。

（三）广西溶洞整体提升研究

1. 溶洞自然美提升

广西已开发成景点的溶洞几乎都是用3D动漫光影秀渲染，国内的溶洞也大多如此。绚烂的人造灯光目的在于给溶洞打造仙境般的环境，同时弥补溶洞内灯光不足的问题。但随着国内大大小小的溶洞十之八九开发形式相同，观众产生审美疲劳，将溶洞比作“灯光展”，同时也丧失了溶洞本身具有的神秘感、刺激感。

国际上最负盛名的溶洞却鲜少采用五彩缤纷的光影效果，如美国卡尔斯巴德洞窟、美国马默斯和弗林特·里奇洞穴、埃斯里森威尔特洞穴、匈牙利巴拉德拉洞群、法国拉斯科溶洞、斯洛文尼亚波斯托伊那溶洞、南非康戈溶洞群、马来西亚巫鲁山国家公园的洞穴、黎巴嫩贾埃塔溶洞、新西兰怀托莫溶洞，布置暖黄色调，柔和且偏近自然，充分突出了溶洞本身色彩。国际游客偏好的中国乐业—凤山世界地质公园内部洞穴，光影布置接近自然色彩，甚至是没有开发过的处女地，充分满足了国外游客的探险需求。

2. 溶洞探险项目

溶洞探险项目常见的有地面上的攀岩、地下河潜泳。此类溶洞探险项目危险系数和难度系数较高，需要具备专业设备并在专业人员指导下才能开展。与溶洞攀岩相关的知识有登山、登山装备、SRT 技术、速降、探洞、绳结、上升、下降等，需要专业教练负责指导、培训。与此同时，溶洞地区是开展攀岩、潜泳专项学习的最佳训练基地。相对于难度较高的探险项目，还可开发游客普适性较高的项目，选取安全系数较高、不在地质保护地区范围内的溶洞，开展徒步、玻璃桥、摇曳桥、划船等项目，根据探险难度高低等级分类，拓展游客市场空间。

第二节　人工设施型森林探险旅游

一、人工设施型森林探险项目

人工设施型森林旅游探险项目，在不破坏森林旅游资源的峭壁间、森林高空、水面等空间区域，建设辅助性人工探险设施，以多视角游览森林高耸的山脉、葱郁的丛林、精美绝伦的瀑布，以多种体验方式开发惊险体验型旅游项目。相比于对中老年富有吸引力的森林康养开发，人工设施型森林探险项目，能更好地开拓年轻人市场；相比于城镇地带的探险项目，森林旅游地的探险项目结合优美山林观光，具有不可比拟的优势。

人工设施型森林探险旅游开发偏向于动植物资源相对较少，但山形地貌优势突出的非保护区区域。广西常见的喀斯特地貌，以及中低档的森林旅游地，皆可开展，可给一般森林旅游地带来质的提升，广泛提升知名度。人工设施型森林探险项目，在上空领域有蹦极、滑翔伞、攀岩、高空滑索、玻璃桥、热气球，在水域通常有潜泳、漂流、冲浪、摇曳船，在陆地领域有山地骑行赛、攀岩、卡丁车等。

（一）蹦极

蹦极地一般地处悬崖、高桥、峡谷间，或人工搭建的高塔，依托具有一定高度的高地，其自由落体方式的弹跳体验项目，让无数年轻人为之着迷。世界范围内排名前列的蹦极地，均分布于风景优美的地带，美国科罗拉多皇家峡谷大桥（Royal Gorge Bridge）位于321米深的峡谷间；韦尔扎斯大坝220米高的蹦极地具有凌晨夜色的特色；南非开普敦的劳克朗斯大桥蹦极点可同步欣赏南非荒野；欧洲大桥（Europabrücke）蹦极地位于奥地利威普特峡谷，可同步欣赏阿尔卑斯山脉的美景。

国内蹦极项目开发在各省份分布数量不多，除了北京有7处，其余省份平均分布不足2处，蹦极项目发展还处于初始阶段。但国内游客更愿意出国体验蹦极项目，国内蹦极项目仅限于蹦极的刺激性，缺乏国际游客市场上与周边壮美景观的结合优势。部分结合山林优美地带观光功能的蹦极地，可获得更高的收益。

广西目前只有桂林乐满地一处蹦极地，但园区内缺乏诸如森林旅游地的优美风景资源。广西地区喀斯特地貌居多，可搭建蹦极的森林旅游地带不胜枚举，其中广西大明山平均海拔1200米，主峰海拔1761米，是绝佳的蹦极布置点。

（二）滑翔伞

滑翔伞区别于降落伞，人称“飞行器”，结合森林旅游，既可体验空中飞行的探险，又可从高空中俯视森林地域的优美风光。2018年滑翔伞已经正式成为亚运会比赛项目，现注册的俱乐部有50多个，国内滑翔伞项目正是兴起阶段。河南林虑山、永安山、大连金沙滩、青岛、九龙山、小鹰嘴、九华山、伏龙山、刘家峡、北京蟒山等地分布有滑翔伞基地，以河南、北京、山东发展较为前沿，多是依托山林地带开展滑翔项目。

截至2018年，广西有3个滑翔点，分别位于广西大明山、南宁横县六景滑翔基地、钦州市钦北区望海岭、桂林市阳朔县山水大道燕莎滑翔伞基地，其中以依托大明山森林旅游地的大明山滑翔基地最为出名，大明山滑翔起飞场是国内五大滑翔胜地之一。

广西大明山滑翔伞项目飞行落差620米，是广西落差最大的滑翔伞基地，有天然起飞场和百亩天然降落场。

1. 游客探险体验模式

大明山根据游客需求定制不同的游客探险等级，分为平稳飞行和刺激飞行两种，均为教练带飞体验型双人滑翔，安全得到充分保障。刺激飞行有大摆荡、螺旋、前后俯仰等，可根据需要进行拍照留念。另外，有专门针对忠实滑翔爱好者建设的培训教学基地。

2. 管理模式

滑翔伞基地成立有专门的滑翔伞俱乐部，与其他景点管理有明显区别，针对只体验滑翔伞项目的体验者可以和大明山游客分开管理。交通方面有专门的接送车，另外在游览大明山时给予门票减少50元的优惠。游客体验收费较其他项目偏高，如图8.1所示，滑翔项目管理成本较高，具体包括教练配备、装备使用、场地、交通、专业滑翔伞保险等方面的成本。

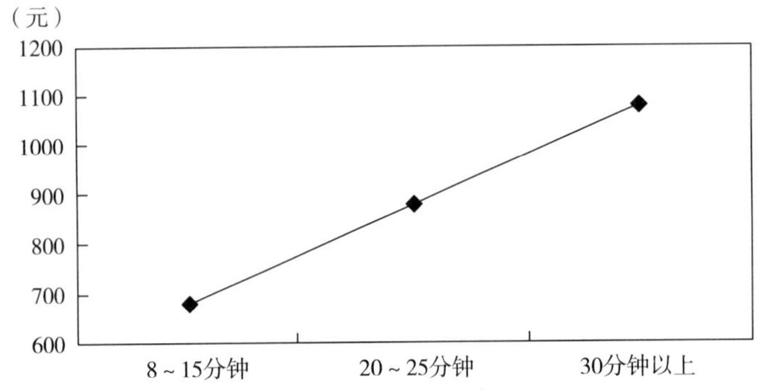

图8.1　2018年广西大明山滑翔票价格

（三）攀岩

1. 国内外森林旅游攀岩探险项目发展情况

攀岩森林旅游探险建设成本较低，是游客接受度较高的项目。世界上较为著名的攀岩胜地均位于峡谷等森林旅游资源出众的地带，如委内瑞拉天使瀑布攀岩区、巴基斯坦“无名塔”峰群、法国韦尔东大峡谷、加拿大鬼怪峰、瑞士马特宏峰、越南下龙湾、泰国甲米等。

总体而言，在森林旅游资源突出的地带建设攀岩项目，能提高其在国内外的知名度，在一般的森林旅游地带建设攀岩项目，能吸引当地森林户外探险游客涉足，提升森林旅游地价值。森林旅游地的攀岩相比于室内攀岩，具备吸引力十足的探险性。

国内的攀岩点多数分布在山峰地带，如四川沙湾龙岩区乐山等多处攀岩场，山东也有数家攀岩场。广西更是以其独特的喀斯特地貌，具备发展攀岩项目的天然优势。目前，广西地区以阳朔和马山为代表，位列森林旅游攀岩探险项目的发展前沿。

飞拉达（Via Ferrata）铁索栈道可进行铁道式岩壁攀登，在岩壁上建设辅助性铁索、脚蹬进行峭壁攀爬，既保留了户外攀岩的惊险性，又降低了攀岩难度，让没有攀岩能力的游客也能在悬崖峭壁上行走，使得攀岩成为大众性探险项目。飞拉达早期在 14 世纪用于军队物资输送，战后成为家人缅怀逝世士兵的路线，逐渐发展成为山地运动，目前欧洲已建成 650 多条线路，爱好者逾 100 万人。

2. 广西地区喀斯特地貌具备攀岩探险优势

桂林地区利用地形优势，早已将攀岩与山峰融合的探险模式发展成熟，桂林的攀岩场数不胜数，基本上都集中在阳朔区，如蝴蝶泉攀岩场、藏球攀岩场、中指峰攀岩场、金猫洞穴攀岩场、拇指峰。成立有“中国攀岩”“喀斯特”“蜘蛛人”俱乐部。具有经营攀岩场地的个人独资企业，经营着阳朔金猫山、龙门寨、酒瓶山、拇指峰、蝌蚪山等大景区内攀岩探险项目，且拥有基地自主权。

马山属于广西森林旅游攀岩探险项目的后起之秀，将建成万铁山、攀成山、螃蟹山、玉女山、干爹山、干娘山、金刚山七大攀岩场，充分利用马山丰富的喀斯特地貌优势。

（四）玻璃桥

玻璃桥作为老少皆宜的人工设施型森林旅游探险项目，在广西地区极具发展潜力。目前，广西区玻璃桥建造数量为数不多，柳州是广西区“第一个吃螃蟹”的地区。

广西融水双龙沟原始森林度假区在 2018 年一跃成为 4A 级景区，和新开发的玻璃悬索桥、高空滑索等项目有很大关系，广西第一座玻璃悬索桥让此地声名大噪，全桥长 199. 9 米，垂直高度深达 52. 0 米。柳州在融安石门仙湖另布置有广西目前最长的玻璃栈道，全长 366 米，高 88 米，宽 1. 6 米，中间设置有一个长 6 米、宽 3 米的全透明玻璃观景台。

森林旅游胜地另有玉林容县都峤山风景区的玻璃桥，深约 92 米，全桥总长 288 米，是中国第二长的玻璃吊桥，名为“白鹤云渡桥”。景区门票 80 元/人，但玻璃桥价格 98 元/人，由此可见，玻璃桥比景区门票更能体现森林旅游观光价值。

在金秀瑶族自治县古沙沟生态旅游景区内，沿着巴勒山石门关的峭壁上搭建了一座全长2000米、平均落差300米的玻璃桥，走在悬崖峭壁间，仿若接触云端，让游客深感惊奇，园区下一步还将在山谷搭建悬空型玻璃桥。

百色乐业天坑景区于2018年开启天梯搭建项目，选址位于刷把村竹林坝屯。在天坑中心搭建200米高的天梯，天梯最高处的玻璃桥无疑是最佳的亮点，神秘莫测的天坑可通过天梯一一探索，险峻包围的山势在玻璃桥上也一览无遗。

（五）高空滑索

高空滑索操作简单，游客体验过程无须人员陪同，项目建设成本较低，在高空探险类中可行性高。可根据不同的落差高度，根据游客探险需求度搭建不同等级世俗的滑索。世界上最惊险的滑索位于阿联酋的最高峰哈伊斯山，海拔高达1680米，滑索总长2.83公里，时速可达150公里/小时，历时只有3分钟，日承载游客250人次，门票价值高达1000元人民币，哈伊斯山因滑索创造的经济价值令人惊叹。

广西融水双龙沟景区在2016年搭建广西最长的高空滑索，成为广西高空滑索领头羊，索道全长528米，全程50秒，相当于15层楼高。景区门票50元，而滑索门票30元，滑索成本的经济性吸引大批游客争先涌来。另外，以山、林、溪、湖为主体桂林逍遥湖景区设有长约350米高空滑索，更设有西瓯丛林36个探险小项目，是将探险项目与森林旅游开发相结合的4A级景区。

（六）漂流

漂流在广西是较为成熟的水上探险项目，广西区内目前较为出名的漂流点达到16家，均是分布在森林旅游地内部，分别分布在贺州姑婆山、东兴北仑河、防城港野人谷、宜州古龙河、百色大王岭、平果鸳鸯滩、乐业布柳河、北流市大容山、藤县蝴蝶谷、岑溪白霜涧、龙胜县岩门峡、桂林十二滩、阳朔县龙颈河、桂林玉龙滩、融水龙贡峡、南宁绿水江。森林旅游地的水域资源无疑也是优良的探险类开发领域，但个别漂流点曾经因为安全问题而为人们所诟病，提升安全性是做好广西森林漂流探险项目的必要条件。

（七）其他探险项目

其他探险类项目还有树上攀网、天使之手、索道桥、手吊环桥、丛林荡木等。丛林飞跃又叫丛林穿越、森林探险，在树上设置和搭建各项关卡，形成难易程度不同、风格各异、刺激强度不等的树上穿行探险活动，常常吸引团队进行户外拓展项目，有利于提高团队的团结性。

二、广西森林旅游地人工设施型探险项目的总体提升

（一）著名森林旅游地总体提升

1. 整体增加人工设施布局范围

针对广西著名的森林旅游地，如世界自然遗产、国家森林公园、国家级自然保护区等，依托自身的自然探索性优势，增加人工设施型探险项目的地区数量分布均衡性，可起到锦上添花的功效。如广西大化县七百弄地苏地下河水源，是世界排名前列的旅游潜水胜地，可开发潜水项目，增加人工辅助设施。地下河有1条干流和12条支流，总长241公里，存在着世界上密度最大、数量最多的天窗群。世界冰潜女王米娅·皮蒂卡娜曾在一年内访问5次，在九顿天窗创下中国洞穴潜水162米的纪录，还吸引了加拿大、芬兰、澳大利亚、法国、英国、美国等国的顶尖洞穴潜水员，其间发现了“水中活化石”桃花水母。

2. 广西大明山探险旅游模式导向分析

广西大明山景区是国家级自然保护区、国家4A级景区，范围涵盖南宁三县一区。景区正门设在武鸣区两江镇明山路1号，临近G210国道，距离南宁市中心100公里，路程2小时，每天有专门的公交路线通达景区，大明山内部游览方式以公共观光车、徒步为主。

大明山已建成探险类项目有滑翔伞基地，临近景区大门片区。2004年国家滑翔伞运动队在此训练，在国内外有一定的知名度。基地未来还将打造三角翼、攀岩、户外拓展、动力伞、热气球等户外探险项目。在大明山导览图居中地带的橄榄大峡谷间，是蹦极、玻璃桥、高空滑索布置的绝佳地点。

（二）一般森林旅游地总体提升

一般森林旅游地指非国家级别景区，也不属于保护区范畴的森林旅游地带。可根据游客市场，在城镇区域附近的森林旅游地就近建设人工设施型探险项目。一般森林旅游地可以适当增加设施建设，在森林旅游资源匮乏地区需加强景观性人工森林布局。一般森林旅游地公益性质成分偏低，更适合私营企业将其市场化，可最大限度地增加森林资源的附属价值。

（三）安全保障提升

安全是开展人工设施型森林探险项目的前提，为提升探险项目安全性能，需做到专业性配套、科学建造、规范化管理。专业性配套指探险用设施、安全保障人员须专业级别配备；科学建造指在设施布局点做到不损害旅游资源，建设过程

中不破坏资源，不遗留建设垃圾；规范化管理指项目需向国家有关部门申报，建造过程符合国家有关标准，经营管理专业化确保游客安全。

第三节　森林探险旅游价值导向开发模式小结

总体而言，自然探索型森林旅游需要加强森林旅游资源的“原汁原味”，尽量避免人工建设痕迹遗留。人工设施型森林探险开发注重合法性、安全性，丰富项目类型组合，充分考察地区内同类设施的布置频率，规避客源市场恶性竞争。

一、森林旅游资源安全保障

森林旅游探险开发模式，与其他森林旅游开发模式相比，游客在体验过程中，对森林资源的破坏风险系数较高。自然探索型无疑增加了游客与森林亲密接触的机会，但游客踏足的领域会给森林旅游珍稀资源地带造成难以修复的损害。人工设施型项目选址不当，或建造性破坏、建筑垃圾残余等情况，同样会给森林旅游资源带来毁灭性伤害。针对资源保护除了定期开展评估，在森林旅游地内部还需完善监测系统，在相关重要指标，如空气、湿度等指标需加强监测，根据情况确定烟雾报警器的安装频率，可增强森林旅游资源安全保障。

二、游客安全保障措施

（一）设置安全保障设施

整体而言，广西森林旅游地区内部需要增强通信信号，完善小径路线在常规地图软件上的信息。在游客深入探险的地区设置手机充电站、避难小屋。以此增强游客的自救能力，提升游客安全保障系数。

（二）加强安全管理

在管理工作上做到规范合法，探险项目的建设需要到有关部门申请备案，经营管理者制定一套完整的管理流程，定期开展森林旅游地设施的安全性能检查。活动开展时充分结合天气、游客适应程度，把控游客和森林资源的安全与保障。

第九章　森林科普、环境教育旅游价值导向开发模式研究实践

——以广西平天山国家森林公园为例

第一节　科普、环境教育旅游简要介绍

一、科普旅游的定义

科普旅游是在旅游活动的基础上，通过自然观察、人为讲解、观看介绍牌的方式，来获取对自然科学以及生态环境的相关知识，突出旅游的科学文化的内涵。陆地生态系统的核心是森林，生态科普教育是离不开森林的，森林的生物多样性给人类带来了丰富多彩的生态知识。但是目前我国森林旅游业仍以大众观光旅游为主，生态教育及科普功能仍没能充分体现。森林旅游资源是森林旅游开发利用的必不可少的条件。

二、科普旅游的内容及意义

（一）科普旅游的内容

科普旅游将科学普及与旅游业融为一体，使旅游者在充分领略现代科技神奇魅力的同时，提高自身科学知识和文化素养。科普旅游形式多样，内容丰富，既包括现代农业观摩活动、海洋探秘活动、天文观象活动、影视科技活动、工业基地游览活动等旅游活动，又包括领先科技游、文化科技游、海洋生物游、天文气象游、农业科技游、影视探秘游等特色科普旅游。目前北京已启动高科技旅游项

目，用以吸引中外游客步入尖端科学之门。

（二）科普旅游的意义和作用

说到旅游，人们首先认为可能就是游山玩水或是在城市里漫步。然而，随着旅游业不断发展进步，游客更希望进行深层次的旅游，如包含知识性、教育性、娱乐性的科普旅游。但是，我国旅游产品结构单一，技术含量缺乏，因此需要合理利用科学技术带动旅游业，来带动我国旅游业向高质量、高效益的方向发展，这是知识经济时代发展的必经之路。随着人们对生活质量的需求逐渐提高，外出旅游的人逐渐增多，这为科学技术普及带来了机会，为旅游业发展做出了更大的贡献。

三、环境教育旅游的内涵及教育模式

（一）环境教育的概念

1975 年 10 月召开的国际环境教育大会通过的《贝尔格莱德宪章——环境教育的全球框架》指出：环境教育是“进一步认识和关心经济、社会、政治及生态在城乡地区的相互依赖性；为每一个人提供机会来获取保护和促进环境的知识、价值观、态度、责任感和技能，创造个人、群体和整个社会环境行为的新模式”。1992 年 6 月在巴西里约热内卢召开的联合国环境与发展大会上发表的《塞萨洛尼基宣言》明确环境教育是使受教育者获取环境知识，形成环境意识、环境技能、环境心理和环境素质的综合性教育活动。

环境教育是教育系统里的一个创新点，环境教育要求教育者从人与自然相互依存、和睦相处的生态观出发，引导受教育者为了人类长远利益和更好地享用自然，自觉养成爱护自然环境和生态系统的生态保护意识、思想觉悟。环境教育是直接关系到全人类自身生死存亡的重要课题。环境教育是为了认识环境的价值及人类与环境的关系，帮助人们培养环境道德感和责任感，养成良好的环境行为而进行的教育。

（二）环境教育的模式

目前人们已普遍认可，与环境相关的教育包括三条核心线索，即“关于环境的教育”“通过环境的教育”和“为了环境的教育”，“关于环境的教育”是指人们获得价值和态度所需的知识；“通过环境的教育”强调人们在自然环境中，通过参与活动获得实际经验和环境知识，从而影响其态度、转变其观念，最终改变其行为；“为了环境的教育”是指环境教育的最终目的是人和自然的和谐相处，实现环境、社会、经济的可持续发展。

第二节　广西平天山国家森林公园基本情况

平天山国家森林公园所在的贵港市平天山林场成立于1957年，隶属于贵港市林业局，场部设在林场六班林站。2003年4月经广西区林业局批准建立自治区级森林公园，与贵港市平天山林场实行“一套人马、两块牌子”管理。2005年12月国家林业局批准为国家级森林公园。2004年完成的平天山森林公园总体规划，规划范围为自治区级森林公园的范围，总面积为2964公顷，规划将平天山森林公园划分为接待服务区、游憩休闲区和观光游览区三个功能区。接待服务区布局于公园的西南部，主要功能为游憩娱乐、露营烧烤、游泳垂钓、科普教育、环境教育等；游憩休闲区布局于公园北部，主要功能为溪谷游憩、休闲度假；观光游览区布局于公园东南部，主要功能为观光揽胜、峡谷体验、高山草地运动。平天山国家森林公园的总面积为1676.2公顷，其范围是在自治区级森林公园范围的基础上将集中连片的商品用材林调整出公园的范围。

一、区域环境条件分析

1. 地理区位

平天山国家森林公园位于贵港市北面，离贵港市中心8.5公里，地理坐标为东经109°26′50"~109°31′26"，北纬23°8′13"~23°12′56"。东面与中里乡平山村相邻，南面与覃塘镇六务村、根竹乡接壤，西面和北面与蒙公乡定布村、东龙镇蓝山村相嵌。

2. 交通区位

平天山国家森林公园所在的贵港市交通十分便利，黎湛铁路、324和209国道、南（宁）梧（州）高速公路、西江航道交汇贯通全境，拥有华南地区最大的内河港口，千吨船只可沿江直达港澳出海。贵港已成为华南地区重要的水陆交通枢纽，是连接我国东南沿海地区与中西部地区的桥梁和纽带，是大西南出海最便捷的通道之一。公园东入口离贵港市中心8.5公里，南大门距南梧二级公路8公里，距贵港市中心20公里，对外交通十分便捷。

3. 旅游经济区位

森林公园位于桂东历史文化宗教旅游区，地处广西新兴的内河港口城市，地处广西重要城市南宁、柳州、梧州、北海的几何中心和华南地区与西南地区的结合部，面向粤港澳，背靠大西南，西离南宁市 150 公里，北距柳州市 190 公里，东离梧州市 221 公里，离玉林市 92 公里，区位优势明显。森林公园是南宁—贵港—玉林—梧州旅游线上的重要景区，是“玉贵走廊”特色旅游经济带的重点景区之一，旅游经济区位良好。

4. 社会经济条件

平天山林场土地总面积 5058. 6 公顷，其中森林面积 4681. 4 公顷，林木蓄积量为 410000 立方米。林场下辖 4 个林站、1 个松香厂、1 个木片厂、1 个夹纸板厂、1 个中板厂和 1 个肥料厂。2005 年底，全场总人口 204 人，其中在职职工 146 人，离退休职工 58 人；现有工程技术人员 21 人，其中中级职称 5 人，初级职称 16 人。

平天山林场自 1996 年以来，致力于优化产业结构，促进经济发展。林场的经济收入以林产工业为主，占全场总收入的 60% ~70% 及以上，木材采伐量由 1995 年以前的年采伐 12000 立方米减少到近几年的年采伐 6000 ~ 8000 立方米，森林资源总量逐年增加。林场的林产工业主要有松香厂、木片加工厂、夹纸板厂和中板厂。2005 年林场的销售总收入为 5274 万元，其中木材销售收入 462 万元，松香销售收入 3481 万元，森林旅游收入 67 万元。

公园所在的贵港市辖港北区、港南区、覃塘区、桂平市、平南县，总人口 555. 71 万人，是一个新兴的内河港口城市。2018 年，贵港市地区生产总值（GDP）1169. 88 亿元，同比增长 10%。其中，第一产业增加值 198. 21 亿元，增长 5. 4%，第二产业增加值 494. 04 亿元，增长 11. 7%，第三产业增加值 477. 63 亿元，增长 10. 5%。一、二、三产业增加值占地区生产总值的比重分别为 17%、42. 2%、40. 8%，对经济增长的贡献率分别为 10. 4%、46. 3%、43. 3%。按常住人口计算，全年人均地区生产总值 26635 元。

二、自然环境条件

1. 地质地貌

平天山国家森林公园地处郁江平原北缘、大瑶山余脉莲花山西端，主山脉多呈东西走向，最高海拔大平天山顶 1157. 8 米，为桂东南第二高峰，地质年代属于新生届第三系（E）地层，大约于7000万年以前形成。公园山脉绵延，峰峦叠嶂，地势东南高，海拔800米以上，分布有大、小平天两座山，两山之间以一深峪相隔，绝壁凌空；北部地势较低，海拔500～700米；中部和南部地势最低，海拔300～500米；平均坡度在25°～35°之间。公园属低山丘陵地貌，地形较开阔，山脉纵横交错。

2. 气候

公园属南亚热带季风气候，夏长冬短，四季分明，雨量充沛。境内年均气温21.5℃，最热月（7～8月）平均气温29℃，极端最高温39.7℃；最冷月（1月）平均气温12℃，极端最低温－1.9℃。年气温大于10℃的持续天数为308天，活动积温7328℃，年平均日照1703小时，年无霜期349天，降雨量1450～1500毫米，平均湿度80%。公园森林密布，具有明显的森林小气候特征，适宜森林植物的生长。

3. 水文

公园内溪涧、沟谷纵横，森林植被繁茂、覆盖度高，涵养水源丰富，地表水系十分丰裕，境内有四季常流、终年不绝的溪流8条。位于公园南面的六班水库水域面积26.2公顷，总库容为250万立方米，是以发电、灌溉为主要功能的小型水库。

4. 土壤

公园的成土母岩主要是沙页岩，仅三陵—谭坪站分布有一花岗岩带。海拔在800米以上为山地红黄壤，500～800米为红壤，300～500米为赤红壤。海拔500米以下的土层厚50～100厘米，表土10～20厘米；海拔500米以上的土层厚50厘米以下，表土10厘米以下。质地为中壤土，含砾量较高，土壤疏松，透气性良好，有利于植物根系发育。土壤pH值4.1～5.5。从养分含量看，土壤氮磷钾含量中等，土壤肥力中等。

5. 森林植被

平天山国家森林公园地处亚热带常绿阔叶林区域，地带性植被为南亚热带季风常绿阔叶林，公园内原生植被已基本被破坏，沟谷、山脚、山顶尚有成片分布的天然次生林。据调查，公园共有维管束植物165科523属852种，其中野生植物有153科486属761种，栽培植物有37科61属91种，主要以樟科、壳斗科、山茶科、蝶形花科、蔷薇科、桑科、茜草科、大戟科等植物为主，集中分布在沟谷两侧、山体下部和顶部，山体中上部以松、杉等人工用材林为主。主要灌木有山黄麻、三亚基、白背桐、柃木、山苍子、木姜子、厚皮朴等，蕨类主要有乌毛蕨、铁芒萁等，草本有五节芒、蔓生锈竹、良姜等。属国家二级保护的植物有桫椤、金毛狗脊、福建柏、樟树、喜树、格木和任豆7种，其他珍稀濒危植物有马蹄蕨、海南五针松、竹柏、脉叶罗汉松、穗花杉、观光木等。公园植物资源丰富，生长繁茂，森林覆盖率达84.15%。

6. 野生动物

平天山丰富的植物资源、良好的生态环境为野生动物栖息和繁衍提供了理想的环境，公园内共有脊椎动物130种，其中鱼类27种，两栖类15种，爬行类33种，鸟类40种，哺乳类15种，其中属国家二级保护的野生动物有虎纹蛙、山瑞、大壁虎、原鸡、白鹇、小鸦鹃、猕猴、穿山甲、小灵猫、林麝、苏门羚11种。公园内数量较多较常见的有鱼类、两栖类、鸟类，爬行类较少见，哺乳类的动物数量稀少，较罕见。林中鸟儿嬉戏穿梭、啼唱不绝、兽踪鸟迹与茂密的森林，形成了公园自然原始、野趣浓郁的氛围。

7. 生态环境质量

公园森林茂密、森林覆盖率较高，空气清新，负离子含量高。据测定，公园内的空气负离子含量均在1000个/立方厘米以上，溪谷一带的空气负离子含量达10000个/立方厘米以上，负离子含量最高达53800个/立方厘米，是城市空气负离子含量的250多倍。

三、森林旅游资源分析

根据中华人民共和国国家标准《旅游资源分类、调查与评价》（GB/T 18972—2003）的分类系统，对平天山国家森林公园的风景资源进行分类划分，森林公园的旅游资源共有7个主类，14个亚类，21个基本类型，48个主要资源单体，详见表9.1。

表9.1 平天山国家森林公园旅游资源分类结构

主类	亚类	基本类型	旅游资源单体（景点）
A 地文景观	AC 地质地貌过程形迹	ACA 凸峰	大平天、小平天
		ACE 奇特与象形山石	状元帽、石人石马、北岭仙棋
		ACF 岩壁与岩缝	南天门、绝壁嶂天、鸡胸岭
		ACG 峡谷段落	平天大峡谷、仙人谷

续表

<table>
<tr><th>主类</th><th>亚类</th><th>基本类型</th><th>旅游资源单体（景点）</th></tr>
<tr><td rowspan="3">B 水域风光</td><td>BA 河段</td><td>BAA 观光游憩河段</td><td>奇石清溪、谭坪溪、六班溪</td></tr>
<tr><td>BB 天然湖泊与池沼</td><td>BBC 潭池</td><td>仙人池</td></tr>
<tr><td>BC 瀑布</td><td>BCA 悬瀑</td><td>仙人瀑布、马射尿瀑布、三叠泉</td></tr>
<tr><td rowspan="5">C 生物景观</td><td rowspan="3">CA 树木</td><td>CAA 林地</td><td>柳杉林、古樟林、楠木林、杉木林、马尾松林、桫椤群落、沟谷雨林、高山矮林</td></tr>
<tr><td>CAB 丛树</td><td>藤蔓世界</td></tr>
<tr><td>CAC 独树</td><td>格木王</td></tr>
<tr><td>CB 草原与草地</td><td>CBA 草地</td><td>高山草地、野莓坡</td></tr>
<tr><td>CC 花卉地</td><td>CCA 草场花卉地</td><td>高山杜鹃、吊钟花</td></tr>
<tr><td rowspan="2">D 天象与气候景观</td><td>DA 光现象</td><td>DAA 日月星辰观察地</td><td>平天观日、平天佛光</td></tr>
<tr><td>DB 天气与气候现象</td><td>DAB 天气与气候现象</td><td>雾锁平天</td></tr>
<tr><td rowspan="2">E 遗址遗迹</td><td rowspan="2">EB 社会经济文化活动遗址、遗迹</td><td>EBB 军事遗址与古战场</td><td>平天寨遗址</td></tr>
<tr><td>EBC 废弃寺庙</td><td>北山庙遗址</td></tr>
<tr><td rowspan="4">F 建筑与设施</td><td rowspan="2">FA 综合人文旅游地</td><td>FAB 康体游乐休闲度假地</td><td>森林宾馆、烧烤谷、柳荫垂钓、山泉泳池</td></tr>
<tr><td>FAF 建设工程与生产地</td><td>西番莲果园、高山茶园、兰花圃</td></tr>
<tr><td>FC 景观建筑与附属型建筑</td><td>FCI 广场</td><td>游憩大草坪</td></tr>
<tr><td>FG 水工建筑</td><td>FGA 水库观光游憩区段</td><td>六班水库</td></tr>
<tr><td>G 旅游商品</td><td>GA 地方旅游商品</td><td>GAB 农林畜产品与制品</td><td>平天蜂蜜、高山茶、保健药酒</td></tr>
<tr><td colspan="4">数量统计</td></tr>
<tr><td>7 个主类</td><td>14 个亚类</td><td>21 个基本类型</td><td>48 个旅游资源单体</td></tr>
</table>

（一）旅游资源分布特征

1. 具有散状广分布、团状小集中的特征

公园内山脉绵延、峰峦叠嶂，旅游资源类型多，但分布较散，其中地文景观、水域风光、生物景观、天象与气候景观分布广泛，遍布整个公园，是森林公园的主体景观。同时，旅游资源又具有小集中的特点，空间分布上呈现相对独立的五个组团状。根据可进入地域空间的整体性、景点丰度和相对集中的原则，可将公园划分为谭坪景域、仙人谷景域、奇石清溪景域、大小平天景域、六班景域五个景域。

2. 具有树枝状和线状分布的特征

公园内山峦起伏，层峦叠嶂，其中大平天的海拔高于 1000 米，受地貌的影

响，大多旅游资源都分布在河谷两侧沿线和山顶，呈树枝状和线状分布特征，这对公园的开发建设和游线组织有一定影响。

（二）平天山国家森林公园内的科普、环境教育资源

平天山国家森林公园内的科普、环境教育资源众多，大致列出以下几种资源：

地文景观资源：大平天、小平天、状元帽、石人石马、北岭仙棋、南天门、绝壁嶂天、鸡胸岭、平天大峡谷、仙人谷等。

水域风光资源：奇石清溪、谭坪溪、六班溪、仙人池、仙人瀑布、马射尿瀑布、三叠泉等。

生物景观资源：植物资源主要以樟科、壳斗科、山茶科、蝶形花科、蔷薇科、桑科、茜草科、大戟科等植物为主，集中分布在沟谷两侧、山体下部和顶部，山体中上部以松、杉等人工用材林为主。主要灌木有山黄麻、三亚基、白背桐、柃木、山苍子、木姜子、厚皮朴等。蕨类主要有乌毛蕨、铁芒箕等。草本有五节芒、蔓生锈竹、良姜等。属国家二级保护的植物有桫椤、金毛狗脊、福建柏、樟树、喜树、格木和任豆 7 种，其他珍稀濒危植物有马蹄蕨、海南五针松、竹柏、脉叶罗汉松、穗花杉、观光木等。动物资源有国家二级保护野生动物虎纹蛙、山瑞、大壁虎、原鸡、白鹇、小鸦鹃、猕猴、穿山甲、小灵猫、林麝、苏门羚 11 种。公园内数量较多较常见的有鱼类、两栖类、鸟类，爬行类较少见，哺乳类的动物数量稀少，较罕见。

天象与气候景观资源有：平天观日、平天佛光、雾锁平。

遗迹遗址资源有：平天寨遗址、北山庙遗址。

四、旅游资源评价

（一）定性评价

1. 山体宏伟、峡谷险峻

平天山位于大瑶山支脉的莲花山脉西部，山脉自东向西，山体于郁江平原广阔的大地上拔地而起，峰峦叠嶂，气势磅礴，雄伟幽奇，一般海拔 300 ~ 800 米。主峰大平天顶海拔 1157.8 米，为桂东南第二高峰，于绵延的山体之上傲然凸起，远远望去，似一排巍巍壮观的石壁屹立于天地之间，险峻宏伟。平天山分大、小两山，以一深峪相隔，两山之间绝壁凌空，蔚为壮观。

2. 溪谷景观清幽宜人

连绵起伏的山脉和良好的森林植被使平天山的雨量充沛；平天山水资源也非

常丰富，川流不息，共有大小溪流8条，都是山泉水，溪水清澈，四季分明。两岸绿树成荫，鸟语花香，环境幽静。溪谷里还有许多岩石被泉水冲刷成凹坑，就像一个满载清泉的石盆，让人感叹大自然的美。在地形陡峭的溪谷中，小溪经常倾泻而下，形成美丽的瀑布和跌水。即使在海拔800米的一线天，也仍有山泉瀑布凌空而下。平天山的水是美丽的、清爽的、气势雄伟的，拥有着先天的灵气，为平天山增添了无穷的生气。

3. 森林景观类型多样、碧绿苍翠

平天山国家森林公园植被茂盛，森林幽美，山花烂漫。森林景观类型丰富多彩，如阔叶混交林形成的多层森林景观、针阔混交林景观、马尾松林景观、杉木森林景观、楠木森林景观、八角林景观、桉树森林景观等，给平天山森林公园打造出别具一格的风景线。平天山森林公园自然生态环境质量良好，并没有水土流失的情况，让你可以在山上随时随地享受到城市里没有的清新空气，欣赏独特的地质文化，感受森林带来的欢乐。

4. 高山草地景观平坦开阔、嫩绿如茵

大平天山顶有着233公顷的天然连片绿茵草地，现已成为了公园的一个令人惊叹的美景。大平天山顶山势起伏较小，给旅游者进行各种娱乐活动提供了一个舒适的场所。由于平天山海拔高，空气湿度大，草地生长得非常好，四季如春，非常柔软舒坦。踏入草地，软绵绵的，就像踏上了一大片绿色的地毯。

（二）综合评价

平天山的森林旅游资源种类繁多，高山草地、悬崖峭壁、峡谷等别具一格，公园内自然风景秀丽、生态环境良好、气候舒适，而且地理位置优越，距离贵港市很近，可以打造成集游览观光、户外活动、生态体验、康体养生、休闲度假以及科普、环境教育于一体的城郊山岳型国家森林公园。

第三节 地文资源科普、环境教育旅游研究实践

一、地质科普、环境教育旅游介绍

随着目前人们对旅游越来越重视，旅游业也在不断进步发展，人们对旅游的

需求不再单单只是游览观光，而是更希望在旅游的过程中能对大自然更进一步的认识，提高自己的知识面，陶冶身心，以及对环境保护做出一定贡献。科普旅游和环境教育旅游由于满足了旅游者的求知欲，因此让旅游者更喜欢科普、环境教育旅游。

地质科普旅游是以具有较高美学观赏价值、特殊科学研究价值、稀有的自然属性并具有典型代表意义的地质遗迹为基础，向人们普及地学知识的旅游产品。

二、平天山国家森林公园地文资源景观的开发研究

平天山是大瑶山余脉莲花山的主脉，属低山丘陵地貌，最高峰大平天山海拔1157.8米，森林公园地势南部和东南部高，海拔700~1100米，北部较低，海拔500~700米；中部和西南部地势最低，海拔200~500米。平天山山体雄伟、山势陡峭，大平天山四周绝壁林立，山顶地势相对平缓。森林公园山地平均坡度在25°~35°，局部陡峭处坡度接近90°，其中，坡度在14°以下用地不到总用地的10%，坡度15°~25°用地约占20%，坡度在25°~35°的用地约占50%，坡度在35°以上的用地占20%以上。林场的生产生活建设用地的坡度一般在10°以下。森林公园的成土母岩主要是沙页岩，仅三陵—谭坪站分布有一花岗岩带。公园区内地质条件较好，没有灾害性地质构造，承载能力较高，适合科普、环境教育旅游开发建设。

根据《中国森林公园风景资源质量等级评定》（GB/T 18005—1999）中对风景资源的分类，平天山森林公园的地文景观字眼主要有10种，其中凸峰2种：大平天、小平天；奇特与象形山石3种：状元帽、石人石马、北岭仙棋；岩壁与岩缝3种：南天门、绝壁嶂天、鸡胸岭；峡谷段落2种：平天大峡谷、仙人谷。

三、平天山国家森林公园地文资源的开发

平天山，又名北山、贵山，地处郁江平原北缘，大瑶山余脉莲花山主峰，山脉呈东西走向，属中山地貌，最高海拔大平天山1157.8米，为桂东南第二高峰。大、小平天山主峰从绵延的山体之上傲然凸起，似一排巨大无比的石壁，蔚为壮观，气势非凡。两山之间绝壁凌空，险峻幽奇。公园内溪谷众多，沟谷深切，落差较大，断崖、陡壁、岩缝等地貌景观十分丰富。主要包括4种类型7处景观：

凸峰（大平天山、小平天山）、奇特与象形山石（石人石马、南天门）、岩壁与岩缝（绝壁嶂天）、峡谷段落（平天大峡谷、仙人谷）等。

通过对环境的综合分析，对旅游市场的调研，结合公园的实际，平天山国家森林公园开发的地文资源旅游景观主要有：

1. 大平天山

位于公园东面，是平天山的最高峰，莲花山脉的主峰，海拔1157.8米，为桂东南第二高峰，它雄踞西江北岩、俯视浔郁平原，高大宏伟，巍峨壮观，莽中有奇，顶平如台。大平天山与四周山峰高差悬殊，山势陡峭突兀，四周绝壁林立，十分雄伟壮观。山顶地势相对平缓，坡度平缓的小丘连绵分布，形成了面积达233公顷的高山草地，舒目四望，让人感觉犹如到了草肥马壮的塞北草原。大平天山与周边山峰高差悬殊，是登高揽胜和观赏云海、雾海、日出、晚霞的最佳去处。

2. 小平天山

小平天山位于大平天山的南部，曾是明清两代农民起义的活动据点。大、小平天山之间以平天大峡谷相隔，小平天山顶海拔922.1米，山体陡峭，山顶地势相对平缓，遍生着成簇的矮林，林下是茂密的杂灌，穿行其中像走进了一个天然的迷宫。点缀在高山矮林中间的还有成簇的吊钟花，到了四五月份花开时节，千紫百娇，美不胜收。

3. 石人石马

位于公园东部的石人顶，远远望去似一群骏马奔腾着跃向郁江平原，气势磅礴。骏马的前方，有一块巨石，恰似一位古代装扮的男子，面向郁江平原，临风而立，形神兼备，惟妙惟肖，让人不由感叹大自然的造化。

4. 南天门

位于通往小平天山顶的咽喉要道上。两侧山峰陡峭挺拔、相对而立，呈夹峙之势，仿佛天门自开。抬头仰望，只可见一隅天空，脚下石径蜿蜒而上，直伸向茫茫的小平天山顶，颇有“一夫当关，万夫莫开”之势。

5. 绝壁嶂天

大、小平天山主峰于绵延的山体上傲然凸起，且与周围山体高差悬殊，相对高差多在65～120米之间。悬殊的高差，陡峭突兀的山势，起伏不大的山顶，使得大、小平天山远远望去，似一排蔚为壮观的石壁屹立在天地之间，宏伟之势，非同一般。

6. 平天大峡谷

大、小平天山陡峭的山体之间横亘着平天大峡谷，全长 1.5 公里，峡谷深切，峭壁林立，与峡谷底的相对高差最大达 195 米，壮观险峻，具有极强的视觉冲击力。谷底分布着茂密的南亚热带常绿季雨林，因人迹罕至而较少人为破坏，仍保留着原始的风貌，充满旺盛的生命力。

7. 仙人谷

位于大平天山北麓，长约 1.5 公里，是一个典型的两边陡峭、中间深峻的峡谷段落。发源于大平天的溪水常年奔流于峡谷之中，谷底有许多岩石被水冲刷成一个个凹形的石坑，似一个个巧夺天工的巨型石盆；谷内流水潺潺、植被繁茂、空气清新、怪石离奇，置身其中，有一种返璞归真、回归自然的感觉。这里也就是传说中神仙沐浴消暑的地方，“仙人谷”之名正是由此而来。

第四节　水文资源科普、环境教育旅游研究实践

公园内有主要溪流 8 条，在地势险峻的断崖、陡壁处，溪水常倾泻而下，形成一个个秀丽多姿的瀑布、跌水，即使是海拔 800 米的一线天，依然有山泉瀑布凌空喧腾飞下，一泻千丈。平天山的水或秀美清爽，或气势不凡，带着与生俱来的灵气，给平天山增添了无限的活力。主要包括 3 种类型 5 处景观：观光游憩河段（六班溪、谭坪溪、奇石清溪）、潭池（仙人池）、悬瀑（仙人瀑布）等。

1. 六班溪

有一条清澈的溪流蜿蜒流过林场场部附近，溯溪而上，两岸林木繁茂，山谷幽静，一条蜿蜒的石径沿溪铺设。溪中水流清澈平缓，大大小小的卵石流光溢彩，两岸青山葱茏，一两只飞鸟掠过，倒映水中，野趣盎然。

2. 谭坪溪

该溪紧靠谭坪站，长 800 米，发源于大平天山北坡，溪水清澈明净，四季常流，两岸草木茂盛，鸟语虫鸣，环境幽静。

3. 奇石清溪

奇石清溪从石人顶西侧流过，两岸林木繁茂，溪流平缓，溪谷中奇石遍布，野生芭蕉随处可见，国家二级重点保护植物——桫椤在溪流两侧分散分布，溪滨

蕨类植物绿意盎然，颇具野趣。适合开展赏石、亲水和溪谷寻幽等活动。

4. 仙人池

位于仙人谷中下部，仙人池直径3米左右，深度5米左右，酷似一个巨大的石盆；山泉瀑布凌空喧腾而下，似龙王喷珠吐玉，落入仙池，水质清澈甘洌，凉爽宜人。不论暑天气温多高，只要入内片刻，便感暑热全消，似入仙境。

5. 仙人瀑布

从仙人谷朝着大平天的方向溯溪而上，位于海拔597米、两溪交汇处。山泉水从断崖倾泻而下，凌空飞泻，形成落差30多米的瀑布。水量充足时，瀑布珠玉飞溅，犹如千万斛明珠从天落下；当水量较小时，整个瀑布则似一条流纱从天飘落，美不胜收。

第五节　生物资源科普、环境教育旅游研究实践

一、植物资源

平天山国家森林公园地带性植被为南亚热带季风常绿阔叶林，公园的原生植被基本已被破坏。在公园的沟谷、山脚、山顶等处保留有成片分布的天然次生林，山体中上部以松、杉等人工用材林为主，山顶以高山矮林、高山草地为主。公园内植物生长繁茂，种类丰富，森林覆盖率高达84.15%，形成了类型多样、色彩斑斓、季相与层次丰富的森林景观。主要包括5种类型12处景观：林地（沟谷雨林、山顶矮林、楠木林、樟树林、柳杉林、杉木林、马尾松林）、丛树（桫椤群落、藤蔓景观）、独树（格木王）、草地（高山草地）、林间花卉地（高山杜鹃）等。

1. 沟谷雨林

在公园的仙人谷、平天大峡谷、奇石清溪、六班溪等溪谷地带，分布有大片的南亚热带常绿季雨林，面积约160公顷。林内浓荫遮蔽，奇树参天，缠枝垂蔓，苔藓、蕨类、植物丰富，层次结构复杂，呈现出一幅湿润、神秘、迷人的原始森林景象。

2. 山顶矮林

小平天山顶海拔922.1米，遍生着成簇的山顶矮林，林下是茂密的杂灌，穿行其中像走进了一个天然的迷宫。点缀在高山矮林中间的还有成簇的吊钟花，到了四五月份花开时节，千姿百娇，美不胜收。

3. 层林秀楠——楠木林景观

公园内的楠木林主要分布在谭坪站2林班10、11、16小班和3林班6、10小班，面积约为38.7公顷。林内樟木树冠雄伟，树干高大端直，树形挺拔俊秀，颇具傲视丛林的"贵族"气息，让人仰望。林中清幽雅致，空气清香怡人，是游览、休憩的好去处。

4. 樟林古韵——樟树林景观

公园的樟树林主要分布在谭坪站3林班13小班，面积约12.7公顷。林内樟树的树龄均为40~50年，树姿雄伟，冠大荫浓，树干遒劲有力，交错纵横，枝叶茂密，终年常绿，香气清新馥郁。颇具沧桑感的苍黑色树干与翠绿细秀的枝叶交相辉映，苍朴中不失清新，古拙中不失灵秀。行走林中，满目苍翠，芳香袭人，让人流连忘返。

5. 柳杉雾海——柳杉林景观

主要分布在三陵林站1林班12、13、15、18、19、23小班及谭坪站3林班25小班，面积约45.1公顷。柳杉终年常绿，树冠呈塔圆锥形，树形圆整高大，枝叶舒展。柳杉林内浓荫遮蔽，枝叶参差相接，虚虚实实之间，有一种朦胧的美，远远望去更像一片绿色的雾海。如遇山雾升起，杉林与雾气融为一体，形成柳杉雾海的迷人景致。

6. 杉林幽境——杉木林景观

主要分布在公园的大部分山体的中上部。杉木主干端直，树冠为广圆锥形，叶深绿而有光泽，树姿优美。大片的杉木相连，形成了一片绿色的海洋，林中空气清新，幽静宁谧，山风吹过，绿浪翻浮，行走其中顿觉神清气爽。

7. 林海松涛——马尾松林景观

在公园的大部分山体的中上部，分布有四季常绿的马尾松成熟林、幼林。马尾松树干通直，冠形挺拔，针叶繁茂，颇具不屈不挠的英雄气概。针叶簌簌落下，在林下形成富有弹性的枯落松针层。山风吹过，松涛阵阵，漫步林中，闻着林内飘散的松香，让人顿觉神清气爽。

8. 桫椤群落

桫椤又名树蕨，是世界上最古老的木本蕨类植物之一，有"植物活化石"

之称，被列为国家二级重点保护植物。分布在六班林站 3 林班 8 小班杉木成熟林中的桫椤，沿小山谷相对集中分布，面积约为 1.2 公顷。初步统计有 100 余株，植株高度为 2～6 米，具有很高的观赏和科研价值。此外，在公园内的沟谷两旁或湿度较大的山体下部，均零星分布有桫椤。

9. 藤蔓世界——藤蔓景观

公园内藤本植物的主要种类有扭肚藤、天星藤、匙羹藤、小扁藤、崖爬藤、银瓣崖豆藤、美丽崖豆藤和买麻藤等。主要分布在仙人谷至高山茶园的山坡和沟谷，藤蔓或侧展，或悬垂，或跨越，或攀升，与阔叶林交相辉映，形成一个美丽动感的藤蔓大世界。

10. 格木王

谭坪站站部有一株巨大的格木，树高 25 米，胸径 1.1 米，被称为“格木王”。该树树冠呈伞状，树干遒劲有力，枝繁叶茂，树荫浓郁，散发着盎然的生机。

11. 高山草地

大平天山顶地势平缓，一个个坡度平缓的小丘相连，233 公顷的碧绿的草地覆盖了整个山顶，形成了广西面积最大的高山草地。由于山顶海拔较高，空气湿度大，草地一年四季均绿草茵茵，五颜六色的小花繁星般绽放在如毯的草地上，行走在上面，柔软松适。举目四望，感觉仿佛到了“天苍苍野茫茫，风吹草低见牛羊”的塞北草原。

12. 杜鹃竞艳——高山杜鹃景观

在大平天、小平天的山顶上及公园南部的山坡生长着许多高山杜鹃，或成片分布，或孤芳独傲，有华丽杜鹃、海南杜鹃、细花杜鹃、白杜鹃等多个品种。每年四五月份，杜鹃花迎风绽放，粉的、紫的、红的花簇点缀在如茵的绿草地上，构成了一幅绿草如茵、山花烂漫的高山春色图。

二、动物资源

平天山国家森林公园内动物资源丰富，公园内共有脊椎动物 130 种，其中鱼类 27 种，两栖类 15 种，爬行类 33 种，鸟类 40 种，哺乳类 15 种，其中属国家二级保护的野生动物有虎纹蛙、山瑞、大壁虎、原鸡、白鹇、小鸦鹃、猕猴、穿山甲、小灵猫、林麝、苏门羚 11 种。对科普、生态教育旅游的研究都有比较高的价值。

第六节　人文、天象景观资源科普、环境教育旅游研究实践

一、人文景观

1. 北山庙

平天山，又名北山、北岭、贵山，是莲花山脉主峰，浔郁平原的制高点。山顶有“北岭仙棋”胜景，山谷有“北岳仙池”。在大平天山北麓的高山茶园旁原有北山庙一座，现尚存墙基、砖瓦碎片等遗迹。当地村民十分信奉北山庙，在平天山周边，西南部的北山庙屯、东部的盘古屯、北部的兰山林站、东南的石牛水库等地。

2. 平天寨遗址

平天寨，又称黄三寨，位于小平天山顶，紧邻平天大峡谷。清朝末期，社会黑暗，民不聊生，各路义军树旗反清。黄鼎凤（1830～1864），又名黄三，清朝末年贵县覃塘人，领导当地农民起义抗清。咸丰五年，广东天地会首领陈开在浔州府（今桂平）建立大成国，封黄鼎凤为将军，后晋封为降国公。同治二年，黄鼎凤失去覃塘、岐山等平原据点后，上小平天山安营扎寨、建筑宫殿，称建章王。黄鼎凤在平天寨上建筑了坚固的防御工事，如炮台、关卡、粮草弹药储存库等，后人称为黄三寨。黄鼎凤曾领导农民义军在平天寨与清军进行了为期半年的浴血奋战，义军大部分壮烈牺牲。今小平天山上尚存油池、炮台、战壕等遗址。

二、天象景观

平天山国家森林公园内主要包括 3 种类型 4 处景观：日月星辰观察地（平天观日、平天佛光）、云雾多发区（雾海云天）、物候景观（南国冰雪）等。

1. 平天观日

大、小平天山顶是观赏日出、日落及远眺郁江平原的最佳观景点。清晨，一轮红日冲破晨雾，冉冉升起，顿时周天红彻，云彩斑斓，连身边的薄雾也像被染

上了色彩，身边群峰在金光紫雾中，更觉巍峨神秘，亦真亦幻，宛若仙境。黄昏，天空澄澈，西方微红，太阳幻化成一个橙色圆盘，缓缓向青山丛中走去，让人不禁生出“青山依旧在，几度夕阳红”的感慨；若遇晚霞满天，则层林尽染，万山披霞，绚烂非常。此外，还时常看到神奇的平天佛光。

2. 雾海云天

平天山顶海拔较高，云雾变化多姿，形成了美丽独特的云雾景观。山顶经常雾裹云绕，时而浓云涌来，人在其中，伸手莫辨，脚下云雾弥漫、缭绕峰巅、恍若仙境；时而云开雾散，上下天光，一碧万顷；细雨蒙蒙之时霭气腾腾，山峰虚虚实实，变幻无穷，雨后雾虹开起，凌空飞跨，七彩斑斓，更令人觉得美妙离奇。云雾中，高山杜鹃、高山草地时隐时现，有着一种独特的、空幻的色彩，游人行走其中，恍如置身仙境。

3. 南国冰雪

在高山气候的影响下，大、小平天在冬季都会出现由雪、雨凇、雾凇和混合冻结形成的各种冰雪景观。满山遍野白雪皑皑、银装素裹，晶莹剔透，玉树争辉，分外妖娆；如遇雨凇则千岩琉璃，冰凌倒挂，万树晶莹；冬雾飘荡，凝结枝头，遂成树挂，满山遍野处处是“梨花”。呈现一派岭南塞北风光，是广西不可多得的冬季赏雪佳点。

第七节 森林科普、环境教育旅游价值导向开发模式小结

科普、环境教育旅游作为一种新兴的旅游方式，有很强的研究价值，但是为了实现研究的规范性，需要构建包括学科性质、研究对象、研究内容和研究方法等在内的知识体系。在构建科普旅游知识体系过程中，可以考虑借鉴其他学科的研究，尤其是借鉴发展比较成熟的其他旅游形式，比如文化旅游、生态旅游、体育旅游等，借鉴这些研究领域的理论、原理及研究方法，并且进行跨学科、多视角的研究。科普旅游具有多个学科的性质，可以借鉴地理学、生态学、心理学、社会学、经济学等多学科的知识，尽快构建起科普旅游的知识体系。

第十章　森林度假、康体养生旅游价值导向开发模式研究实践

度假、康体养生旅游是以促进大众健康和预防疾病为目的，利用森林空气清新、环境优美的生态环境资源，充分发挥森林生态系统环境因子，如森林气候、森林大气环境、水环境、负离子、植物精气等的康体保健作用，开展有助于人们放松身心、调节身体机能、促进身心健康的活动总称。其开发目的是通过利用富足的森林资源，包括森林自然景观和森林人文景观，使森林旅游者实现康体保健和身心愉畅的一类生态旅游模式。较为典型的有运动健身度假、康体养生旅游型，认知体验度假、康体养生旅游型，疗养度假、康体养生旅游型。

第一节　度假、康体养生旅游分类

一、运动健身度假、康体养生旅游型

充分利用森林公园的地形地貌、环境、气候资源，开发以森林为主题的户外素质拓展、户外营地、户外体育项目、定向越野、自行车越野等森林运动项目，始终把体育、森林、旅游这些元素融合在一起，满足人们日益增长的运动和旅游需要。

二、认知体验度假、康体养生旅游型

现阶段人们对旅游的认识不仅仅是停留在观光、美食这些浅层次的需要上，而是需要得到认知、文化、身心等一系列体验，强调的是能够亲身参与体验，领

略到不同文化，感受不同地区的习俗。

三、疗养度假、康体养生旅游型

森林疗养、康体养生型旅游是指利用森林的环境和各种资源，在森林中开展徒步、登山、观光游览等活动，亲近大自然，呼吸新鲜空气，放松身心的一种旅游方式。

（一）我国疗养、康体养生旅游发展现状

现阶段，我国森林疗养、康体养生旅游方兴未艾。森林旅游具有“旅游”“森林”“疗养”三者合一的特点，强调的是增强人体的身体健康，因此吸引了有健康需求的游客的目光。森林疗养、康体养生旅游想要从科学研究转化到实际的生产中，利用好森林在生态、医疗、教育、经济等方面的优势是必要条件之外，还需要具有专业知识的医生和预防保健人员参与开发，从专业的角度指导森林疗养、康体养生旅游的开展。

（二）广西疗养、康体养生旅游发展现状

1. 开展的主要工作

（1）重点发展森林康养产业。自治区林业厅将森林康养作为新兴产业列入林业发展“十三五”规划，提出“十三五”期间，在全区重点建设10处森林养生基地。2016年林业厅和旅游发展委联合提出林业与旅游业融合发展，并确立这项任务在工作中的重要地位，将重点开发建设南宁良凤江国家森林公园、大明山自然保护区、桂林龙胜温泉国家森林公园等10个森林康养基地。

（2）推进森林康养示范试点。开展森林康养基地试点建设，指导龙胜温泉森林康养基地、贺州西溪温泉森林康养基地、柳州君武森林康养基地、融水苗族自治县双龙沟龙女沟景区等10个森林康养基地试点建设，并顺利入选全国第一批、第二批、第三批森林康养基地试点建设名单。

（3）大力推进“环绿城南宁森林旅游圈”项目。高峰林场、七坡林场、南宁树木园和广西林科院具有丰富的森林资源，林业厅提出将这些资源整合在一起打造“环绿城南宁森林旅游圈”，以5A级景区的标准建设一个森林休闲度假、森林旅游观光、森林天然体验、森林康体养生森林植物科普教育一站式的森林旅游圈。

（4）积极开展招商推介活动。为宣传推介我区发展森林康养产业的资源优势和优惠政策，吸引区外雄厚的资本投资森林康养产业，2017年自治区林业厅分别在广州、上海举办精准招商推介活动，宣传一系列森林旅游项目，吸引一批国内有实力的企业、集团到我区实地考察，洽谈森林旅游、森林康养项目，并对部分项目达成合作意向。同时，林业厅正在积极争取国家林业局林业产业发展基金及广西国控林业投资有限责任公司与中信银行设立广西森林旅游康养基金。

2. 建设成效

广西森林康养产业尚处在起步阶段，列入试点建设的基地，基本在原有森林旅游项目的基础上拓展功能，开发森林康养产品。例如：龙胜温泉森林康养基地制定了《广西龙胜温泉国家森林公园森林养生基地试点工作方案》，在森林公园核心景区沐浴温泉、休闲疗养的基础上建设高端养生项目；贺州市以姑婆山国家森林公园森林康养基地为主要组成部分，成功打造贺州姑婆山生态文化旅游示范区。“环绿城南宁森林旅游圈”重点项目——高峰林场东升森林康养小镇已经编制规划设计方案，并组织专家咨询论证。七坡林场与三立控股集团签订了总投资300亿元的合作框架协议，共同开发“七彩世界森林旅游项目”一站式森林时尚旅游综合体项目，预计今年9月份正式开工。良凤江国家森林公园作为广西森林康养协会的森林康养项目的第一个试点，正在打造广西森林康养的雏形，将形成具有接待北、上、广和国外客户、广西区内客户的森林康养实验基地，并在二期项目中打造广西森林康养的示范基地，尽早形成可以复制的广西森林康养的标准模式。

（三）广西森林疗养、康体养生旅游存在的问题

1. 起步晚、基础差

丰富、优质的森林资源和环境是开发森林康养旅游的前提，而这些资源大多又处在林区，交通、水电、通信等基础条件较落后。一些自然保护区、森林公园虽然具有发展森林旅游的资源基础，但由于缺乏资金和人才，大多数只开展一些游览观光项目，缺乏发展森林康养产品的必要条件，难以形成森林康养产业。

2. 缺乏人才和科技支撑

目前，国有林场、自然保护区、森林公园里大部分从业人员，对森林康养了解较少，一些已具有开展森林康养业务条件的单位，人才的培养没有及时跟上来，没有组建森林康养管理团队。森林康养除了需要林业方面的管理、技术人员之外，还需要医疗、健康管理、康复保健、旅游管理、文体体育、信息化建设、市场运营和投融资等多方面的人才，但目前林业单位非常缺乏这方面的人才。

3. 缺乏具有实力的经营主体

森林康养产业是综合性产业，需要多方面专业人才、资金、管理实力的企业

或集团才能有效、持续地开发和经营，而目前我区森林康养基本上是在森林公园、自然保护区开展森林旅游业务的基础上发展的，缺乏人才、资金、管理方面的实力，难以形成系列产品和产业体系。

（四）广西森林疗养、康体养生旅游发展对策

（1）建立行业联动与协作机制。森林康养产业是一个大产业，不仅涉及旅游部门，还涉及发改委、财政、林业、医疗、环境等部门，这就需要建立一个跨部门联动协调机制，高效、协力发展森林康养产业。

（2）加强森林康养从业人员培养。各类教育培训机构应顺应森林康养产业发展趋势，开设森林康养职业技能课程，满足森林康养产业的发展需要。同时，联合自治区卫计委等有关部门加大力度多举办针对各级林业主管部门、森林公园、森林康养基地试点建设单位业务人员的各类培训。

（3）落实相关优惠扶持政策。目前，国家和自治区相继出台支持健康产业、现代服务业、养老服务业和促进农村一二三产业融合发展等相关优惠扶持政策，需要财政、税收、工商、国土等部门主动为森林康养企业提供服务，把相关优惠扶持政策落到实处。

第二节　广西来宾大瑶山森林公园

一、基本情况

（一）区域位置

1. 地理位置

大瑶山森林公园位于广西中部偏东，来宾市金秀瑶族自治县境内，地处广西盆地弧形山脉东翼，介于柳江、桂江两大河流之间，地理坐标为：东经110°15′～110°31′，北纬23°56′～24°11′。森林公园东邻蒙山县，东北接荔浦县，西北接鹿寨县，西靠象州县，西南与武宣县接壤，南部与桂平、平南县毗邻。

2. 交通区位

大瑶山森林公园对外交通主要有金秀至桐木二级公路、金秀至平南二级公路、金秀至蒙山四级公路。金秀县城东北距桂林市232公里，西北至柳州151公

里，西南至来宾市212公里，东南距梧州市314公里，距自治区首府南宁市400公里。随着巴马—贺州、柳州—梧州高速公路的建成开通，以及柳州—肇庆铁路的建成开通，同时承载着金秀县内横向交通的金秀—蒙山四级公路将重点提级改造为二级公路，建成后金秀的大交通格局将有较大的改善，形成良好的交通区位优势。

3. 经济区位

大瑶山森林公园所在的金秀县位于广西“桂中经济区”的东部地区，以旅游经济为发展核心，其东南近梧州—泛珠三角经济圈—泛北部湾经济区连线，北临桂北旅游经济圈，处于广西各经济圈的交汇处。金秀县委、县政府高度重视旅游业发展，提出“旅游强县”总体工作思路，旅游业已成为金秀县经济和社会发展中最有生机和活力的新的经济增长点。

4. 生态区位

大瑶山森林公园处在中亚热带和南亚热带的过渡位置上，植物种类占亚热带区系组成的86%，占广西区系科、属、种的比例分别为70%、52%、36%，居广西群山之首，既是各生物类群不同区系成分的汇集，又具有广西独特的区系成分，其生物多样性和稀有性在全国、在同一纬度地区都具有典型的代表性，是一座巨大的物种“基因库”，是广西生物分布的中心之一，是人与生物圈不可多得的自然遗产。同时大瑶山庞大的山体宛如一道天然屏障，为大瑶山带来了充沛的雨量和宜人的气候，地表水系发达，河流纵横，水资源丰富，是珠江流域重要的水源地，是广西重要的水源林区。大瑶山具有“碳库”“氧库”“水库”“生物基因库”的四库生态价值内涵，生态区位十分重要。

5. 文化区位

金秀瑶族自治县是新中国成立后建立的第一个瑶族自治县，瑶族人口占总全县人口的34.4%。金秀县是世界上瑶族支系最多的县份，包括茶山瑶、盘瑶、花蓝瑶、山子瑶、坳瑶五个瑶族支系。森林公园内及其周边村屯是“世界瑶都”金秀瑶族集中分布区域，五个支系的瑶族聚落并存，形成了五彩缤纷的瑶族风情。

（二）自然条件

1. 地质地貌

森林公园地质形成古老，最早可追溯到5亿多年前的寒武纪，经历了早古生代、晚古生代、中生代和新生代。地层构造主要为泥盆系莲花山组陆源滨海—浅海相的紫红色碎屑岩沉积地层。地貌类型有中山、低山、丘陵和特殊地貌，中山山地是境内最高部位，处于中部主轴线上，最高峰圣堂山之马鞍岭海1979米，河谷最低海拔140米。境内山峰属砂岩峰林地貌，在圣堂山海拔1200~1500米之山沟及山坡上分布有石河、石海等特殊地貌，为古冰期岩石受寒冻风化崩解堕积遗迹。境内地形复杂，地貌多样，构造奇特，风景秀丽，构成绮丽多姿的自然景观。

2. 气候水文

根据金秀县气象站多年观测资料，平均年日照时数仅为1268.7小时，日照率为29%，属我国日照最少的地区之一。年平均气温17℃，1月均温8.3℃，7月均温23.9℃，极端最低温-5.6℃，极端最高温32.6℃，年均积温5233.9~6843.0℃，年均降雨量1824毫米，年均降雨天数190.5天，无霜期283天，年蒸发量1203毫米，年均相对湿度为83%，4~10月风向偏南风频率为33%，为旅游开发提供了舒适宜人的气候条件。金秀县河流密布，水资源丰富，发源于县境内、集雨面积10平方公里以上的河流有25条，河流总长度1865公里，流域总面积2323.76平方公里，平均流量74.37立方米/秒，年产水量23.47亿立方米，直接灌溉8个市县455平方公里的水田，为周边200多万人的生产生活直接提供第一水源。全县河流分属柳江、浔江、桂江三大河系，统属珠江流域西江水系，河流特点是：河流小，切割深，曲折多，落差大，水量丰富，水能蕴藏量大。公园范围内主要的河流有金秀河、滴水河和长垌河，年均流量分别为3.58立方米/秒、12.73立方米/秒和1.99立方米/秒。纵横密布的溪河，加之地形地势陡峭，沿河而上，随处可见溪流、水帘及瀑布、跌水等秀丽的水体景观。

3. 植被

大瑶山植被类型为典型的亚热带常绿阔叶林和南亚热带季风常绿阔叶林，还有季节性雨林。南部亚热带季风常绿阔叶林与典型的亚热带常绿阔叶林呈交叉状态。在垂直分布中，海拔1300米以上的有山地常绿阔叶林和中山针阔叶混交林带。山顶海拔1500米，有大片原始的带状杜鹃花森林。大瑶山共有27种植被类型，其中，典型常绿阔叶林9个类群，季风常绿阔叶林11个类群，季节雨林2个类群，叶混交林有3个类群，苔顶有2个类群。

4. 动植物资源

据调查，大瑶山有维管束植物213科870属2335种，其中，属国家一级重点保护植物有银杉、南方红豆杉、伯乐树、瑶山苣苔、合柱金莲木、异形玉叶金花6种，二级保护植物有苏铁、桫椤、福建柏、白豆杉、半枫荷、观光木、厚朴等16种。最具观赏价值的杜鹃花境内分布广泛，品种达20多个，以圣堂山的变色杜鹃最为突出，每年五月，万亩杜鹃竞相开放，漫山遍野，浩瀚似海，且随着花期而变色，全国罕见。公园内植物种类繁多，天然阔叶林面积广，给野生动物的栖息与繁衍提供了良好的生态环境，据调查记载，有陆栖脊椎动物481种，昆虫资源有21目230科570属1215种，拥有珍贵、稀有和特有种类的野生动物，其中属国家Ⅰ级保护动物有瑶山鳄蜥、金斑喙凤蝶、云豹、蟒等6种，Ⅱ级保护动物46种，包括细痣疣螈、虎纹蛙、白尾双足蜥、鹗莺、红臀鸭、伯劳、猕猴、短尾猴、穿山甲、小灵猫、林麝、苏门羚等。动物种类中，两栖类占广西的75%，爬行类和鸟类各占广西的60%。

5. 地质灾害

根据金秀县国土局资料，森林公园属于地质灾害高易发区，工程地质条件复杂，不稳定，易发生局部崩塌、滑坡。但由于大瑶山植被较好，滑坡多是小型的浅层滑坡，泥石流也以坡面泥石流为主，影响范围十分有限。

（三）大瑶山森林公园建设现状

大瑶山森林公园自1993年开展旅游，1997年晋升为国家森林公园，2007年争取到大瑶山森林公园自然遗产地保护项目。该项目是国家发展和改革委下达的中央预算内投资计划项目，项目总投资1200万元，其中：中央预算内投资840万元，地方自筹配套投资360万元。主要建设森林公园的保护管理和科研监测设施，内容包括：圣堂山景区管理站1410.37平方米、生态监测站60平方米、病虫害监测点40平方米；银杉景区科普馆1000.5平方米、科研楼203.15平方米、生态监测站60平方米、病虫害监测点40平方米、珍稀植物园2.0公顷、组培室200平方米、温室200平方米、荫棚400平方米、繁殖育苗区0.5公顷；河口景区生态监测站60.5平方米、病虫害监测点40平方米，目前大部分建设项目已完成。此外，在2011年自治县举办的“一会一节”中争取到上级补助和县政府自筹资金1200多万元扩建圣堂山景区公路硬化项目，重点对圣堂山景区公路进行提升改造。经过多年开发建设，森林公园的基础和服务设施建设有一定的基础，景区公路、服务设施、游览设施、安全护栏、配套设施、娱乐设施正在进一步完善。

1. 交通

金秀县城与头排的二级公路贯穿河口，圣堂山的公路已开通至杨梅坪的圣堂山庄，从县城至马安走金平二级公路，马安至杨梅坪为四级公路，水泥路面。从圣堂山庄至山顶修建有宽1～1.5米的登山步道4.1公里，材质为水泥浆砌石，危险地段设置了护栏。银杉景区也已有公路抵达，主要景点已修建了游览步道，由于常年缺乏维护，部分残损严重。

2. 水源及给水设施

公园内年产水量6.5亿立方米，水质洁净，据测定，各项指标均符合国家饮用水要求。其中，河口景区和银杉景区的水源较为丰富，圣堂山景区的水源均为地表水，丰水期用水尚能解决，但枯水期用水略显紧张。给水方式主要是配套引水管道饮用山泉。杨梅坪的圣堂山庄和马鞍山顶的云海山庄配套有简易的给水设施，采用蓄水池储蓄山泉。公园范围内涉及的5个乡（镇）14个村屯给水均可自给，给水方式主要是配套引水管道饮用山泉。

3. 供电

森林公园内有河口电站（装机容量2×1250千瓦），和平电站（3×1600千瓦）。银杉景区的国家电网已通至银杉保护站，圣堂山景区的国家电网已通至杨梅坪和圣堂山顶，从马鞍架设10千伏输电线路经杨梅坪达马鞍山顶。公园范围内的村屯均已通电，供电正常。

4. 通信

公园三个片区均有通信线路到达，中国移动、中国联通等公司均在县城内设有机站，除了深山峡谷地段局部区域外整个公园均通手机信号。

5. 游憩娱乐设施

为了增加更多的旅游项目，大瑶山国家级自然保护区于2007年在银杉景区内进行野生猕猴驯养工作，目前初见成效，现已有100只左右的野生猕猴能在指定的地点安居下来，丰富了游客的观赏内容。

6. 接待服务设施

目前在圣堂山景区的杨梅坪修建有圣堂山庄一座，面积5421平方米，设有房间61间、床位119床，并配有餐厅。有木质阁楼29间，床位60张，还建设有3000平方米停车场。马鞍山顶建有云海山庄，面积1583平方米，设置客房34间，配套有餐厅，日可接待游客300多人吃住。在马鞍桥至杨梅坪景区公路途中设置有简易的景区大门一座，配套有管理用房和售票处，圣堂山登山道沿线建造有观景亭（台）6处，提供观景、休憩、拍照等功能。

7. 解说系统及旅游网站现状

目前，公园设置了道路指示牌、警示标牌和解说标牌等解说设施，圣堂山景区设置了指示牌100多块、大幅导览图一张。2009年底建设了大瑶山旅游网站，开设了风景名胜、民俗风情、旅游快讯、特产购物、瑶医瑶药等板块，同时加强管理，注重网站内容的更新和完善，使得网站的点击率不断增高。

二、生态环境评价

(一) 生态环境现状

1. 大气质量

森林公园周边无工矿企业，没有工业污染源，加之森林茂密，森林覆盖率高，植被类型丰富，环境空气质量优。根据监测，大瑶山森林公园内的大气空气污染物低于《环境空气质量》（GB 3095—1996） Ⅰ级标准的5～10倍，空气中微生物含量也极低，空气洁净。详见表10.1、表10.2。

表10.1 全天每立方米空气各类微生物的平均数和总数

单位：个/立方厘米

菌落 地点	细菌	放线菌	酵母菌	霉菌	总菌素
圣堂山	16	0	0	328	344
银杉坪	16	0	0	31	47
河口	78	0	57	83	218

资料来源：原中南林学院森林旅游研究中心《广西金秀县旅游区环境质量监测与评价》。

表10.2 大气环境污染物比较

对照标准	二氧化碳	氮氧化物	总悬浮微粒	备注
《环境空气质量》（GB 3095—1996）	0.15	0.10	0.3	任何一次
	《环境空气质量》（GB 3095—1996） Ⅰ级标准	0.05	0.15	日均值
圣堂山	0.011	0.009	0.012	3天均值
银杉坪	0.012	0.007	0.011	3天均值

资料来源：原中南林学院森林旅游研究中心《广西金秀县旅游区环境质量监测与评价》。

2. 地表水质量

大瑶山是广西最大的水源地，被称为“绿色水库”，地表水水质优良，各项水质化验指标均优于国家《地表水环境质量标准》（GB 3838—2002）的Ⅰ类标准。

标准详见表 10.3。

表 10.3 圣堂山地表水监测数据统计 单位：毫克/升

序号	指标	圣堂山	地表水环境质量标准（GB 3838—2002）Ⅰ类
1	水温		
2	pH	6.5	6.5—8.5
3	硫酸盐＊≤（SO_2 –2）	4.66	250 以下
4	氧化钠＊≤（以 CL –）	0.02	250 以下
5	溶解性铁＊≤		0.3 以下
6	总锰＊≤	0.005	0.1 以下
7	总铜＊≤	0.0025	0.10 以下
8	总锌＊≤	0.07	0.05
9	硝酸盐＊≤（以 N 计）	0.02	10 以下
10	亚硝酸盐＊≤（以 N 计）	0.002	0.06
11	总磷＊≤（以 P 计）	0.010	0.02
12	高锰酸盐指数≤	1.58	2
13	生化需氧量（BOD5）	0.586	3 以下
14	氟化物≤（以 F – 计）	0.304	1.0 以下
15	总砷≤	0.000	0.05
16	总汞＊＊≤	0.000	0.00005
17	铬（六价）≤	0.000	0.01
18	总氰化物≤	0.000	0.005
19	挥发性酚＊＊≤	0.000	0.002
20	石油类＊＊≤（石油醚萃取）		0.05
21	阴离子表面活性剂≤		0.2 以下
22	总大肠菌群＊＊（个/L）≤		

资料来源：原中南林学院森林旅游研究中心《广西金秀县旅游区环境质量监测与评价》。

3. 空气负离子含量

根据学者研究证实，空气负离子浓度达到 1000 个/立方厘米就能对人体疾病起一定的治疗作用，从观测结果看出，森林公园内绝大多数地方空气负离子在 1000 个/立方厘米以上（详见表 10.4），进入公园，游人会心旷神怡，精神焕发，加上高山气候，森林中酚多精等其他因素的综合作用，是健康养生、休闲度假的优良场所。

表 10.4　大瑶山森林公园空气负离子含量调查

景区	测点名称	海拔（米）	环境说明	负离子数（个/立方厘米）
圣堂山景区	小水	825	小溪流中	18140
	圣堂山	1150	天然阔叶林内	2840
	圣堂山	1050	溪边	4600
	圣堂山	840	临潭瀑布下	22800
	圣堂山	840	瀑布下	60400
河口景区	停车场	950	平面土地	962
	河口景区	995	石头观景台	1194
银杉景区	小电站瀑布	1020	瀑布水量小	13970
	银杉景区	1090	天然林内	2500
	银杉景区	1150	溪边	2420

资料来源：原中南林学院森林旅游研究中心《广西金秀县旅游区环境质量监测与评价》。

（二）生态环境评价

根据《国家级森林公园总体规划规范》（LY/T 2005—2012），森林公园的生态环境资源等级分为优、良、中、劣四个等级，大于45分为优，38～45分为良，30～38分为中，小于30分为劣。通过对大瑶山森林公园生态环境进行打分评价，公园最终得分为60分，生态环境资源等级为优。详见表10.5。

表 10.5　生态环境资源分级

级别	分值范围	适用范围
优	大于45分	森林医院、森林保健中心、高水平度假区等
良	38～45分	休闲度假区、森林浴场、森林保健中心等
中	30～38分	休闲度假区、森林游憩区、野营地等
劣	小于30分	森林浴场、野营地、森林游憩区等

三、大瑶山森林风景资源调查与评价

（一）森林风景资源分类

根据《中国森林公园风景资源质量等级评定》（GB/T 18005—1999）中对风

景资源的分类，并参考《旅游资源分类、调查与评价》（GB/T 18972—2003）的资源分类系统，森林公园的森林风景资源包括地文资源、水文资源、生物资源、人文资源、天象资源 4 类 16 个基本类型共 78 个资源点，各种基本类型及主要资源点见表 10.6。

表 10.6 大瑶山森林公园森林风景资源分类

类	基本类型	主要资源点	数量
地文资源	凸峰	圣堂山、金秀老山、德梅山、猴子山、五指山、六寨山、罗汉山	27
	奇特与象形山石	瑶女盼夫、石猴赏月、孔雀开屏、神女峰、寿星岩、老鹰石、会仙台、观音岩、宝剑峰、回音壁、惊人石、宝鼎峰、酒瓶峰	
	自然遗迹	石河石海	
	岩壁与岩缝	观音岩、铜墙铁壁、剑劈岩	
	峡谷	圣堂山峡谷、河口峡谷、平道河谷	
水文资源	河流	金秀河、滴水河、长垌河、古后冲、红冲、圣堂冲、勤冲	16
	潭池	半月湾、神龟潭、卧龙潭、山瑶潭	
	瀑布	百米飞瀑、双龙吐玉、石崖瀑布、老山瀑布、姐妹瀑布	
生物资源	植被垂直带谱	季雨林化常绿阔叶林、亚热带常绿阔叶林、中山针阔混交林、中山针叶林带、山顶苔藓矮林	30
	森林	原始古林、杨梅林、箭竹林、银杉群落、五针松林、八角林、小叶黄杨林、罗汉松林、杉木林、甜竹林、米椎林	
	古树名木	圣堂树魂、虬龙松、绝壁奇松、松木逢春、长苞铁杉、迎客松、银杉王、并蒂木莲、南方铁杉	
	奇花异草	万亩变色杜鹃	
	草甸	高山草甸	
	野生动物栖息地	金斑喙凤蝶、瑶山鳄蜥、猕猴	
人文资源	特色村落	桐王、青山、六架、大凳	5
	人文古迹	古石墙	

（二）森林风景资源评定

1. 总体特征

大瑶山森林公园风景秀丽，环境怡人，特色明显。公园内拥有独特的石英砂岩峰林地貌，浪漫的杜鹃花海，气势磅礴的瀑布，神秘的原始古森林，瞬息万变的云朵，神圣的佛光，独一无二的动物植物，清新怡人的空气，异域风情的瑶族，是度假的理想国，是休闲度假的伊甸园，是探险者的天堂。

2. 定性评价

（1）雄险奇特的石英砂岩峰林地貌，蔚为壮观。大瑶山属石英砂岩峰林地貌，构造奇特，面积宽广，类型复杂，全国少有。森林公园范围内群峦叠翠，尤其是圣堂山，海拔 1979 米，山上奇峰怪石，有的似玉柱神鞭，立地顶天；有的如刀似剑，直插深谷；有的像铜墙铁壁，巍然屹立；有的若顽猴赏月，跃然峰丛；有的若盼夫瑶女，深情期盼中带着淡淡的哀怨；有的似宝鼎古董，沉甸甸中蕴含几分玲珑剔透。这些峰林在霞光照耀下似美人施黛，透着羞涩红晕，令人陶醉，令人神往。

（2）浩瀚苍莽的原始森林，丰富多彩。森林公园植被繁茂，种类繁多，结构复杂，可谓植物宝库。遮天蔽日的原始森林构筑森林公园的基底，许多珍贵稀有的树种、花木、中草药则似镶嵌绿色丛林中的明珠，成为植物中的“贵族”，璀璨夺目。尤以银杉、南方红豆杉、罗汉松、大明山松、华南五针松、伯乐树、福建柏、南方铁杉、变色杜鹃为佼佼者，古朴苍劲，满被苔藓，散发远古的气息。扎根岩顶、横生峭壁的苍松，盘根错节、枝杈弯曲有度，又或如虬龙起舞，雄鹰振翅，群龙飞天，神龙探海，苍虬的风骨绝不逊于闻名于世的黄山之松。最令人叫绝的当数杜鹃，每年 5 月，万亩变色杜鹃花竞相开放，漫山遍野，尽情地炫耀着其庞大。

（3）秀丽壮观的溪瀑景观，风光旖旎。森林公园是广西重要的水源林保护区，范围内溪流瀑布众多，有金秀河、长滩河、滴水河等多条河流，溪水清碧晶莹，在原始森林中蜿蜒而出，因自然地貌的复杂，溪流沿着沟壑弯曲迂回，形成了大大小小的泉溪、跌水、瀑布等丰富的动态水景，在山涧中穿梭，若隐若现，最为雄浑壮丽的是圣堂山百米飞瀑，在 120 米高的峭壁上，飞溅而下，激流滚滚。秀丽壮观的溪瀑把大瑶山的灵气展现得淋漓尽致，美丽的石英砂岩峰林地貌也因而显得雄伟险峻，分外旖旎。

（4）天然生物物种基因库，科普基地。森林公园植被类型和植物资源丰富多样，动植物资源具有很好的自然性，特有性强，是动植物宝库，具有重要的科学研究价值。其中银杉、瑶山苣苔、瑶山鳄蜥及金斑喙凤蝶均为全球性濒危物种，且地理分布都较特殊，稀有程度高。大瑶山内的两栖爬行动物资源种数可与相同纬度上被中外生物学家称为“研究两栖爬行动物的钥匙”“蛇的王国”的武夷山国家级自然保护区媲美；森林公园内还保存有完好的中亚热带常绿阔叶林和明显的华南山地植被垂直带谱，是中国许多濒危和特有物种的最后避难所。

3. 定量评价

根据《旅游资源分类、调查与评价》（GB/T 18972—2003）的标准对森林公园的风景旅游资源单体进行定量评价，评价因子主要从资源要素价值、资源影响力、附加值三个方面进行评分，结果详见表 10.7。从表 10.7 可以看出，区域内的旅游资源单体得分≥90 分，属于“五级旅游资源”的有 1 个，占 1.0%；得分在 75 ~ 89 分，属于“四级旅游资源”的有 10 个，占 10%；得分在 60 ~ 74 分，属于“三级旅游资源”的有 60 个，占 60%；得分在 45 ~ 59 分，属于“二级旅游资源”的有 21 个，占 21%；得分在 30 ~ 44 分，属于“一级旅游资源”的有 8 个，占现有资源单体总数的 8%。属于“优良级旅游资源”即三、四、五级旅游资源的共有 71 处，占 71%，可见森林公园优良级旅游资源占绝大部分，旅游资源等级和品位高。

表 10.7　大瑶山森林公园旅游资源等级评定结果

资源等级	单体名称
五级旅游资源	圣堂山
四级旅游资源	五指山、原始古林、银杉王、圣堂树魂、五针松林、罗汉松林、万亩变色杜鹃、金斑喙凤蝶、瑶山鳄蜥、圣堂雾霭
三级旅游资源	金秀老山、德梅山、猴子山、六寨山、罗汉山、瑶女盼夫、石猴赏月、孔雀开屏、神女峰、会仙台、观音岩、宝剑峰、回音壁、宝鼎峰、酒瓶峰、铜墙铁壁、石河石海、圣堂山峡谷、河口峡谷、金秀河、滴水河、长垌河、红冲、圣堂冲、古后冲、半月湾、神龟潭、卧龙潭、山瑶潭、百米飞瀑、石崖瀑布、老山瀑布、姐妹瀑布、亚热带常绿阔叶林、山地常绿阔叶林、中山针阔混交林、中山针叶林带、山顶苔藓矮林、杨梅林、箭竹林、八角林、小叶黄杨林、银杉群落、虬龙松、绝壁奇松、松木逢春、长苞铁杉、迎客松、并蒂木莲、南方铁杉、高山草甸、古石墙、猕猴、瑶族风情、盘王节、绞股蓝、石崖茶、瑶族服饰及刺绣、圣堂晨曦、悬松夕照
二级旅游资源	寿星岩、老鹰石、惊人石、剑劈岩、勤冲、平道河谷、双龙吐玉、杉木林、甜竹林、米椎林、圣堂山观景台、银杉观景台、观猴坪、禾魂节、跳盘王、灵香草、香菇、根雕、圣堂杜鹃花旅游节、圣堂登山森林旅游节、标本馆
一级旅游资源	云海山庄、揽胜台、长垌河水电站、银杉保护站、长垌、大凳、青山、桐王

四、大瑶山旅游业发展现状

金秀大瑶山以保存完好的自然生态、丰富的动植物资源和迷人的瑶族文化为基础，成功开发了科研、户外运动、体育健身、科普教育、休闲健康等休闲旅游。集民俗与疗养为一体的综合性生态民俗旅游产品体系吸引着越来越多的森林生态旅游者来到大瑶山开展森林生态旅游活动。随着可及性的进一步改善和提高，以“中国长寿乡”为主题的瑶族文化的深入发展，休闲健康度假产品的开发，将丰富生态旅游产品体系。

第三节　地文资源度假、康体养生旅游研究实践

大瑶山地质构造古老，地貌属石英砂岩峰林地貌，为泥盆系下统莲花山组紫红色砾岩和砂岩组成，在自然力的作用下和地表水的长期侵蚀、切割，风化、崩解为雄伟挺拔、朱崖壁立、棱角分明、峡谷幽深的大瑶山丹霞式刚棱削面塔柱地貌。复杂的地形和奇特的构造，构成了绮丽多姿的大瑶山地文景观。

一、石英砂岩峰林地貌

圣堂山：东西长 13 公里，南北宽 8 公里，呈西北—东南走向，由 7 座海拔 1600 米以上巍峨雄奇的山峰组成，主峰马鞍顶海拔 1979 米，是桂中第一高峰。各种造型奇特的峰岩，形态各异，多姿多彩。有观音岩、孔雀开屏、神女峰、铜墙铁壁、会仙台、寿星岩、龙脊、对歌台、惊人石、小五指山、圣堂七峰、酒瓶峰、宝鼎峰等多个景点。圣堂山不但奇峰峥嵘，而且日出、云海、佛光等天象景观突出，同时还有万亩变色杜鹃林，古朴苍虬的原始矮林以及各种盘根错节、横生峭壁的苍松等植物景观。可谓天下奇秀，拥张家界之峰，比庐山之幽，具华山之险，赛泰山之峻，胜黄山之松。金秀老山：位于森林公园北部，县城东南面。最高峰海拔 1651 米，分布有广西最大的一片原始森林，堪称自然之绝观，鸟类之天堂。分布有银杉、红豆杉、南方铁杉、福建柏等大量珍稀树种，是植物科普的好地方。

二、自然遗迹

圣堂山北坡 1200～1500 米处有石河、石海等特殊地貌，是古冰川岩石冻风化后的遗迹，岩石块巨大，多为正交多面体。这些小平面是整齐的，但有轻微的倒棱，而且大多数石河和石海都被茂密的森林覆盖着。

三、峡谷

位于圣堂山中部和河口中部，尤以圣堂山峡谷最为壮观。圣堂主峰马鞍顶的东部，峡谷深约500米，两侧峰谷峭壁，怪石嶙峋，石柱奇峰屹立，气势雄伟非凡。常有浮云雾海翻滚，更具“东峰晴朗西峰雨，樵子深入白云坞”的绝妙佳境。

四、奇特山石

经过数亿年的风化雕刻，奇峰、悬崖、巨石等奇峰，形成了数十处以奇峰为主的地质地貌景观。主要景观资源有：

石猴赏月：位于圣堂山北部杨梅坪一带的凸峰孤石，状若昂首赏月的猕猴。

瑶女盼夫：位于杨梅坪上方的石峰，山形如瑶女远眺远方，传说是盼望出远门的丈夫归来。

寿星岩：位于圣堂山中部的小石峰，形似精神矍铄、面带微笑的老寿星安坐守望着圣堂山。

如来诵经：位于圣堂山中部有一组山峰，远看似如来佛正双掌合一在胸前打坐诵经。

宝剑峰：位于圣堂山中部圣堂峡谷的一座凸峰，海拔1551米，山峰状如宝剑，山崖突兀，绝壁高矗，直插圣堂峡谷，气势磅礴。

宝鼎峰：位于圣堂主峰马鞍顶的东南部，海拔1507.6米，因峰顶有一巨石，形如古代的宝鼎而名。

酒瓶峰：位于宝鼎峰的西南侧，海拔1436.0米，山峰形似酒瓶。

小五指山：位于圣堂主峰马鞍顶的东南部，最高峰海拔1494.0米，山体五峰相连，直插云霄，形似五指朝天。

第四节　水文资源度假、康体养生旅游研究实践

森林公园是金秀县内主要河流的发源地，林中溪河密布，瀑布众多，以下为

水体主要旅游资源。

一、河段

滴水河：滴水河是罗秀河的主要支流之一，河道顺山势由北向南流，从象州流入柳江。在森林公园范围内为腊河口至滴水段，河流曲折蜿蜒，群山环抱，形成多个长滩和深潭。

金秀河：发源于原始森林茂密的森林公园，是金秀县第二大河流，流入荔浦县的长滩河水库，金秀河流域植被保存完好，水质纯净，两岸密布丹霞峰丛，五彩的石滩，泉水溪流随处可见，是优美的观光漂流河段。

二、瀑布

圣堂百米瀑布：位于圣堂山中部，主峰马鞍顶的东南部山谷，悬崖的三面被包围，峡谷又深又窄，山涧从悬崖上滴落下来。瀑布落下约 120 米，直接落在池底。如果是白色的，听起来像雷声，很壮观。真有“飞流直下三千尺，疑是银河落九天”的诗境。

双龙吐玉：位于圣堂山麓，杨梅坪下方，在一个“U”形的山谷，两道相对的瀑布，高约 30 米，如两条白练飞珠溅玉般注入岩下水潭，在潭底合二为一，又向下飞奔而去，宛若双龙在山上嬉戏。

石崖瀑布：位于古石墙东部峡谷内，瀑布高差约 40 米。

第五节　生物资源度假、康体养生旅游研究实践

森林公园自然植被保存较好，生物种类繁多，结构复杂，有银杉、红豆杉、伯乐树、瑶山苣苔、合柱金莲木、异形玉叶金花、南方铁杉、福建柏、冷杉等珍稀植物，有连绵成片的变色杜鹃和原始古林，还有瑶山鳄蜥及金斑喙凤蝶等全球性濒危物种以及云豹、蟒蛇、猕猴、大鲵等珍稀保护动物，是广西生物分布的中心之一，集亚热带的植被类型和生物种类于一体，可谓生物资源宝库，在科学研究和教学上具有重大价值。

主要生物景观有：

银杉：位于银杉景区内，有几十株树龄大小不一的银杉，其中有堪称世界之最的银杉王，是世界上迄今发现最高最大的银杉，树高30.65米，胸径88.6厘米，已有600多岁高龄，也是自然分布纬度最低的银杉，至今仍枝繁叶茂，苍劲挺拔，充满生机。

圣堂树魂：在圣堂山顶，有一棵高约15米，冠幅约6米的南方铁杉，树干枝杈弯曲有度，苍劲古虬，而树冠却长得自然圆整，好像人工修剪的天然盆景，又似一把撑天大伞，傲然挺立，想为整个圣堂山遮风挡雨。它独树成林，抗烈日，顶风雪，坚韧挺拔，放射出顽强生命的绿波和光泽，屹立百年不倒，守护着圣堂山。人们谓之为“圣堂树魂”。

万亩杜鹃林：在圣堂山顶，万亩变色杜鹃花林相连成片，而且种类繁多，杜鹃主干矮胖墩粗，造型原始，古朴苍劲，树形千姿百态。由于变色杜鹃会随着花期、花瓣的酸碱度的变化而不断变换颜色，因此每棵树上红的、紫的、粉的、白的花争奇斗艳，在绿叶的衬托下，宛如一簇簇色彩斑斓的大花伞。每年春夏季，杜鹃竞相绽放，花浪潋滟，万亩浩瀚，令人叹为观止。同时，由于湿润的环境，苔藓植物特别发达。它们附着在树干、树枝或树叶上，增添了美丽的杜鹃花森林。

原始古林：大瑶山林海茫茫，森林覆盖率高。森林公园内绝大多数森林保存着原始风貌，是广西面积最大、原生性最强的原始林区。

绝壁奇松：在圣堂山顶，有一株屹立于悬崖绝壁的五针松，苍劲挺拔，枝繁叶茂，像饱经沧桑的老者，遥望着壮丽的大峡谷，极具观赏价值。

瑶山鳄蜥：分布在德梅山、龙军山、平竹老山一带，是全球性濒危物种之一，号称动物世界的“活化石”，具有很高的科研价值。

第六节 人文资源度假、康体养生旅游研究实践

大瑶山森林公园不但自然景观资源丰富，人文景观也很突出，主要有：

古石墙：位于杨梅坪上方海拔1500米的“V”形山坳上有一道用自然块石砌筑的古石墙，石墙长123米，顶宽6米，高3米多，全部干砌，但极为工整，传说为明朝时期大藤峡瑶民起义军为抵抗朝廷官兵所筑。

瑶寨：森林公园范围内有多处瑶寨村落，由于民俗习惯，这些瑶族的村落建筑大部分分布于山谷和溪流两岸山坡下，少部分居住在山脚和山腰，多接近悬崖峭壁，也有分布在山脊陡坡之上，瑶族人民巧于利用自然地形来建设自己的房屋，大都呈凌空飞架、叠石为坎、附岩跨越、悬挑吊脚、围护墙面的特点。

瑶族民俗：金秀瑶族有着悠久历史和灿烂民族文化，能歌善舞、勤劳勇敢，是中国南方一个比较典型的山地民族，有自己的语言，有独特的服饰文化、饮食文化、节庆文化等。

瑶族饮食：瑶族是典型的山地民族，他们的主食、副食、膳食和酒会都有山地特点。主食主要为大米和玉米。菜肴方面，野菜和菌类非常丰富。瑶族善于自酿美酒，其男子多有饮酒的嗜好，而且乐于以酒会友、饮酒会客，向进门的客人敬酒是瑶族的一个重要礼节。酒会还是瑶族青年男女交际的好机会，酒会期间，村头巷尾、山边水畔、火堆旁边到处可以听到瑶族男女的歌声。

瑶族服饰：金秀五个瑶族支系的服饰各异，因居住地区不一，相互影响关系也并不一致。但他们也有共同之处，即大部分都是椎髻跣足，大领斑衣、银钗饰头，大环贯耳。衣服均为自制的土布，从种棉、扎花、纺纱、织布直到靛染、刺绣、缝制全部过程，都出于妇女劳动的双手。瑶族穿戴从头到脚无论是头上的银饰、耳环、项圈，身上的衣服、裤子，还是脚上的鞋子、绑脚、绑腿，都有着精美而细腻的花纹图案和绚丽多彩的颜色，这些花纹图案多数取材于自然景物，如大木花、曲折山路、蕨草、蝴蝶、鸟兽、人物、云霞、鱼虾等。这种特色鲜明的民族服饰都是瑶族人民在生产生活过程中创造出来的一种文明，特别是在瑶族的节庆日上，瑶族人民身上绚丽多姿、五彩斑斓的服饰便是一道亮丽的风景线。

瑶族织绣：瑶族各支系的妇女及部分男女的衣服、巾带、头帕都织绣具有民族特点的花纹图案，这些花纹图案多数取材于自然景物。瑶族妇女心灵手巧，不论大小都会挑绣，她们用自己织染的土布为底，买来五彩丝线，精心地刺绣，她们制作的花纹图案有挑花、织花、机绣三种方法。瑶山 5 个支系的各样花纹图案有共同的特点和风格，即都是以黑、白、红三种为基础色，再按不同的花纹图案适当地调配其他颜色。

节庆与婚俗：金秀瑶族节日活动较多，一年中几乎月月都有，其中最具民族特色的是盘王节、社节、分龙节、尝新节、功德节、度戒等。瑶族五个支系的婚俗也是各具特色。

瑶医瑶药：瑶医历史悠久，早在明清时期瑶人就在山上采草果、茴香等草药，拿到外圩市中换取“油盐”，他们还利用农闲，入山采药，外出行医，疗效很好，瑶医逐渐名扬天下。金秀大瑶山药材资源丰富，素有“天然药库”之称，全县药用植物有1333种。大瑶山还有一些特殊药材，如灵香草、石耳、千金草、天花粉等。瑶族多住高寒山区，患风湿病的多，瑶医治疗风湿病疗效良好，主要方法是药浴。瑶人一年四季用这种药水洗澡，不仅可以治风湿，还可以消除疲劳和困倦。

第七节　森林度假、康体养生旅游价值导向开发模式小结

森林养生旅游在中国兴起不久，目前学术界针对森林养生旅游产品开发的研究较少，本书将森林养生旅游分为运动健身、认知体验、疗养度假康体养生旅游三大类型，期望能通过此种分类方式，更好地利用各类养生旅游资源，开发能充分发挥资源优势的养生旅游产品，并能很好地对产品进行组合，提高森林养生资源的合理利用率，实现森林养生旅游的可持续发展。

森林一直是人类的原始家园，人类生存繁衍进化与森林的关系非常密切。养生旅游是依托“天人合一”养生文化和养生产业，运用生态旅游方式开发的养生体验系列产品。国家森林公园是开展森林养生旅游的最重要的场所之一。随着工业化发展，人口密度增加，人口老龄化和“亚健康”普遍，大众对养生类旅游产品需求日益旺盛。延年益寿、康体健身、修身养性、医疗康复保健、养生文化体验等需求日益增长，养生旅游市场前景广阔，森林养生旅游一定大有可为。

第十一章　森林观光、休闲娱乐旅游价值导向开发模式研究实践

——以广西浦北五皇山自治区级森林公园为例

第一节　广西浦北五皇山自治区级森林公园基本情况

根据广西壮族自治区林业厅《关于同意建立广西浦北五皇山自治区级森林公园的批复》桂林审产字（〔2011〕113号文件），广西浦北五皇山自治区级森林公园（以下简称森林公园）地处广西南部，钦州市浦北县中部的五皇岭山脉。四至界线：西以人头石、独竹坪、青山顶山脊线为界，北以青头寨、土鱼岭的山脊线为界，东以土鱼岭东侧余脉山脊线至花石埇后背岭村，南以茅车坪、高垌、后背塘等村屯为界，总面积871.2公顷。其中国有林地136.0公顷，占15.6%；集体林地691.3公顷，占79.4%；非林地43.9公顷，占5.0%。集体林地中，龙门镇塘田村委188.9公顷；龙门镇林垌村委502.4公顷；非林地中，龙门镇塘田村委6.3公顷；龙门镇林垌村委37.6公顷。

一、地理位置

浦北县位于广西南部，钦州市辖区，东与博白县接壤，南以南流江为界，与合浦县隔江相望，西沿武利江与灵山县交错相接，北临横县、贵港市，东北以六万山脉为界与玉林市毗邻。森林公园位于县城南面龙门镇，地理坐标为北纬22°8′30″～22°10′29″，东经109°19′49″～109°22′9″。

二、交通区位

浦北县位于钦州市的东面，距北海市 123 公里，钦州市 135 公里，距南宁市 209 公里，距玉林市 116 公里。森林公园距离浦北县城 28 公里，其中浦北县城至龙门镇为二级公路，龙门镇至森林公园为三级公路。森林公园南距北海市 90 公里，距钦州市 115 公里，距灵山县 54 公里。交通区位优良。

三、旅游区位

森林公园位于钦州市，钦州市是广西重点打造的三大国际旅游目的地之一——北部湾国际旅游目的的重要节点，是蓬勃发展的环北部湾滨海跨国旅游区的重要组成部分，正处于旅游快速增长期。浦北县位于北部湾旅游的核心发展区，是环北部湾旅游圈的重要组成部分，是广西“桂林/贺州—柳州/河池—来宾—南宁—钦州、防城港（东兴）—北海”南北黄金旅游带上的重要节点城市，地处“北海—钦州—防城港”广西北部湾滨海休闲度假游线上。

四、自然地理条件

（一）地质地貌

森林公园位于五皇山山脉中南部，呈北东—南西走向，地形高低起伏，群峰连绵。地质构造上属花岗岩，位于新华夏系第二沉降带的西南端，广西“山字形”构造前弧顶的南东端，属于六万山隆起西南缘，受印支晚期构造运动的影响，大量岩浆入侵而形成由花岗岩体所盘踞的格局。自古生代以来，经历了加里东、华力西—印支、燕山和喜马拉雅期等多次构造变动，形成了以北东向构造体系为主体的构造骨架。

森林公园属低山丘陵地貌，山脉脊线呈鱼骨状，其纵向主脊线呈北东—南西走向，由人头石、青山顶、青山寨、三角顶、土鱼岭等 600 ~ 770 米的山峰组成，最高主峰青山顶海拔 770.8 米；横向次级山脊线则呈北西—南东走向，由众多 200 ~ 550 米的山峰组成。

（二）土壤

森林公园内的土壤为花岗岩赤红壤、黄壤，土层深厚、肥沃，有利于植物生长。

（三）气候

森林公园地处北回归线以南，属南亚热带湿润大陆性季风气候，日照充足、雨量充沛、气候温暖、冬短夏长。年平均气温21.6℃，最暖月（7月）平均气温27.9℃，最冷月（1月）平均气温13.0℃，极端最高气温38.0℃，极端最低气温-1.9℃，全年无霜期达350天。森林公园地处北回归线以南，由于地处低纬度，太阳辐射强，日照充足，热量丰富，年均日照时数1668.1小时。森林公园境内温润多雨，雨量充沛，年平均相对湿度达82%，空气比较湿润，适合森林植物生长。年均降雨量1778.4毫米，年均降雨日数168天，雨季集中在4～9月，年降雨高峰月在6、7、8三个月，降雨量约占全年降雨的55%。

（四）水文

由于境内森林覆盖率高，大多沟谷内有山溪水，丰水季节，溪流纵横，较大的溪流有5条，其他小溪流纵横交错，大小溪流常年流水不断，属张黄江支流马兰江的源头，集雨面积11.13平方公里。

（五）森林植被

森林公园属南亚热带常绿阔叶林，生物资源丰富，主要植物群落类型为椎林，椎林+杂木阔叶混交林等。据初步调查，公园范围内共有植物150科，476属种。各类植物组成，蕨类植物有16科，25属，31品种；裸子植物有6科，10属，11品种；被子植物有128科、441属，723种。已知国家二级保护野生植物有桫椤、金毛狗脊、伞花木、樟树、紫荆木、格木、半枫荷、白木香、花榈木等。主要乔木树种有红椎、白椎、樟木、荷木、山杜英、枫香、火力楠、香椿、竹柏、黄榄、乌柏、格木、木棉、香花木、白花含笑、秋枫、大叶栎等，高大挺拔，成为浓郁森林景观的主体，观赏价值高；林下有灌木和草本层，灌丛疏林植被由野牡丹、桃金娘、映山红、算盘子、五节芒等优势种组成，部分人工种植了油茶；草本植被由乌毛蕨、金毛狗、金樱子、草蔻、野菊等优势种组成。

（六）森林资源

森林公园总面积为871.2公顷，森林覆盖率较高，达87.1%，其中天然林较多，为736.3公顷，占森林公园总面积的84.5%，人工林面积较小，仅22.5公顷，仅占森林公园总面积的2.6%。

五、五皇山森林公园内可观赏、娱乐的资源

原始天然次生红椎林、红椎菌、人头石（石蛋景观）。

鸳鸯树、夫妻树、兄弟树、黑白双蟒、石生树、石盆景、百年樟树、巨型黄榄树、森林植被垂直带谱、五皇寺遗址、恐龙蛋（群）、迎宾石、南阳石、峰神石、金蟾石、蛋壳石、神龟望天，睡美人、仙印石、青山石、玉兔石、芭蕉石、佛字石、生命门、天下第一龟、天桥石、望夫石、玉女溪、水帘瀑布、仙女瀑。

野生芭蕉、无花果、跳岭头、傩戏、格木、高山草甸、猕猴野趣、五皇山云海、情侣石、门神石、子母石、众蟾望月、双神守山、花瓣石、后羿石、亲吻石、相依石、蟒蛇上山、害羞石、玉蟾飞车、嫦娥官、人头岭、独竹坪、青山顶、三角顶、独竹坪—青山顶台地、花石湖、金童溪、双潭瀑布、母女瀑布、金童瀑布、孔雀瀑布、连环瀑布、玉女瀑布、笑脸石、卷心石、石生石、野芋谷、草寇谷、开平梯田、云雾茶园、天湖。

花石民俗村、枫香林、橄榄林、荷木林、栲树林、天来佛、名人石刻、青山顶日出、藏宝潭、牧童浴池、通幽瀑布、情侣瀑布、婚纱瀑布、人字瀑布、树藤瀑布、蛇曲瀑布、三角顶。

入口大门、青春亭、将军亭、祥云亭、清风阁、黑叶荔、丹竹液、乱石洞、蜜蜂池。

六、休闲、观光娱乐旅游的评价

森林公园拥有石蛋群、瀑布群、红椎林等特色景观以及浓郁的人文景观等核心吸引物，园内“石奇”“顶平”“谷幽”“水秀”“山绿”，观赏性强。公园内有呈点群状高密度集中分布于人头岭、青山岭山顶上的石蛋群，有呈线状高密度集中分布于金童溪和玉女溪两条溪谷之中的瀑布群和潭池群，有呈面状分布的大面积保存完整的原始次生天然红椎林，尤其是以花岗岩石蛋地貌为代表的地质遗迹发育系统、完整、典型，是中国海陆过渡区风化花岗岩石蛋地貌最典型的代表，是广西乃至全国生物多样性最丰富的花岗岩地区之一，是花岗岩地貌与森林植被良好结合的典型范例，堪称“森林花岗岩地貌”的典型代表。公园是花岗岩形成、风化与侵蚀过程不可多得的典型天然教科书，是地质科学的生动课堂，可作为岩石学、构造地质学、地球动力学、自然资源学、矿物学、生态学、植物学等专业院校学生理想的教学实习基地。

第二节　山水类观光、休闲娱乐旅游研究实践

一、中国地文资源简介

我国位于太平洋板块和亚欧板块之间，东沿太平洋，西靠欧洲，经纬度跨度大，地质、地貌复杂多样。在板块运动、太阳能、大气圈等因素的影响下，形成了复杂的地文景观资源。主要有山岳形胜景观、喀斯特地貌风光、风沙地貌景观、黄土地貌景观、海岸地貌景观、特异地貌景观、地质现象等类型的景观。

山岳形胜景观主要是一些有名的山，比如香山、泰山、庐山、峨眉山、乐山等山体，我国从南至北山体体现了雄、奇、险、秀、幽、旷等特征，它们是自然的产物，随着人类活动，也形成了一定的历史文化。喀斯特地貌景观主要分布在我国南方，主要成分是石灰岩，因为南方的雨水比较多，在溶洞里，随着水的流动，形成钟乳石、石笋等景观。主要代表景点是桂林的山水、贵阳的黄果树瀑布、云南的石林等。风沙地貌是在风的作用下，风沙的堆积形成的沙丘和戈壁，主要分布于我国的西北地区。浩瀚的沙漠、绿洲、戈壁等吸引了大量的游客观赏自然的力量。代表景点有鸣沙山、沙坡头、罗布泊等。黄土地貌是因为风将沙漠地区搬运而来的堆积物，质地松弛，容易被水冲刷，黄土高原是我国乃至世界上最大的黄土高原，具有科普、教育、研学等功能。海岸地貌是海岸线在海水、风、太阳能等因素作用下形成的地貌，因海岸地质不同，所形成的景观也不一样，具有岩石、砂质、珊瑚礁等海岸地貌之分。我国海岸线长，海岸地貌丰富多样。

除了以上所述的五类地貌外，还有特异地貌和地质现象。特异地貌是较为罕见的地貌景观，是自然灾害的遗迹，比如天坑、裂谷、火山岩溶等。地质现象是地质构造、生物化石、标准性的地质等。

二、广西浦北五皇山森林公园地文资源景观的开发研究

（一）浦北五皇山森林公园地文资源的归纳与评价

浦北五皇山森林公园地文资源丰富。浦北地处沿海地区，特殊的地理位置和

地势变化造就了差异极大的地文景观资源，形成了丰富多样、原始独特的地文景观系统。森林公园属花岗岩地貌，在“燕山运动”时期，地壳受内力作用形成的中酸性花岗岩浆侵入的山体，一经露出地面之后，特别是山头顶部，立即受“球状风化”侵蚀，经过千万年的淋蚀、风化、冲刷作用，产生各种奇特的石蛋景观。石蛋或群集山巅或充塞溪谷，造型独特，千姿百态，形态典型，近观石蛋外形圆润灵秀，如人似物，栩栩如生；石蛋群集组成的“石头城”状残峰，远观或如天上的街市、古堡炮台或星外飞船着陆场等，给人以宽阔的想象空间，具有独特的“奇、雄、险、幽、奥”观赏和美学价值。公园是花岗岩石蛋形成与演化过程不可多得的典型代表。公园内有呈点群状高密度集中分布的人头岭、青山岭山顶上的石蛋群，以花岗岩石蛋地貌为代表的地址遗迹发育系统、完整、典型，是中国海陆过渡区风化花岗岩石蛋地貌最典型的代表，是广西乃至全国生物多样性最丰富的花岗岩地区之一，是花岗岩地貌与森林植被良好结合的典型范例，堪称“森林花岗岩地貌”的典型代表。森林公园是花岗岩形成、风化与侵蚀过程不可多得的典型天然教科书，是地质科学的生动课堂，可作为岩石学、构造地质学、地球动力学、自然资源学、矿物学、生态学、植物学等专业院校学生理想的观赏学习基地。

公园为花岗岩地貌类型，经过千万年的淋蚀、风化、冲刷作用，产生各种奇特的石蛋景观，具有强烈的吸引功能，属国家重要的自然类森林风景资源。我国的花岗岩山集中分布在云贵高原和燕山山脉以东的第二、第三级地形阶梯上。以中低山和丘陵为主，它们的海拔在 2500 米以下。其他一些山地也有分布。与国内典型的花岗岩地貌相比，公园花岗岩地貌特征主要表现在以下几点：

1. 中国华南地区中三叠世花岗岩地貌的典型代表

中国华南地区除了广西浦北五皇山森林公园具有花岗岩地貌外，还有阳山国家地质公园、桂平国家地质公园，其中，阳山国家地质公园、广西桂平国家地质公园的花岗岩侵入时期均为燕山期，且前者伴有碳酸盐地貌景观，后者伴有丹霞地貌及砂岩地貌。而广西浦北五皇山森林公园的花岗岩侵入时期为中三叠世，整个公园的岩石景观都为花岗岩地貌景观，且地质遗迹类型齐全，公园的中三叠世花岗岩地貌在中国华南地区具有典型的代表性。

2. 中国海陆过渡区风化花岗岩石蛋地貌的最典型代表

公园花岗岩石蛋地貌特征与国内其他典型的花岗岩地貌特征迥然不同，既与内陆各类花岗岩地貌差异明显，也与同一气候环境下的内陆岩岗地貌明显不同，还与花岗岩石蛋地貌的典型代表，即厦门鼓浪屿、海南三亚之天涯海角等之间差别明显：它们均分布于临近水体（海边）的低山地带，呈点群状集中分布于海边，属典型的海蚀低山花岗岩石蛋地貌；而公园则是处于海陆过渡区（离海约130公里）的中低山地带，呈点群状集中分布于台地上，且具有垂直分异性，是海陆过渡区风化花岗岩石蛋地貌的最典型代表。

3. 中国花岗岩台地的典型代表

中国花岗岩地区台地发育稀少，森林公园内保存了大面积花岗岩台地，公园的花岗岩台地属构造—剥蚀型红土台地，是花岗岩岩体出露地表后，历经长地史时期漫长的剥蚀、侵蚀而形成，目前台地上出露基岩较少，红土风化层较厚，现为大面积的草甸所覆盖，是桂东南面积最大和保护最好的花岗岩台地，在整个华南地区的花岗岩台地中极为罕见。

根据《中国森林公园风景资源质量等级评定》（GB/T 18005—1999）中对风景资源的分类，五皇山森林公园的地文资源主要有39种，奇特与象形山石主要有迎宾石、南阳石、人石头（群）、峰神石、笑脸石、卷心石、石生石、金蟾石、蛋壳石、神龟望天、睡美人、仙印石、青山石、玉兔石、芭蕉石、佛字石刻、生命门、天下第一龟、天桥石、望夫石、恐龙蛋（群）、情侣石、门神石、子母石、众蟾望月、双神守山、花瓣石、后羿石、亲吻石、相依石、蟒蛇上山、害羞石、玉蟾飞车、嫦娥宫；奇峰主要有人头岭、独竹坪、青山顶、三角顶；剥蚀台地主要有独竹坪—青山顶台地。

（二）浦北五皇山森林公园地文资源的开发

五皇山森林公园地文景观主要分布在公园的核心景观区，位于人头石至独竹坪一带，石蛋景观富集区，是五皇山国家地质公园的一级、二级保护区的范围，面积约161.6公顷。主要项目布点有三个：第一是奇石王国，奇石王国于南阳石、人头石、天下第一龟、众蟾望月、上丹竹巨石阵、神龟争石、生命门等主要的地质遗迹景观节点处建设科普解说游览步道，游览步道长50米，为游客提供地质遗迹观景服务，部分危险地段设安全护栏，对景观进行保护性修缮，尽量保持景观的原貌。第二是天际徒步，从人头石—独竹坪—青山顶—三角顶—青头寨，全是沿着山脊线行走，且均为高山草甸风光，一路毫无遮挡，风光无限好，与天空零距离接触，是一条非常有吸引力的徒步路线，仅清理步道和杂灌，在节点处设施驴友服务点。第三是五皇山博物馆，森林公园与五皇山国家地质公园的核心部分重叠，目前地质公园已在浦北县城博物馆二楼设置了地质博物馆，由于距离森林公园较远，不利于游览线路组织，规划在花石湖的东侧新建森林公园博物馆，建筑面积1600平方米，博物馆的建筑风格与游客服务中心风格相协调，与五皇山地貌相结合，突出五皇山地域特色。博物馆集中展示森林公园自然景观和地质遗迹的精华，融知识性、观赏性、娱乐性于一体，更系统地用文字、图表、实物标本、模型，结合现代声、光、电技术向游人展示公园的地质变迁和科学价值，向公众普及森林知识和地质知识，寓教于乐，达到科普教育目的。根据博物馆的功能要求，划分为七个功能区，包括序厅、展示厅、陈列厅、体验厅、接待休息厅、旅游客服中心、管理中心。浦北县城博物馆部分珍贵标本迁入新博物馆，其余设施均保留，以专属科普基地的形式继续为森林公园服务。

第三节　水文资源观光、休闲娱乐富有的森林旅游研究

一、中国水文景观资源简介

水文旅游资源按水体性质及自然界水色的基本形态，可分为河川类景观、湖泊景观资源、瀑布景观资源、泉水景观资源等。河川类景观资源主要有河、江、溪，是地表低凹部分周期性的水流，溪水汇集到河中，河水汇聚到江里，最后江水流入海洋中。河川蜿蜒曲折，与两岸的山相映，山水秀丽。我国著名的河川类景观有桂林漓江、长江三峡景观、钱塘江上游的富春江等，江水清澈，山光水影，景色奇秀。湖泊景观资源是由于地球力的作用，形成了湖盆，湖盆积水部分为湖泊，根据湖水的含盐度，分为淡水湖、咸水湖、盐湖。长白山天池、昆明滇池是由火山口积水而成的湖泊，镜泊湖、五大连池是堰塞湖，杭州西湖、拉石坝海是岩溶湖，还有其他很多的分类，比如人工湖、水库之类的都是湖泊的一种类型。湖泊不仅具有蓄水、调节气温的作用，还具有养殖、旅游风光的深层价值。湖泊与周边的动植物、山形成一体，湖光山色，妩媚诱人。瀑布景观资源是河水沿着跌坎或者悬崖倾泻而下时形成的水帘。瀑布形成的原因众多，地层抬高、山体崩塌、火山爆发等都是形成瀑布的原因。瀑布的大小因年降水量而异，在一些雨季、干旱季节分明的地区，存在节律性的瀑布。瀑布是神奇的自然景观，山水结合，体现着形、声、色三态的协调，瀑布是千岩竞秀、万峰争流、飞泻千仞，水花四溅、蔚为壮观的景观。我国有名的瀑布主要分布在南方，贵州的黄果树瀑布、跨国的德天瀑布、浙江金华的岩洞

瀑布等。泉水景观资源是地下水外渗而形成的景观现象，泉水不仅能够供人饮用还具有景观的作用。温泉水具有养生保健的作用，可以开发温泉供游客沐浴，是难得的疗养保健自然资源。泉水还可以和茶文化相融合，打造具有特色的泉水茶。我国泉水资源分布广泛，数量多，从南至北，南方贵州有喜客泉，山东济南有趵突泉、黑龙江五大连池的泉水，具有较高的科考研学、养生康体价值。水文资源除了内陆与水相关的资源外，我国海岸线长，还有许多的海岸带旅游资源。

二、广西浦北五皇山森林公园水文资源景观的开发研究

（一）浦北五皇山森林公园水文资源的归纳与评价

根据《国家森林公园风景组员质量等级评定》（GB/T 1005—1999）中对风景资源的分类，森林公园中的水文资源五大类中，森林公园内溪谷有金童溪、玉女溪、野芋谷、草蔻谷；潭池有藏宝潭、牧童浴池、蜜蜂池；瀑布有水帘瀑布、母女瀑布、金童瀑布、孔雀瀑布、连环瀑布、通幽瀑布、情侣瀑布、婚纱瀑布、仙女瀑布、双潭瀑布、人字瀑布、树藤瀑布、蛇曲瀑布、玉女瀑布；流水堆积有：石门、乱石涧；湖泊有花石湖、天湖。

广西浦北五皇山森林公园内山溪水资源丰富，溪谷纵横，金童溪、玉女溪、草寇谷等沟谷成群，溪谷内流水跌宕起伏，陡坎、深潭、跌瀑相间分布，形态多样，简直是“溪谷艺术馆”。或浪花飞溅，或清柔飘洒，或快慢相连，或飞瀑直下，瀑底成潭，或层层叠起，或起伏蜿蜒而下，或如水管喷头，洒下漫天珠雨，或似素练凌空，轻盈婀娜，潭中鸟鸣鱼跃，景色奇妙。溪流沿山坡、沟壑汩汩而下，流淌不息，冬夏不竭，就像森林公园的“血脉”流动着欢快、轻盈的脉搏。众多的溪谷中，以金童溪和玉女溪景致最为优美多姿，溪中瀑布和潭池极为发育，数量极多，呈线状高密度集中分布于这两条溪谷之中。金童溪中瀑布群和潭池群的分布密度分别为 3.2 处/百米和 4.1 处/百米，而玉女溪则分别为 2.2 处/百米和 3.5 处/百米，目前在国内也不多见。与国内其他类似溪谷相比，金童溪和玉女溪及发育于其间的瀑布与潭池，均以“内涵丰富、形式多样、规模微小”为特征，可谓溪谷地貌的微缩艺术精品。

此外，公园森林覆盖率高，植物景观好，有鲜艳多彩的林间花卉，有变化丰富的季相景观。随着时令的顺延，园内或青翠欲滴，或娇嫩可人，生机盎然的绿叶红花染尽了千山万壑，浸透了溪谷瀑潭，幻化出一幅迷人的彩色画卷。

（二）浦北五皇山森林公园水文资源的开发

通过对环境的分析综合分析，对旅游市场的调研，结合公园的实际，开发水文观光资源。对花石湖、玉女溪、金童溪进行观光、休闲娱乐设施的规划。

1. 花石湖

依托花石湖建设集水上娱乐、水岸休闲于一体的休闲区域，占地面积6.0公顷，其中水域面积为1.8公顷，建筑总面积1980平方米。从湖边外延50米开始适当地修建生态游览步道，将湖进行功能区域划分，将湖分为观赏型的五皇花湖、小平桥，娱乐区域水上乐园、垂钓平台、泳池，湖边休闲区域餐厅、美食长廊、森林小木屋等观光、休闲娱乐设施，提高花石湖的可游性。

2. 玉女溪

玉女溪沿途有夫妻树、仙女瀑布、神仙床、石臼、流水堆积地貌、一线瀑、响水谷、根抱石、沟谷石蛋、红椎林等景观，现已有游览步道，线路长1.2公里。玉女溪线路不长，但森林景观、地质景观均较为丰富，可将其设置为科普游览专线，增加其趣味性、科普性，同时与金童溪相区别，凸显特色。沿途设置亲水互动点、树种识别区、岩石认知点、植物大类群感知点、高负离子体验点、土壤认知点、休憩游戏创作点。由专业的生态讲解员解说，让游客测试空气中的负离子，认识树木及年轮，了解土壤、岩石相关知识。充分调动体验者视觉、听觉、触觉、味觉等感官作用来全方位地感受森林以及瀑布、流水堆积地貌等。

3. 金童溪

综合整治金童溪，线路长3.5公里，沿途有多处瀑布（仙童瀑布、孔雀瀑布、石门瀑布、阳泉瀑布、连环瀑布、情侣瀑布等），有多处石蛋堆砌景观（佛子石、门神石、母子石、金蟾石等），沿途设置抱佛脚、同心锁、疯狂的石头、弥勒佛、金童迎客、举世无双、灌溉水车等小品，建设较为粗糙，规划将其改造提升，并通过溯溪活动的组织提升人气，抬高局部游览步道的地势，以免洪水期被淹没，方便游人通行，同时增加科普解说牌的设置，要求有趣味性和参与性。

4. 天湖栈道

位于五皇寺的北面，海拔500米的高山上自然形成的湖面，面积为0.5公顷，规划在其周边修建800米的栈道及观景亭台，供游客休憩观赏。

第四节　动植物类观光、休闲娱乐旅游研究实践

一、中国野生动植物资源概况

我国南北跨度大，气候复杂多样，自然资源条件优越，具有丰富多样的野生动植物资源。根据统计，全国有6266种脊椎动物，其中兽类约500种，鸟类约1258种，爬行类约376种，两栖类约284种，鱼类约3862种。我国约有30000多种植物，其中苔藓植物106科，蕨类植物52科2600种，木本植物8000种，其中乔木约2000种。全世界裸子植物共12科71属750种，我国就有11科34属240多种。针叶树的总种数占世界同类植物的37.8%。被子植物占世界总科、属的54%和24%。此外，我国已定名的昆虫有3000多种。动物植物种类数都在世界动植物种类数两位数以上，大熊猫、金丝猴、华南虎、藏羚羊、白鳍豚、扬子鳄和水杉、银杉、珙桐等均为我国特有的珍稀濒危野生动植物。

二、广西浦北五皇山森林公园生物资源景观的开发研究

（一）浦北五皇山森林公园生物资源的归纳与评价

根据《国家森林公园风景组员质量等级评定》（GB/T 1005—1999）中对风景资源的分类，森林公园中的水文资源六大类中，奇花异果主要有无花果、野生芭蕉；森林主要有原始次生天然红椎林、森林植被垂直带谱、枫香林、橄榄林、荷木林、栲树林；古树名木有百年樟树、巨型黄榄书、格木；象形树主要有鸳鸯树、夫妻树、兄弟树、黑白双蟒、石生树、石盆景；草甸有高山草甸；野生动植物栖息地有猕猴野趣一共19种。

浦北县有全国连片面积最大天然次生红椎林，达11.38万亩，被列为国家重点保护林区，全国少有。五皇山森林公园是这片天然次生红椎林的核心组成部分，在公园范围内分布有589公顷红椎林，占森林公园总面积的67.6%，椎类是一种观赏性很强的树种，层层叠叠的椎木林郁郁葱葱，翠绿欲滴，形成了“椎林叠翠”的景观，成为“钦州八景”之一，观赏价值较高。此外，红椎林下生长

着目前人工无法繁育的“红椎菌”，珍稀罕见。

五皇山虽然属低山地貌，但森林植被垂直带谱明显，山顶土壤瘠薄，风大，海拔600米以上的山峰及山脊多为宽阔的草地，天然连片山顶绿茵草甸成了森林公园的一大奇观，犹如波浪式的空中大草坪，能容纳万人野营、嬉戏、游玩。由于山高，湿度大，草甸一年四季都是绿茵茵的，舒坦柔软，近观鲜嫩青绿，远看金铂翠叠，草地与森林相间分布，蓝天碧透，高山之巅，绿草葱葱，牛羊结队，一幅悠然的南方高山放牧图，令人神往。

此外，公园森林覆盖率高，植物景观好，有鲜艳多彩的林间花卉，有变化丰富的季相景观。随着时令的顺延，园内或青翠欲滴，或娇嫩可人，生机盎然的绿叶红花染尽了千山万壑，浸透了溪谷瀑潭，幻化出一幅迷人的彩色画卷。

（二）浦北五皇山森林公园生物资源的开发

五皇山森林公园可利用动植物资源开发的项目主要是以休闲、观赏、养生为主。项目布点有：

1. 五彩梯田

复垦抛荒开田坪梯田、改变梯田传统耕作方式，丰富农田种植结构，形成四季不同、层层交错的梯田，梯田与五皇山居相映衬，一方面可营造良好的山居环境，另一方面也可满足游客对有机农产品的需求，面积为8.5公顷。

2. 山居酒店

森林公园红椎菌的主要生产区，红椎菌富含人体所需的维生素A、B、C、D、E、V和18种氨基酸以及多种微量元素，尤其是富含抗癌物质——微量元素硒，具有养血壮体、护肤美颜、防癌抗癌、延缓衰老等保健功效，目前尚未实现人工培育，将室外的红椎林养心和室内的中医康体疗法相结合，打造特色康养度假模式。建筑不超过3层，建筑面积为2500平方米，采用庭院式，建筑风格与周边环境相协调，建筑造型和空间结构抓住“山”的特征，造型简洁有力，并适当拔高，运用当地石材，以匹配环境，大坡面屋顶，石墙面，兼具客家与岭南民居的风韵。

3. 山居木屋

利用森林公园南门良好的乡村及山居环境，采用客家民宿的度假模式，打造具有乡土气息同时又别具一格独有特色的度假木屋，以散落的形式布局，建筑总面积3000平方米，通过特色的五皇山居带动周边茅车坪屯的乡村旅游发展。

养生步道：在山居酒店的东侧沿溪谷建红椎林养生步道，线路长0.5公里，林下设置一些仿木、仿竹的桌、凳、休息台。

4. 森林氧吧养生园

利用森林特有的生态环境，在比较清幽安静、负离子含量较高的平缓区域，开辟比较安静的场所，建设规模6000平方米的森林氧吧养生园，建设氧吧浴场、森林瑜伽台、森林雾浴、服务中心等，并通过五感（形、声、闻、味、触）引导游客开展养生活动。

5. 橄榄园

在花石湖北面有一片橄榄园，规划在原有基础上增植橄榄树，建设面积为1.2公顷，设置橄榄文化园，开展采摘橄榄、品尝橄榄等活动。

6. 云雾茶园

恢复原来的茶园，除去原茶园中的杂草、藤本、无用的低矮灌木，引进优质茶树品种，改良茶园的树种结构，形成上规模的高山生态茶园，面积为5.0公顷，开展“观茶、采茶、制茶、品茶、购茶”等参与性、趣味性强的茶园观光系列活动，建设面积250平方米，供游客品尝、歇息。

7. 红椎观赏园

在草寇谷一带建设面积为2.0公顷的红椎观赏园，游客可以在管理人员的带领下，进行野外采集红椎菌、红椎子等活动，体验采集的乐趣。

8. 草甸露营

在青山顶择地势平坦、能避风的地方作为露营地，面积为0.35公顷，注意防风、防水、安全问题。在露营地附近建设露营管理服务用房120平方米，提供露营用品销售、租赁服务。

第五节　人文、天象类观光、休闲娱乐旅游研究实践

一、浦北五皇山森林公园人文、天象景观资源的介绍

人文景观，是为了满足人们在精神上的需求，在自然景观上叠加的文化特质。人文景观主要有地方特色建筑、民族服饰、古典园林、历史遗迹等。建筑方面的景观主要为宫殿、教堂、寺庙以及各类文化建筑景观，具有历史性。其中历史古迹景观主要有古人类文化遗址、名人故居和活动遗址、革命遗址及革命纪念地

等；古代建筑类的宫殿、衙署建筑、坛庙祠堂建筑、祖庙与社稷坛、天与地等坛、奉祀人文始祖、圣人先贤的庙、家族宗祠、祭祀民间神的庙、会馆建筑、阁楼建筑、亭台建筑、军事预防工程等；宗教文化景观主要有佛教文化建筑、道教文化建筑、宗教活动节目与艺术等；民俗风情景观主要有文学与艺术景观里的戏曲、传说、绘画、雕塑、题刻等，还有城镇与产业观光景观里的特色明镇、古都等。

天象类景观是与天文、气象相关的现象，比如日出、云雾、夕阳、海市蜃楼、彩虹、雪景、星空等。由于天象类景观具有不可预测性、独特性，人们对其具有强烈的好奇心，利用游客的好奇心以及天象类景观的吸引力，天象是一种特殊的旅游资源。

根据《中国森林风景资源质量等级评定》（GB/T 18005—1999）中对风景资源的分类，浦北五皇山森林公园的森林风景资源中的人文景观主要包含特色村落有花石民俗村；历史遗迹有天来佛、名人石刻、五皇寺遗址；建筑小品有森林公园人口大门、青春亭、将军亭、祥云亭、清风阁；地方特产有野生红蘑菇（俗称红椎菌）、黑叶荔枝、丹竹液；生产地有云雾茶园、开田坪梯田；民俗文化有跳岭头、傩戏。天象景观有青山顶日出、五皇山云海。

二、浦北五皇山森林公园人文、天象景观资源的开发实践研究

（一）五皇山博物馆

森林公园与五皇山国家地质公园的核心部分重叠，目前地质公园已在浦北县城博物馆二楼设置了地质博物馆，由于距离森林公园较远，不利于游览线路组织，规划在花石湖的东侧新建的森林公园博物馆，建筑面积1600平方米，博物馆的建筑风格与游客服务中心风格相协调，与五皇山地貌相结合，突出五皇山地城特色。博物馆集中展示森林公园自然景观和地质遗迹的精华，融知识性、观赏性、娱乐性于一体，博物馆系统地用文字、图表、实物标本、模型，结合现代声、光、电技术向游人展示公园的地质变迁和科学价值，向公众普及森林知识和地质知识，寓教于乐，达到科普教育的目的。根据博物馆的功能要求，划分为七个功能区，包括序厅、展示厅、陈列厅、体验厅、接待休息厅、旅游客服中心、管理中心。浦北县城博物馆部分珍贵标本迁入新博物馆，其余设施均保留，以专属科普基地的形式继续为森林公园服务。

（二）客家文化新农村

在搪田村内通过建设具有旅游功能的客家文化新村，拟将森林公园内的原住

居民搬迁进行集中安置，打造浦北县社会主义新农村建设的典范。通过具有旅游功能的新村建设，吸引游客前来休闲度假，鼓励和扶持当地有条件的村民开发农家餐厅、农家旅馆、土特产店等，让当地老板姓分享五皇山旅游开发给他们带来的福祉，充分体现“旅游富民”的宗旨。

（三）民俗广场

对现有民俗广场进行景观环境综合整治，改扩建民俗广场，面积达2200平方米，该广场作为游客的文化休闲广场和月亮山庄的配套广场，也是森林公园主要节事的聚集活动广场，在旅游旺季时为游客提供篝火晚会、年节庆、公司庆典等活动的主要场所。

（四）五皇寺

位于玉女溪的东北面，依山就势重建五皇寺，打造北部湾佛教人文胜地，丰富森林公园的文化内涵，规划建设山门、钟楼、鼓楼、夫王殿、延生堂、五皇殿、伽蓝殿、祖师殿、藏经阁、五屋塔、禅堂、侍者房、会客室、普贤殿、文殊殿、观音殿、裔堂、云水堂、望佛台、如意池、静心潭等，总建筑面积4034平方米，占地面积2.0公顷。

（五）观景亭台

于人头石、独竹坪、三角顶分别设占地60平方米的观景台，方便游人游览观光，同时设观景亭3处，供游客休息使用，每处面积50平方米，亭子的设计需要与周边景观协调且具有一定的文化内涵。

第六节　森林观光、休闲娱乐旅游价值导向开发模式小结

观光、休闲教育旅游作为森林旅游中比较常见的旅游方式，具有很强的可实施性，需要充分利用自然资源、自然景观，结合文创设计公园特色的观光景点。在自然资源开发中，遵循生态优先的原则，对动植物资源、地质、生态系统进行详细的了解后，收集数据，根据标准进行可行性分析，分析结果在可开发的范围，才可以开发。观光面积根据合理的游客估算才能确定，设计过程中不应该为了追求美观而忽略实际的价值。观光、休闲娱乐价值是在森林公园内利用自然资源设计景观，景观的设计和建设应充分体现设施的人性化，如在景观廊道中设计无障碍通道等。

参考文献

［1］艾静文，朱志晖．森林旅游资源价值核算体系的探析［J］．山东林业科技，2017，47（2）：99－102.

［2］安传艳．森林旅游生态开发模式创新研究——以河南省黄楝树林场为例［J］．信阳师范学院学报（自然科学版），2015，28（2）：204－208.

［3］白以娟．“一带一路”背景下满族医药旅游产品开发［J］．辽东学院学报（社会科学版），2018，20（5）：32－37.

［4］包尤思．森林生态旅游项目环境影响评价初探——以宁波四明山为例［J］．科技视界，2015（28）：230－232.

［5］鲍兰平，唐红，左玲丽．海南森林康养旅游产品开发研究［J］．现代营销（经营版），2019（3）：84－85.

［6］蔡君．基于产品层次理论的城郊型森林公园旅游产品开发研究——以沈阳国家森林公园为例［J］．太原城市职业技术学院学报，2018（6）：30－33.

［7］曹柏林．天井山森林公园发展现状与对策［J］．绿色科技，2016（11）：195－197.

［8］陈昌沅，刘培学，窦洪桥，赵婕，王静．基于 RMP 模式的原始雨林景区旅游开发分析——以西双版纳孔明山景区为例［J］．江西农业学报，2011，23（4）：173－176，179.

［9］陈戈，夏正楷，俞晖．森林公园的概念、类型与功能［J］．林业资源管理，2001（3）：41－45.

［10］陈光明．加快森林生态保护制度建设的思考［J］．林业与生态，2016（4）：11－13.

［11］陈汉辉．合理生态养鱼让饮用水更安全［J］．环境保护，2009（20）：58.

［12］陈珂，张颖．北京森林旅游生态足迹的嬗变与启示——基于 1999—

2011 年森林公园的统计数据［J］．湖南农业大学学报（社会科学版），2015，16（2）：80－84.

［13］陈丽军，苏金豹，赵希勇，万志芳．我国森林旅游产业优质化发展对策研究——以森林公园为例［J］．林业经济，2019，41（2）：84－88.

［14］陈玲玲，屈作新．我国森林旅游资源开发现状及可持续发展策略［J］．江苏农业科学，2016，44（1）：483－486.

［15］陈南江，庄伟光．健康中国战略下创新发展广东康养优质旅游研究［J］．广东经济，2018（3）：32－37.

［16］陈秋华，林秀治，修新田．森林旅游景区低碳化发展的动力机制研究［J］．福建论坛（人文社会科学版），2017（7）：159－163.

［17］陈秋华，郑小敏．森林旅游低碳化评价指标体系构建研究［J］．福建论坛（人文社会科学版），2013（1）：38－42.

［18］陈威．五大创新产品开启森林旅游新模式［J］．中国林业产业，2017（10）：85－87.

［19］陈文武，田晔林，蒋玮，秦岭，刘松，胡俊．森林养生旅游产品体系开发及构建研究［J］．中国农学通报，2015，31（25）：1－5.

［20］陈晓丽．森林康养旅游研究及开发探析［J］．黑龙江生态工程职业学院学报，2016，29（5）：25－27.

［21］陈新颖，彭杰伟．森林旅游行为调查及发展对策——以环南宁森林旅游圈为例［J］．林业资源管理，2017（3）：20－24.

［22］陈鑫峰，沈国舫．森林游憩的几个重要概念辨析［J］．世界林业研究，2000（1）：69－76.

［23］陈鑫峰．我国森林旅游发展成就、问题及建议［J］．绿色中国，2015（5）：76－79.

［24］陈焱，朱梦旗，陈磊，苏金豹．香文化理念森林旅游产品开发设计［J］．林业经济问题，2019，39（2）：197－203.

［25］陈燕，郑松发，武锋．基于生态旅游功能的红树林景观评价指标体系构建［J］．西北林学院学报，2016，31（2）：275－279.

［26］程鹏，徐建敏，张舜，薛静．安徽森林公园建设与管理对策探讨［J］．安徽林业科技，2015，41（6）：3－6.

［27］程希平，董李勤，巩合德，陈鑫峰．森林体验基地建设的模式与路径探究［J］．林业资源管理，2016（2）：25－29.

［28］丛丽，张玉钧．对森林康养旅游科学性研究的思考［J］．旅游学刊，2016，31（11）：6－8.

［29］邓辉．森林公园旅游产品深度开发的理念与路径选择［J］．兰州学刊，2014（11）：181－184，208.

［30］邓建华．发展森林旅游　推动绿色发展［J］．当代广西，2017（3）：52－53.

［31］邓立斌．基于 SWOT 分析的森林公园旅游开发研究——以内蒙古滦河源国家森林公园为例［J］．中南林业科技大学学报（社会科学版），2012，6（3）：16－19.

［32］范新宇．自然保护区科普旅游开发模式研究——以广西花坪自然保护区为例［J］．林业调查规划，2007（6）：63－66.

［33］方丽，李晓甜，吴庆书．热带森林旅游景区的园林水景设计方法初探——以海南亚龙湾热带天堂森林公园为例［J］．广东园林，2013，35（3）：38－41.

［34］方震凡．森林旅游业的发展与前景分析［J］．中外企业家，2013（27）：11－12.

［35］房桂云．浅析森林生态旅游业的开展［J］．科技创新与应用，2014（7）：262.

［36］冯玉超，郑晓阳，兰思仁．森林公园绿色发展新模式："森林人家"［J］．闽江学院学报，2018，39（3）：61－70.

［37］付甜．广东省森林公园发展现状问题及对策［J］．绿色科技，2019（5）：176－177.

［38］甘剑伟，刘达峰．袁铁象．递进打造广西森林旅游品牌［J］．广西林业，2013（8）：24.

［39］甘剑伟，莫徽远．森林旅游多元化——南宁树木园建设生态文化旅游示范区纪实［J］．广西林业，2016（5）：13－15.

［40］甘剑伟．绿城环城绿　休闲不等闲——环绿城南宁森林旅游圈初现轮廓初见人气［J］．广西林业，2018（1）：15－17.

［41］高梦浠．改革开放 40 年来我国旅游业的发展历程、成就与展望［J］．价格月刊，2018（11）：73－77.

［42］高楠楠．森林旅游对野生动物的影响［J］．现代园艺，2016（6）：175.

［43］高胜琦，韩薇．日本森林旅游养生项目［J］．旅游纵览（下半月），2017（8）：62.

［44］高小茹．大众旅游背景下康养旅游的发展研究［J］．旅游纵览（下半月），2017（12）：21.

［45］郜方勇．森林公园建设存在的问题与对策［J］．现代园艺，2015（3）：64－66.

［46］耿国彪．2017年中国野生动植物保护十件大事揭晓［N］．绿色中国，2018－02－01.

［47］耿国彪．森林旅游念好绿水青山的生意经［J］．绿色中国，2018（3）：8－17.

［48］顾仲阳．我国将建6个国家级森林城市群［N］．人民日报，2018－01－27.

［49］关海玲，宋世琼，陈啸．基于生命周期理论的森林公园旅游调控研究［J］．山西高等学校社会科学学报，2014，26（7）：40－45.

［50］郭凌，王志章，陶长江．新的低碳旅游发展方式森林旅游发展分析［J］．湖北农业科学，2013，52（3）：742－744.

［51］韩喜红．国内外森林研究综述［J］．福建农业，2015（3）：150.

［52］韩学平，裴宇．森林旅游可持续发展对策研究——以黑龙江省为例［J］．东北农业大学学报（社会科学版），2016，14（4）：36－41.

［53］韩雨桑．最是花溪胜境处　森林休闲养生地［J］．浙江林业，2017（3）：16－17.

［54］杭春华．森林资源景观功能价值分析［J］．江苏林业科技，2004（5）：50－52.

［55］何少琪．云南省康养旅游市场发展研究［J］．合作经济与科技，2018（15）：78－79.

［56］贺漫，杜新月，刘君妍，缑翰驰．基于需求导向的灵空山康养旅游特色小镇建设研究［J］．乡村科技，2018（21）：25－27.

［57］洪昕晨，兰思仁．城郊型森林公园声景观资源探讨——以仙人谷国家森林公园为例［J］．武夷学院学报，2015，34（8）：21－23.

［58］侯伟，杨福孙，周兆德，龙文兴．海南岛森林旅游发展与森林生物多样性保护［J］．热带生物学报，2015，6（1）：91－97.

［59］胡爱民．茶旅体验视域下康养旅游产业发展路径研究——以桂林地区

为例［J］．桂林师范高等专科学校学报，2018，32（6）：53－56.

［60］胡念望．森林康养将形成相互融合现代产业集群［N］．中国商报，2019－04－24（A03）．

［61］胡书玲，牟晓娟．以旅游规划为导向的旅游资源评价研究［J］．当代经济，2012（8）：142－143.

［62］黄菲，刘勇．发展森林旅游及实现低碳旅游的建议［J］．民营科技，2014（5）：287.

［63］黄辉，陈国成．模糊综合法在永安竹文化旅游资源评价的应用［J］．佳木斯大学学报（自然科学版），2010，28（1）：146－149，152.

［64］黄圣霞，李玉婷．广西十万大山森林旅游生态补偿现状与对策研究［J］．广西农学报，2018，33（4）：16－18.

［65］黄圣霞，玉雪．广西十万大山森林旅游开发生态补偿机制研究［J］．河池学院学报，2017，37（6）：68－73.

［66］黄洵．广西森林旅游业的特性与发展策略探究［J］．南方农业，2017，11（29）：75－76.

［67］黄莹．加快森林公园建设及推进森林旅游发展的思考［J］．农业与技术，2015，35（6）：79－80.

［68］黄俞淞，吴望辉，蒋日红，刘晟源，刘演，李先琨．广西弄岗国家级自然保护区植物物种多样性初步研究［J］．广西植物，2013，33（3）：346－355，345.

［69］贾慧敏．基于模糊综合评价模型的旅游资源评价［J］．科技和产业，2009，9（3）：28－30，49.

［70］贾慧敏．区域旅游竞争力模糊综合评价方法评述［J］．商业时代，2009（13）：121－122.

［71］贾连鑫．森林公园旅游资源的开发利用［J］．现代农村科技，2016（3）：74.

［72］蒋林林，吴世良，谢世涛．生态文明新画卷——贺州成为广西首个“全国森林旅游示范市”纪实［J］．广西林业，2018（6）：10－12.

［73］蒋迎红，李建新．广西森林公园发展现状、存在问题与对策［J］．广西林业，2008（2）：22－23.

［74］矫丽会，屈学书．山西森林旅游资源分布特征及开发研究——以国家级森林项目为例［J］．中南林业科技大学学报（社会科学版），2014，8（4）：

15 – 20.

[75] 金科. 森林保护和森林资源开发利用分析 [J]. 南方农业, 2018, 12 (36): 57 – 58.

[76] 瞿晓梅, 谭仕林, 陈世清. 森林旅游文化评价指标体系构建及案例研究 [J]. 佳木斯职业学院学报, 2015 (3): 367 – 368.

[77] 康万晴, 石小亮, 郭启鸣, 苏鑫宇. 森林旅游低碳化与其利益相关者的行为研究 [J]. 绿色科技, 2018 (10): 245 – 249.

[78] 赖启航, 孔凯. 健康养生视角下盐边县康养旅游开发初探 [J]. 攀枝花学院学报, 2015, 32 (4): 5 – 7.

[79] 赖晓华, 聂华, 滕汉书. 低碳经济视野下森林旅游发展探讨 [J]. 林业资源管理, 2013 (2): 42 – 45.

[80] 兰思仁, 戴永务, 沈必胜. 中国森林公园和森林旅游的三十年[J]. 林业经济问题, 2014, 34 (2): 97 – 106.

[81] 兰思仁. 走向森林, 重返人类家园 [J]. 森林与人类, 2014 (1): 16 – 17.

[82] 黎森, 王娜. 平天山森林公园旅游资源评析与客源市场前景展望 [J]. 广西林业, 2004 (6): 21 – 22.

[83] 李柏青, 吴楚材, 吴章文. 中国森林公园的发展方向 [J]. 生态学报, 2009, 29 (5): 2749 – 2756.

[84] 李北楠, 王棋, 余金林. 我国森林公园法律责任制度的完善对策 [J]. 现代农业科技, 2017 (24): 133 – 134, 137.

[85] 李渤生. 森林公园　自然体验　生态科普 [J]. 森林与人类, 2014 (1): 14 – 15.

[86] 李海军, 杨阿莉. 我国生态旅游资源分类的研究综述 [J]. 湖南工程学院学报 (社会科学版), 2007 (4): 13 – 16.

[87] 李建华. 基于社区参与的森林生态旅游补偿机制研究 [J]. 现代经济信息, 2014 (7): 261 – 262, 264.

[88] 李建新. 广西荣获 2006 年中国森林旅游博览会多项奖励 [J]. 广西林业, 2006 (4): 5.

[89] 李建英, 宫秀欣, 李青, 张柯. 浅谈生态保护与发展森林旅游的关系 [J]. 绿色科技, 2014 (8): 324 – 326.

[90] 李金亭. 论森林文化对森林旅游业发展的影响 [J]. 现代商业, 2013

(36): 270.

[91] 李奎．中国林业年鉴 [M]．北京：中国林业出版社，2018.

[92] 李明，李羚菱，郑茹敏，马瑞华，何平鸽．昆明西山森林公园土壤类型及特征研究 [J]．绿色科技，2016 (10): 154 – 155，159.

[93] 李冉．吸引青少年森林游研学活动的 4 个关键点 [J]．中国林业产业，2016 (8): 72 – 73.

[94] 李若林，李学雷．略谈森林旅游产业的发展 [J]．科技展望，2015，25 (1): 205.

[95] 李若凝．旅游视野下嵩山国家森林公园森林景观结构及其优化[J]．中南林业科技大学学报，2013，33 (9): 121 – 125.

[96] 李世东，陈鑫峰．中国森林公园与森林旅游发展轨迹研究 [J]．旅游学刊，2007 (5): 66 – 72.

[97] 李天雪，蓝振兴．"医养结合"背景下桂林康养旅游发展路径研究 [J]．桂林师范高等专科学校学报，2018，32 (4): 38 – 42.

[98] 李文华，李芬，李世东，刘某承．森林生态效益补偿的研究现状与展望 [J]．自然资源学报，2006 (5): 677 – 688.

[99] 李文华，李芬，李世东，刘某承．森林生态效益补偿机制与政策研究 [J]．生态经济，2007 (11): 151 – 153，159.

[100] 李文军．林业产业成为发展潜力最大的产业 [N]．中国林业产业，2016 – 12 – 15.

[101] 李先敏，赵芳．太白山自然保护区户外旅游现状与管理措施 [J]．防护林科技，2019 (3): 43 – 46.

[102] 李向明．近年来我国森林旅游研究综述 [J]．江西林业科技，2001 (3): 22 – 27.

[103] 李霄鹤，兰思仁，董建文．森林公园游憩服务设施建设研究——以台湾阿里山国家森林游乐区为例 [J]．福建林业科技，2014，41 (1): 142 – 147.

[104] 李晓梅．全国森林旅游年接待游客超 7 亿人次 [J]．国土绿化，2014 (11): 50.

[105] 李晓梅．助力森林旅游发展　促进生态文化传播——2016 中国森林旅游节将在长白山举办 [J]．国土绿化，2016 (9): 7.

[106] 李新洪．森林资源认证与古永林场的可持续经营研究 [J]．绿色科技，2016 (3): 129，132.

[107] 李燕，尹思琴．浅谈重庆森林旅游的发展［J］．农民致富之友，2019（9）：212.

[108] 李影．五大森林旅游产品开发提高森林公园竞争力［J］．中国林业产业，2017（6）：68－69.

[109] 李有绪，陈秋华．城郊森林旅游服务质量评价研究——以福州市国家森林公园为例［J］．林业经济，2015，37（1）：70－74.

[110] 李元昊．体验经济视角下的七溪地森林康养旅游产品组合打造研究［J］．西部皮革，2018，40（14）：33.

[111] 李梓雯，彭璐铭．依托国家森林公园发展森林康养旅游的探讨——以浙江雁荡山国家森林公园为例［J］．林产工业，2017，44（11）：56－59.

[112] 廖安领，孔令营，王春弘，郑芳．森林公园建设发展思路探析[J]．现代园艺，2015（11）：103－104.

[113] 廖德平，张华海．森林公园植物景观改造的探讨［J］．内蒙古林业调查设计，2002（1）：52－54，56.

[114] 林大影．考察美国森林生态旅游的几点启示［J］．绿化与生活，2013（5）：45－48.

[115] 刘东生．发展森林旅游　践行绿水青山就是金山银山［J］．中国生态文明，2015（1）：12－15.

[116] 刘会福．森林生态旅游产品营销的问题与对策探析［J］．商业时代，2013（12）：123－124.

[117] 刘兰兰，胡良文，彭泰中，金志农．森林生态补偿绩效研究综述与展望［J］．新疆农垦经济，2017（12）：79－87.

[118] 刘明磊．喀纳斯国家地质公园森林景观美学质量和生态旅游资源综合质量评价［D］．乌鲁木齐：新疆农业大学，2009.

[119] 刘甜甜，马建章，张博，李静．森林养生旅游研究进展［J］．林业资源管理，2013（2）：130－135.

[120] 刘晓静，梁留科．国内科普旅游研究进展及启示［J］．河南大学学报（社会科学版），2013，53（3）：49－55.

[121] 卢珊．现代林业与旅游业的融合发展研究［J］．林业经济，2017，39（4）：78－82.

[122] 卢野．森林旅游开发利用在新农村建设中的作用［J］．农业经济，2014（5）：50－51.

[123] 鲁军. 浅析森林生态旅游的规划 [J]. 科技视界, 2013 (10): 201.

[124] 罗文斌, 张彤. 全球信息与通信技术引发的旅游业发展演化历程、特征及启示 [J]. 中南林业科技大学学报 (社会科学版), 2017, 11 (6): 61 – 65.

[125] 罗雪连. 民族地区 "候鸟式" 康养旅游产业发展困境及对策研究——以河池市为例 [J]. 河池学院学报, 2018, 38 (3): 60 – 64.

[126] 马娟, 姚娟, 唐承财. 国家森林公园低碳旅游发展水平测度——以贾登峪国家森林公园为例 [J]. 广东农业科学, 2014, 41 (6): 226 – 230.

[127] 马潇, 陈磊刚, 白宁, 刘丁銮. 全域旅游背景下山西乡村康养旅游发展模式探究 [J]. 粮食科技与经济, 2018, 43 (10): 90 – 93.

[128] 那日苏. 浅谈乌兰察布市森林公园旅游发展的现状、存在问题及建议 [J]. 内蒙古林业调查设计, 2019, 42 (2): 97 – 99.

[129] 欧阳心怡. 基于健康旅游理念的山地森林旅游度假区规划研究[D]. 长沙: 中南林业科技大学, 2017.

[130] 潘金丹, 廖前景, 梁枫霖, 李颖. 多方合作共发展——梧州市创建现代特色林业示范区纪实 [J]. 广西林业, 2019 (3): 26 – 28.

[131] 乔永强. 森林公园旅游发展中存在的若干问题及对策探讨 [J]. 林业资源管理, 2013 (4): 11 – 15.

[132] 邱冠文, 谭仕林. 启示与发展: 国内外森林旅游及文化特征研究 [J]. 旅游纵览 (下半月), 2015 (7): 209 – 210.

[133] 邱玉成. 一面坡国家森林公园旅游产品开发研究 [J]. 中国林业经济, 2019 (2): 140 – 142.

[134] 冉晓旭. 森林旅游如何与动物和谐相处 [J]. 中国林业产业, 2017 (Z1): 144 – 146.

[135] 任金龙, 安辉, 杨疃等. 广西十万大山国家级自然保护区两栖爬行动物调查及区系分析 [J]. 四川动物, 2018, 37 (1): 95 – 107.

[136] 任晓旭, 赵大勇, 尹杰. 森林生态旅游理论研究探讨 [J]. 防护林科技, 2015 (9): 1 – 4.

[137] 任宣羽. 康养旅游: 内涵解析与发展路径 [J]. 旅游学刊, 2016, 31 (11): 1 – 4.

[138] 阮琼, 赵晓玲, 陈仕斌, 张晓玲, 周丹, 张启东. 夷陵区森林旅游业发展现状与对策 [J]. 湖北林业科技, 2017, 46 (5): 76 – 78.

[139] 邵爱清．康养旅游发展模式研究［J］．决策探索（下），2019（2）：91.

[140] 石长波，徐艳红．黑龙江省旅游资源开发对策研究［J］．旅游纵览（下半月），2016（6）：98－99.

[141] 史俊刚，谭益民，权书文．发展森林旅游业对林区居民经济的影响研究——以湖南省为例［J］．中南林业科技大学学报，2013，33（10）：158－162.

[142] 宋升治，刘元芳，沙敏，张宁．昆明市西山林场森林旅游资源现状及发展对策研究［J］．安徽农业科学，2015，43（21）：193－194，298.

[143] 宋万华．基于游客体验的景区交通优化策略研究——以广西东兰第一湾旅游总体规划为例［J］．中国建设信息化，2018（17）：76－78.

[144] 宋玥娇，路成忠．吉林省森林旅游发展的探讨［J］．旅游纵览（下半月），2016（6）：146.

[145] 苏显辉．森林旅游产品的创新及发展中的几点思考［J］．农村实用科技信息，2014（9）：67.

[146] 粟海军，马建章．森林自然保护地生态旅游资源研究进展［J］．生态环境，2008（2）：866－871.

[147] 孙飞翔，刘金淼，李丽平．国家公园建设的国际经验研究［J］．环境与可持续发展，2017，42（4）：142－146.

[148] 孙敏．试论森林生态旅游产业资源的开发［J］．科技展望，2015，25（8）：85.

[149] 孙兆明，孙丰胜．山东省森林公园旅游业转型发展研究［J］．林业经济，2015，37（10）：65－70，112.

[150] 谭仕林，张辉金，邱冠文．森林文化特征及其旅游开发价值研究——基于广东部分国家级森林公园的分析［J］．吉林省经济管理干部学院学报，2015，29（4）：19－20.

[151] 谭新建．基于SWOT分析的森林旅游发展研究——以中国林业科学研究院亚热带林业实验中心为例［J］．北京林业大学学报（社会科学版），2017，16（2）：52－55.

[152] 唐建兵．森林公园综合体旅游规划探讨［J］．福建林业科技，2015，42（1）：199－203.

[153] 唐梓又，张滨，耿玉德．森林旅游与休闲服务业对林业经济的带动效

应分析——以黑龙江大小兴安岭为例［J］. 林业经济，2015，37（7）：77－81.

［154］田勇，张宗亮，王猛. 产业融合下的森林旅游发展研究［J］. 旅游纵览（下半月），2013（1）：15－16.

［155］田云国，段文英. 山西康养旅游开发研究［J］. 河北旅游职业学院学报，2019，24（1）：30－32，38.

［156］王爱. 森林旅游产品开发探析［J］. 林业资源管理，2013（2）：37－41.

［157］王瑗琳. 国内康养旅游服务产品的开发策略探析［J］. 中国商论，2017（34）：39－40.

［158］王建军，李金平. 21 世纪中国还有森林吗［J］. 生态经济，1999（2）：45－47.

［159］王力峰，范新宇，阳国亮，向婧. 自然保护区科普旅游开发模式研究——以广西花坪自然保护区为例［J］. 武汉船舶职业技术学院学报，2007（4）：52－56，68.

［160］王娜，黎森. 贵港平天山国家森林公园旅游资源评价与分析［J］. 广西农学报，2013，28（3）：35－40.

［161］王娜. 贵港市平天山国家森林公园旅游环境容量研究［J］. 广西农学报，2012，27（6）：36－40.

［162］王桥，刘洪斌. 上犹江引水工程水源涵养林多功能经营建设方案研究［J］. 林业调查规划，2018，43（6）：100－104.

［163］王蓉，王晓优，张宏敏. 四川省森林生态旅游现状分析［J］. 四川林业科技，2015，36（2）：67－70.

［164］王帅，罗明春. 森林公园的旅游开发与资源保护［J］. 广西经济管理干部学院学报，2013，25（3）：67－71.

［165］王硕. 从“砍树”到“看树”［N］. 人民政协报，2018－02－01.

［166］王铁钢. 发展林业旅游经济　促进现代林业建设［J］. 农村实用技术，2019（3）：94－95.

［167］王兴国，王建军. 森林公园与生态旅游［J］. 旅游学刊，1998（2）：15－18，61.

［168］王兴国. 可持续发展：中国的森林生态旅游业［J］. 中国国情国力，1998（9）：18－19.

［169］王兴国. 我国的森林公园建设与生态旅游［J］. 环境教育，2000

(3)：42－44.

［170］王瑶，谭曾豪迪．太子山国家森林公园旅游产品开发与营销策略研究［J］．全国流通经济，2013（11）：73－74.

［171］王莹，王铮，黎华群．旅游资源的 GIS 评价系统［J］．地球信息科学，2004（1）：62－66，80.

［172］王赵．国际旅游岛：海南要开好康养游这个“方子”［J］．今日海南，2009（12）：12.

［173］温州：打造森林养生福地　展示林业生态之美［J］．浙江林业，2016（5）：8－9.

［174］吴婷，聂小荣．中外森林旅游管理模式比较初探［J］．旅游纵览（下半月），2014（2）：65－66.

［175］吴潇，陈绍志，赵荣．森林公园旅游发展现状与提升对策［J］．林业经济，2016，38（9）：38－42.

［176］吴宇．广西打出森林旅游“牌”：中国经济及消费转型升级的一个缩影［J］．中国林业产业，2017（3）：69.

［177］吴章文，吴楚材，陈奕洪，谭益民，郑群明．8 种柏科植物的精气成分及其生理功效分析［J］．中南林业科技大学学报，2010，30（10）：1－9.

［178］吴章文．森林旅游区生态环境研究［J］．林业科学研究，2005（6）：761－768.

［179］肖光明．我国森林旅游四个主要领域的研究进展［J］．桂林旅游高等专科学校学报，2008（2）：267－271.

［180］肖艳红，申绍林．大健康与大旅游背景下森林康养的科学发展路径［J］．绿色科技，2018（17）：236－237.

［181］谢灯明，何彪，蔡江莹，杨璇，朱连心．森林康养潜在游客的行为意向研究——基于计划行为理论视角［J］．林业经济，2019（3）：33－39，71.

［182］谢文杰．森林旅游资源产权划分界定探析［J］．陕西林业科技，2007（1）：76－78.

［183］邢丽涛．森林旅游之变：突围与融合［N］．中国旅游报，2019－01－03.

［184］熊金银．凉山生态旅游资源综合评价体系构建研究［J］．现代商业，2014（9）：56－57.

［185］修新田，陈秋华，赖启福．社区居民参与森林旅游发展的影响因素分

析［J］．福建论坛（人文社会科学版），2015（5）：155－159.

［186］修新田，陈秋华．中国国家级森林公园效率测度及其影响因素研究［J］．东南学术，2016（4）：111－119.

［187］徐竞帘，潘丁晖．广西森林公园建设初探——以广西亚计山自治区级森林公园申报为例［J］．现代园艺，2015（24）：143－144.

［188］徐君，张丽霞．牡丹江森林旅游产品开发 SWOT 分析［J］．学理论，2015（33）：35－36.

［189］徐治平．大瑶山珍藏崖谷森林［J］．广西林业，2017（7）：32－35.

［190］焉申堂，袁显磊．论森林旅游产业的发展［J］．科技展望，2014（10）：24.

［191］颜彭莉．“森林＋”带动绿色产业发展［J］．环境经济，2017（23）：12－13.

［192］杨超．中国的森林公园［J］．森林与人类，2014（1）：8－13.

［193］杨帆．新常态下森林公园与生态旅游面临的机遇与挑战［J］．中南林业调查规划，2016，35（3）：1－5，19.

［194］杨红波．云南温泉康养旅游产品开发探析［J］．经贸实践，2018（13）：1－6.

［195］杨辉．森林旅游度假区规划及打造构想［J］．旅游纵览（下半月），2018（3）：39－40.

［196］杨慧．全域旅游视角下的康养旅游发展对策研究——以攀枝花为例［J］．度假旅游，2019（2）：50－51.

［197］杨军．江西省森林旅游存在的问题及对策［J］．防护林科技，2015（1）：86－87，99.

［198］杨亚萍，黄静波．国内康养旅游研究进展回顾与思考——基于 CiteSpace 知识图谱分析［J］．湘南学院学报，2019（2）：37－44.

［199］姚晓英，罗明春，史俊刚．张家界国家森林公园游客安全意识研究［J］．中南林业科技大学学报（社会科学版），2013，7（1）：17－19.

［200］叶绍明，张丽君，黄学荣．广西森林旅游业发展现状分析［J］．林业调查规划，2001（4）：62－65.

［201］叶宇，陈思宇，何夏芸．国内康养旅游研究综述［J］．旅游纵览（下半月），2018（2）：29.

［202］叶章凤．广西国有高峰林场加快第三产业发展的思考与探索［J］．

中国农业信息，2016（10）：141－143.

［203］叶宗雄．国有林场的改革与思考［J］．农民致富之友，2019（9）：184.

［204］殷秋燕，杨成利．山东济宁森林公园森林旅游建设现状与发展对策［J］．中国园艺文摘，2015，31（6）：85，193.

［205］尹泽生．旅游资源国家标准分类系统解析［A］//中国生态学会．生态·旅游·发展——第二届中国西部生态旅游发展论坛论文集［C］．2004：7.

［206］尤海舟，蔡蕾，贾成，樊华，何飞，马钦彦，刘兴良．生态旅游中的环境教育［J］．四川林业科技，2010，31（3）：89－93.

［207］于海东．对森林文化与森林旅游的研究探讨［J］．农家参谋，2017（16）：233.

［208］于清．论黑龙江省林地保护规划的意义和加强林地保护［J］．黑龙江科技信息，2011（33）：278.

［209］余凯．安庆市森林旅游业发展潜力的调研分析［J］．吉林农业，2019（6）：34－35.

［210］俞晖．21世纪中国森林旅游业发展战略研究［J］．旅游学刊，2001（5）：67－69.

［211］俞晖．我国森林公园的发展与探索［J］．中国林业，1996（10）：30.

［212］俞晖．新世纪森林旅游面临的形势与任务［J］．中国林业，2001（20）：41－42.

［213］俞晖．用科学发展观统领我国森林公园建设与森林旅游产业的发展［J］．北京林业管理干部学院学报，2005（3）：19－22.

［214］云游．发展森林旅游及实现低碳旅游的建议［J］．现代交际，2016（13）：93.

［215］张凡红．浅谈森林资源管护对生态环境建设的积极影响［J］．农业与技术，2017，37（24）：192.

［216］张红．江西省森林公园旅游经营管理模式发展研究［J］．中国林业经济，2014（2）：70－72.

［217］张华海，张超．森林旅游中几个重要概念的溯源［J］．贵州林业科技，2002（1）：52－55.

［218］张晶，种月英．浅谈湿地资源分布现状与保护措施［J］．绿色科技，

2013 (11): 157 - 159.

[219] 张九菊. 十万大山国家森林公园生态旅游资源评价与开发研究 [D]. 桂林: 广西师范学院, 2012.

[220] 张开. 打造森林城市　建设经济强县 [J]. 林业经济, 2016, 38 (10): 98 - 99.

[221] 张科, 刘志立. 大数据在森林保护和利用中的应用　以森林休闲养生为例 [J]. 信息化建设, 2017 (4): 54 - 57.

[222] 张兰. 基于"旅游资源功能"角度的森林旅游产品设计——以广西十万大山为例 [J]. 商场现代化, 2013 (12): 114 - 115.

[223] 张理英. 广西阳朔国家森林公园生态旅游开发研究 [D]. 桂林: 广西师范大学, 2007.

[224] 张漫宇. 我国 49% 的湿地得到有效保护 [N]. 湿地科学与管理, 2018 - 03 - 30.

[225] 张娴, 李晓春. 安徽省森林公园旅游收入结构变动的偏离——份额分析 (SSM) [J]. 宿州学院学报, 2018, 33 (8): 6 - 9, 78.

[226] 张瑶, 刘笑冰. 基于林下经济发展的森林旅游资源开发利用 [J]. 中国林业经济, 2019 (2): 143 - 144.

[227] 张一群, 杨芳. 云南省森林公园的建设与发展 [J]. 云南林业, 2014, 35 (2): 40 - 42.

[228] 张泽汉, 邱守明, 李小龙. 云南省弥勒市森林旅游市场分析及预测研究 [J]. 旅游纵览 (下半月), 2019 (2): 97 - 99.

[229] 张卓洲. 森林旅游资源综合评价体系的建立与应用分析 [J]. 现代园艺, 2014 (21): 73 - 74.

[230] 张宗亮, 刘玮, 刘惠祥. 我国森林游憩相关内容研究 [J]. 教育教学论坛, 2014 (8): 154 - 155.

[231] 赵晶. 茂兰喀斯特森林旅游资源评价与调查研究 [J]. 旅游纵览 (下半月), 2015 (8): 187 - 189, 192.

[232] 赵敏燕, 陈鑫峰. 中国森林公园的发展与管理 [J]. 林业科学, 2016, 52 (1): 118 - 127.

[233] 赵素. 河北省森林公园旅游的发展轨迹研究 [D]. 保定: 河北农业大学, 2014.

[234] 赵文清, 贾慧敏, 钱周信. 多因子分层模糊评价法的算法设计探

讨——模糊综合评价方法在旅游资源评价中的应用［J］. 数学的实践与认识，2008（7）：8－14.

［235］中国森林旅游节管理办法［J］. 宁夏林业，2018（3）：65－66.

［236］钟全富. 发展大容山林场经济之构想［J］. 科技风，2014（17）：238.

［237］周妮. 我国森林旅游产品的创新开发［J］. 旅游纵览（下半月），2019（3）：22.

［238］周曦，李佳丽. 广西康养旅游发展路径思考［J］. 旅游纵览（下半月），2018（7）：107－108.

［239］周亦波. 森林康养旅游初探［J］. 旅游纵览（下半月），2016（5）：205－206.

［240］朱金莉，石钖. "旅游＋康养"打造千亿元产业集群［J］. 当代广西，2019（4）：34－35.

［241］朱智. 森林公园解说系统构建的探讨［J］. 福建林业科技，2015，42（4）：214－218.

［242］Anonymous Penn Virginia Resource Partners L. P. Announces Acquisition of Coal Reserves and Timber Assets in Central Appalachia［J］. Energy Business Journal，2008.

［243］Bai cui ling，Qin Anchen. China Forest Park Website Differentiation Rule and Actuation Mechanism Research［P］. Information Management and Engineering（ICIME），2010.

［244］Beata Fornal－Pieniak，Marcin Ollik. Diversity of Flora in the Undergrowth of Park Afforestations，Rural Plantings and Oak－hornbeam Forests［J］. Folia Forestalia Polonica，Seria A－Forestry，2013，55（3）.

［245］Chen Shihong，Hou Shuang，Zhai Haijuan. Implementation of Virtual Forest Park Interactive Walkthrough System［P］. Computer and Automation Engineering（ICCAE），2010.

［246］Fang Xiaoshan，Tang Liming. The Climate－adapted Landscape Design for the Hot－humid Region－Case Study on the Design of Tianluhu Forest Park Entrance Area［P］. Electric Technology and Civil Engineering（ICETCE），2011 International Conference on，2011.

［247］Luo F.，Zhong Y.，Zhao S. et al. Visitors' Satisfaction Measurement in the National Park: A Case Study of Zhangjiajie National Forest Park [P]. Management and Service Science (MASS), 2010.

[248] Graham J. Cooper, William D. Shannon. The Control of Salters (deer – leaps) in Private Deer – parks Associated with Forests: A Case Study Using a 1608 Map of Leagram Park in the Forest of Bowland, Lancashire [J]. Landscape History, 2017, 38 (1).

[249] Li Jingbo, Zhong Yongde, Luo Fen. Local Residents' Attitudes and Eco-tourism Development: A Case Study of Zhangjiajie National Forest Park [P]. Management and Service Science (MASS), 2011 International Conference on, 2011.

[250] Suratman, Mohd Nazip, Kusin, Mazlin, Shaikh Abdul Karim Yamani Zakaria, Saleh, Kamarudin, Ahmad, Mansur, Bahari, Shahril Anuar. Stand Structure and Species Diversity of Keniam Forest, Pahang National Park [P]. Science and Social Research (CSSR), 2010.

[251] Yalçin Kuvan. The Use of Forests for the Purpose of Tourism: The Case of Belek Tourism Center in Turkey [J]. Journal of Environmental Management, 2005, 75 (3).

[252] Liu Yan, Lin Meizhen, Lu Xiaodong, Li Chaorong. Natural Restoration Approach of Degraded Forest Ecosystem after the Frozen Rain and Snow Disaster: A Case Study of Nanling National Forest Park [P]. Bioinformatics and Biomedical Engineering, (iCBBE) 2011 5th International Conference on, 2011.

[253] Yin Zhonghua, Song Weiming. Study on the Resource Base of Timber Industry in China [P]. Management and Service Science (MASS), 2011 International Conference on, 2011.

[254] Zhu Jiawei. Attribute – Based Tourist Preference Reveals in Chinese Forest Park: A Choice Experiment Approach [A] //内华达大学金融系、大连理工大学金融研究所. 第七届（2015）金融风险与公司金融国际研讨会论文集 [C]. 内华达大学金融系、大连理工大学金融研究所：大连理工大学管理与经济学部经济学院，2015：6.

[255] Zhu Zhaohua Distinguished Fellow of INBAR for Life. A Case Study on Successful Sustainable Management of Natural Forest Resources – Non – timber – forest – products and Eco – tourism in Baisha Village, Lin'an County, Zhejiang Province, China [A] //Bureau of International Co – operation, Chinese Academy of Sciences, In-

stitute of Applied Ecology, Chinese Academy of Sciences, Forest Ecological Branch of Chinese Society of Forestry. Proceedings of International Symposium on Ecological Conservation and Sustainable Development of Forest Resources in Northeast Asia [C]. Bureau of International Co - operation, Chinese Academy of Sciences, Institute of Applied Ecology, Chinese Academy of Sciences, Forest Ecological Branch of Chinese Society of Forestry, 2005: 9.